mare

Séamus Ó Grianna

# Selbst der beste Plan

Erzählungen

Aus dem Englischen von
Gabriele Haefs und Julian Haefs

Mit einem Nachwort
von Ralf Sotscheck

mare

Die englische Originalausgabe erschien erstmals
bei Mercier Press in Cork/Irland.

Dieses Buch wurde mit der Unterstützung
von Literature Ireland veröffentlicht.

LITERATURE IRELAND
Promoting and Translating Irish Writing

1. Auflage 2021

*Typografie* Iris Farnschläder, mareverlag
*Schrift* Guardi
*Druck und Bindung* CPI books GmbH, Germany
ISBN 978-3-86648-608-9

FSC www.fsc.org
MIX
Papier aus verantwortungsvollen Quellen
FSC® C083411

www.mare.de

# Inhalt

# Mickey – Gott hab ihn selig!

## I

In den Rosses hatte die Heiratszeit begonnen, die Zeit zwischen dem Dreikönigstag und dem Beginn der Fastenzeit.

Conall Ferry wollte heiraten. Das würde ihm jedoch nicht leichtfallen, denn er war von scheuem unbeholfenen Wesen. Er ging niemals zum Tanz oder zu anderen Geselligkeiten, wo ein junger Mann Mädchen treffen und Bekanntschaften schließen konnte.

Er besuchte nur einmal im Jahr die Messe, und zwar am St. Patrick's Day. Es war jedoch nicht der mangelnde Glaube, der ihn von der Messe fernhielt. Nein, es war der Mangel an Kleidung. Er hatte nur Lumpenkram, den seine Mutter auf dem Jahrmarkt des Dorfes für ihn gekauft hatte. Lange Zeit schien ihm das nichts auszumachen. Die Nachbarn waren sogar der Ansicht, dass er die Lumpen bevorzugte, denn so konnte er sich, wann immer er Lust hatte, vor dem Feuer auf dem Lehmboden ausstrecken.

Das war ja auch schön und gut. Als er aber heiratslustig wurde, musste er sich mit sich selbst und seiner Lage auseinandersetzen. Dabei kam er bald zu dem Schluss, dass er eine Frau und eine anständige Hose brauchte. Seine einzige Hose bestand nur noch aus Fetzen und Flicken.

Er erzählte seiner Mutter, dass er gern heiraten wollte. Sie stimmte sofort zu. Sie sagte, es sei Zeit für ihn, und erflehte für ihn Gottes Segen und Führung. Mehr sagte sie nicht. Conall stand da und sah sie an. Konnte sie denn wirklich nicht begriffen haben, dass er sich eine Hose kaufen musste? Sie hatte es offenbar nicht begriffen. Und sie hatte ihre eigene Lösung für das Problem.

»Mutter«, sagte Conall endlich. »Könntest du mir das Geld für eine Hose geben?«

»Nein, das könnte ich nicht, mein Sohn«, antwortete seine Mutter. »Ich habe keine rote Kupfermünze im Haus, außer dem Pachtgeld, und das ist morgen fällig. Aber sag mal, hast du denn die Frau? Wenn ja, dann müsste es einfach sein, dir die Hose zu besorgen. Du könntest dir eine leihen.«

»Ich würde mich schämen, mir eine Hose zu leihen, in der ich heiraten kann«, sagte Conall.

»Dich schämen!«, sagte seine Mutter. »Kennst du nicht das alte Sprichwort: Wer sich zu bitten schämt, geht mit leeren Händen fort? Du wärst nicht der Erste, der in geliehenen Sachen vor den Traualtar tritt. Aber wir wollen das der Reihe nach machen. Ich habe dich gefragt, ob du die Frau hast. Wenn ja, dann geh zu Manus Roe O'Donnell und bitte ihn, dir eine Hose zu leihen. Manus und ich sind verwandt. Und wenn das Blut der roten O'Donnells noch nicht verblasst ist, dann wird Manus nicht zulassen, dass es meinem Sohn an einer Hose zum Heiraten fehlt.«

»Wenn ich mir also eine Hose leihen muss«, sagte Conall, »wäre es dann nicht besser, das zuerst zu erledigen? Es wäre doch überaus peinlich, ein Mädchen zu fragen, ob sie mich heiraten will, und sie sagt Ja, und dann sitze ich auf dem Trockenen, weil mir die Hose fehlt?«

»Wäre es nicht genauso peinlich«, sagte die Mutter, »wenn du die Hose zum Heiraten geliehen bekämst, und dann sitzt du auf dem Trockenen, weil dir die Braut fehlt? Aber ich nehme an, du kennst dich in deinen Angelegenheiten am besten aus.«

Manus Roe O'Donnell war ein geschäftiger, hart arbeitender Mann, und er hatte das, was kein anderer Mann in der Pfarre hatte – drei Hosen! Er hatte eine Sonntagshose, eine Werktagshose und eine Zwischendrinhose, die weder neu noch alt war. Manus war ein herzensguter Mann, zumal, wenn es um sein eigen Fleisch und Blut ging (denn das Blut der roten O'Donnells war durchaus nicht verblasst).

»Natürlich«, sagte er zu Conall. »Ich habe eine brauchbare Hose, genau die richtige für dich ... bitte sehr ... jetzt geh mal da in die Kammer und zieh sie an ... ein bisschen lang. Aber da weiß ich Rat. Krempel einfach die Hosenbeine hoch ... noch ein paar Zoll ... so. Passt wie angegossen. Und jetzt wünsche ich dir alles Gute.«

»Ich habe die Hose«, sagte Conall zu sich. »Jetzt fehlt mir nur noch die Frau.«

Es gab in der Gegend ein Mädchen – Sawa Gallagher –, auf das Conall ein Auge geworfen hatte. Er hatte schon oft mit ihr gesprochen. Sie war ein sehr nettes Mädchen, fand er. Sie hatte bezaubernde Augen und eine bezaubernde Art, etwas zu sagen.

Natürlich hatte Conall mit Sawa nie über das Heiraten gesprochen. Dazu war er zu schüchtern. Aber er würde ihr den Heiratsantrag ja nicht persönlich machen müssen. Er könnte jemanden bitten, das für ihn zu übernehmen. So war es damals in den Rosses nämlich üblich.

Conall wandte sich an einen jungen Mann aus der Nachbarschaft – Mickey Sweeney. Mickey war ein netter, fröhlicher Bursche und immer bereit, einem Nachbarn einen Gefallen zu tun. Er galt auch als eine Art Advokat, und es hieß, mindestens drei Männer seien als Gatten angenommen worden, die sonst abgewiesen worden wären, wenn die Brautwerbung einem anderen als Mickey anvertraut worden wäre.

»Mickey«, sagte Conall, »ich glaube, ich würde gern heiraten.«

»Sehr klug von dir«, sagte Mickey.

»Mickey, ich wollte dich bitten, die Frau für mich zu fragen.«

»Das wird mir doch ein Vergnügen sein. Das bring ich für dich in Ordnung, mein Junge. Und wir werden eine Hochzeit feiern, wie sie die Rosses seit Menschengedenken nicht mehr gesehen haben. Wer ist übrigens die Glückliche?«

»Ich habe schon seit Langem ein Auge auf ein richtig nettes Mädchen geworfen«, sagte Conall. »Sawa Gallagher.«

»Sawa Gallagher!«, sagte Mickey mit zitternder Stimme. Sawa Gallagher! Gerade die, an die Mickey selbst so oft dachte. Und die er bitten wollte, ihn zu heiraten, wenn die Zeit reif wäre. Wäre er nicht ganz schön angeschmiert, wenn seine Liebste einen anderen nähme? Mickey wollte erst in einigen Jahren heiraten. Er fürchtete, sein Vater würde ihm kein ausreichend großes Stück Land abgeben. Nun steckte er in der Klemme. Was, wenn Sawa der Spatz in der Hand lieber wäre als die Taube auf dem Dach? Diese Art von weltlicher Weisheit besaßen Frauen doch angeblich seit dem Anbeginn der Zeiten!

»Ich möchte dir raten, dein Glück bei einer anderen zu versuchen«, sagte Mickey, als er sich von seinem Schock erholt hatte. »Ich habe gehört, dass Sawa dem Großen Jack McGee aus Milltown so gut wie versprochen ist. Und wenn du dir einen Korb holst, spricht das gegen dich. Es ist das Schlimmste, was einem Mann passieren kann. Ein Mädchen ist heute vielleicht durchaus bereit, dich zu heiraten, aber sowie sie gehört hat, dass eine andere dich nicht wollte, schon schaut sie dich morgen nicht mehr an. Das gilt natürlich für jeden Mann so gut wie für dich. Frauen sind seltsame Wesen. Die meisten würden lieber ihr Leben lang allein bleiben, als ›die Krümel einer anderen aufzulesen‹, wie es heißt. Ich möchte dir also raten, keinen Korb zu riskieren, indem du Sawa Gallagher fragst. Wie wäre es mit Madge McGinn?«

»Die mag ich nicht«, sagte Conall.

»Dann Sheela Rodgers?«, fragte Mickey.

»Wenn du Sawa Gallagher nicht für mich fragen magst«, sagte Conall, »sag das ganz offen. Dann suche ich mir einen anderen Brautwerber.«

»Sei doch mal vernünftig, Mann«, sagte Mickey und riss sich zusammen. »Ich mach das doch für dich. Wieso auch nicht? Ich wollte dir nur einen guten Rat geben, zu deinem eigenen Besten. Das ist alles.«

»Na gut«, sagte Conall. »Dann wäre das geklärt. Ich hol uns jetzt erst mal einen Tropfen Poitín. Und morgen sprichst du für mich mit Sawa Gallagher.«

Am nächsten Abend machte Mickey sich auf den Weg. Ihm blieb nichts anderes übrig. Wenn er es nicht machte, könnte Conall jederzeit einen anderen schicken. Aber Mickeys Gehirn war inzwischen nicht untätig gewesen. Er hatte gewaltig nachgedacht. Er war zu dem Schluss gekommen, dass ihm nur eine Möglichkeit blieb. Und zwar diese: Conalls Antrag auszurichten. Und wenn Sawa irgendeine Neigung zeigte, zuzustimmen, dann würde Mickey ihr ebenfalls einen Antrag machen – sollte sein Vater sich das Land doch an den Hut stecken.

Mickey kam zu Sawas Haus. Und wie immer war er dort willkommen.

»Gibt's was Neues?«, fragte die Hausfrau.

»Ich habe seltsame Nachrichten«, sagte Mickey. »Ihr werdet es kaum glauben, aber es ist die Wahrheit. Ich bin heute Abend mit einem witzigen Auftrag hier. Ich komme mit einem Heiratsantrag für Sawa.«

Sawa war plötzlich gewaltig damit beschäftigt, Torf aufs Feuer zu legen.

»Dürfte man vielleicht fragen, wer dich schickt?«, fragte die Hausfrau.

»Es muss wohl heraus«, sagte Mickey. »Aber bitte, macht mir keine Vorwürfe. Ich bin hier nur der Bote. Eine solche Bitte kann ich doch niemandem abschlagen. Natürlich habe ich ihm geraten, zur Vernunft zu kommen und bei seinen Leisten zu bleiben. Aber das hat nicht geholfen.«

»Himmel, wer ist es denn?«, fragte die Hausfrau.

»Ihr würdet das in tausend Jahren nicht erraten«, sagte Mickey. »Conall Ferry.«

»Der müsste doch sparsam sein, wenn er irgendwie auf seine Eltern kommt«, sagte die Hausfrau.

»Na ja, ich dürfte das nicht sagen«, antwortete Mickey. »Aber in so einem Moment muss die Wahrheit ans Licht. Er ist sehr faul. Er hat noch nicht einmal alle Kartoffeln ausgemacht. Die faulen in der Erde vor sich hin. Und er säuft wie ein Loch. Beim letzten Jahrmarkt hat er ein Kalb verkauft und das Geld bis auf den letzten Penny mit einer Bande von Kesselflickern vertrunken. Am Abend lag er sternhagelvoll bei Morrisons im Hinterhof.«

»Dann nüchtert er ja offenbar blitzschnell aus«, sagte Sawa. »Ich bin ihm auf dem Heimweg begegnet, und da war er so nüchtern wie jetzt du.«

»Ich erzähle nur, was ich gehört habe«, sagte Mickey. »Ich war nicht auf dem Jahrmarkt. Ich gehe nur hin, wenn ich Geschäfte habe – ein Tier zu kaufen oder ein Tier zu verkaufen. Aber egal, wie er es mit dem Trinken hält, faul ist er. Das ist kein Gerücht. Ich weiß ganz genau, dass er in keinem Jahr vor Anfang April einen Spaten in die Hand nimmt.«

»Und wann hat er die Wiese neben dem Haus umgegraben?«, fragte Sawa. »War das im letzten April?«

Damit hatte Mickey nicht gerechnet. Sawa verteidigte Conall! Egal, was er sagte, sie war auf Conalls Seite. Nun kam Mickey der Gedanke, dass er möglicherweise die falsche Karte ausgespielt hatte, dass es vielleicht besser gewesen wäre, so zu tun, als wäre es ihm egal, ob Sawa Conall heiraten wollte oder nicht.

»Wie seht ihr das denn?«, fragte er die Eltern.

»Das überlassen wir ihr«, sagte der Vater. »Sawa muss entscheiden. Es geht doch um ihr Schicksal, nicht um unseres.«

Mickey begriff, dass er die Partie verloren hatte. Er musste rasch handeln. Er konnte Sawa keine Zeit lassen, sich die Sache zu überlegen. Ihn überkam die plötzliche Angst, dass sie Conalls Antrag annehmen könnte. Und dann wäre alles verloren.

»Na«, sagte er und versuchte zu lächeln, »ich gebe wohl besser jetzt zu, dass es nur Unsinn war. Der arme Conall Ferry! Ich hoffe, ihr glaubt mir, dass ich kein Wort davon gemeint habe, was ich über ihn gesagt habe. Aber so ein kleiner Witz kann doch nichts schaden. Was ich hier in die Wege leiten möchte, ist meine eigene Hochzeit. Und ich bin mein eigener

Brautwerber. Ich bin gekommen, um Sawa zu fragen, ob sie mich heiraten möchte.«

Niemand sagte etwas. Sawa kratzte Wolle. Sie wirkte vollkommen in ihre Arbeit vertieft, so als ginge Mickeys Antrag sie gar nichts an.

Endlich brach ihre Mutter das verlegene Schweigen. »Ich hätte nicht gedacht, dass du in den nächsten ein bis zwei Jahren schon heiraten wolltest«, sagte sie.

Sawa kratzte Wolle.

»Ich habe meinen Entschluss für mich behalten, bis ich bereit war, mich zu erklären«, sagte Mickey.

»Na«, sagte der Vater, »wie schon gesagt, als ich dich noch für den Brautwerber für einen anderen gehalten habe – und entschuldige bitte, wenn ich deine Witze nicht verstanden habe –: Wir werden unserer Tochter bei ihrer Entscheidung keine Steine in den Weg legen. Das ist ihre Angelegenheit. Was sagst du, Sawa?«

»Ich bin heute Abend nicht in Stimmung, um überhaupt irgendetwas zu sagen«, sagte Sawa. »Ich habe mich viel zu sehr geärgert. Denn wenn mir in Herz und Seele auf dieser Welt etwas verhasst ist, dann Verleumdung und üble Nachrede. Conall Ferry ist nicht faul. Er ist kein Trinker. Er kümmert sich um seine eigenen Angelegenheiten. Niemand hat ihn je ein böses Wort über einen Nachbarn sagen hören. Einige von uns könnten sich daran wirklich ein gutes Beispiel nehmen.«

»Komm schon«, sagte die Mutter. »Hör auf mit dem Predigen und sag etwas zu dem Antrag, der dir da gemacht worden ist.«

»Ich hatte nicht vor, in diesem Winter zu heiraten«, sagte Sawa und machte weiter mit ihrer Arbeit, wie um Mickey zu zeigen, dass sie ihn zwar heiraten wollte, dass sie sich aber noch immer darüber ärgerte, was er über einen anständigen, umgänglichen Nachbarn gesagt hatte.

Und damit war die Sache entschieden. Am nächsten Morgen verbreitete sich die Nachricht wie ein Lauffeuer durch die Pfarre. Und die Frauen, die jungen wie die alten, hatten Gesprächsstoff. Wirklich eine unglaubliche Neuigkeit! Conall Ferry hatte einen Brautwerber zu einem Mädchen geschickt. Und der Brautwerber hatte die Braut für sich selbst geworben!

Mickey und Sawa heirateten eine Woche später. Conall Ferry ging zur nächsten Destille und trank dort den ganzen Tag. In der Abenddämmerung taumelte er heimwärts. Später kam er zu dem Haus, wo die Hochzeit gefeiert wurde – natürlich ohne eingeladen zu sein. Er ging hinein und ließ sich hinter der Tür auf einen Stuhl fallen. Nach einer Weile erhob er sich mühsam. Er hatte einen irren Blick. Er schwankte durch den Raum zum Feuer hinüber und begann mit seinem betrunkenen Gestammel. Er müsse Sawa sehen, sagte er. Er habe eine Frage an sie. Warum habe sie ihn so gemein betrogen? Und mit Mickey habe er auch noch ein Hühnchen zu rupfen, sagte er.

Sawa schob Mickey in ein Zimmer neben der Küche. Der Hausherr versuchte, Conall zu beruhigen, aber das half nichts.

»Ich bin genauso gut wie dieser räudige Sohn eines räudigen Flickschusters«, sagte Conall.

»Noch ein Wort, und ich brech ihm an der Türschwelle das Genick«, sagte Mickey zu Sawa.

»Ach, Mickey«, sagte Sawa und legte die Arme um ihn, um ihn aus dem Handgemenge herauszuhalten. »Du hast den armen Kerl doch wirklich ausreichend besiegt. Es wäre für immer eine Schande für dich, ihm jetzt auch nur ein Haar zu krümmen. Der arme Wicht ist die Prügel nicht wert.«

»Wenn er nicht betrunken wäre«, sagte Mickey, »würde ich ihm einen Grund geben, sich das Ohr zu reiben.«

»Betrunken oder nüchtern, er hat keine Aufmerksamkeit verdient«, sagte die Braut. »Wenn der arme Trottel auch nur einen Funken Verstand hätte, hätte er sich doch nie im Leben eingebildet, dass ich ihn heiraten könnte.«

»Aber neulich an dem Abend hast du ihn verteidigt«, sagte Mickey.

»Ich habe ihn verteidigt«, sagte Sawa, »weil ich so wütend auf dich war, dass du seinen Brautwerber machtest, dass ich dir bei allem widersprochen hätte. Ich bin immer noch sauer, wenn ich daran denke. Wie konntest du, wie konnte irgendwer auf die Idee kommen, dass ich diesen armen, schniefenden Trottel heiraten würde? Und wenn er der letzte Mann vor dem Ende der Welt wäre. Ich war wütend auf dich, so war das.«

»Na, Liebling, das ist jetzt ein für alle Mal vorbei«, sagte Mickey.

## II

Fünf Jahre und einige Monate darauf lag Mickey Sweeney im Sterben. Sawa saß an seinem Lager, ein Bild der Trauer. Freundliche Nachbarn schauten herein, um ihr Beileid auszusprechen und jegliche Hilfe anzubieten, die sie liefern konnten. Mein Vater brachte eine Kiepe voll Torf und stellte sie in einer Ecke der Küche ab. Sawa blieb stumm. Später brachte meine Mutter eine Flasche Milch. Sie stellte die Flasche auf die Kommode und trat dann ans Feuer. »Wie hat er die Nacht überstanden?«, fragte sie Sawa.

»Schlecht«, sagte Sawa. Mehr sagte sie nicht.

Conall Ferry kam herein. »Wie geht es ihm heute?«, fragte er Sawa.

»Ach, Conall, Conall, ich fürchte, er stirbt«, sagte Sawa. »Es geht ihm immer schlechter ... Ach, es ist ein grausamer Schlag, nicht wahr, Conall?«

Es ging Mickey wirklich immer schlechter, das stand fest. Am nächsten Morgen, ungefähr eine Stunde vor Anbruch des Tages, starb er.

Die Nachbarn versammelten sich im Haus. Conall Ferry fütterte die Kuh und holte Torf herein. Jemand wurde in den Laden geschickt, um Tonpfeifen und Tabak zu kaufen. Und im Haus wurde alles für die Totenwache vorbereitet.

Die Nacht kam. Im Haus wimmelte es nur so von Menschen, vom Kamin bis zur Tür. »Conall«, sagte die Witwe zu Conall Ferry, »verteil du den Tabak, und verteil ihn reichlich. Gib ihnen so viel zu rauchen, wie sie mögen. Er würde das so wollen, denn er hatte ein großes Herz.«

Eine verkrüppelte, grauhaarige alte Frau ging zu dem Bett, auf dem der Leichnam aufgebahrt war, und begann zu klagen. Es war Mickeys Mutter. Niemand war von ihrem Wehgesang beeindruckt. Ihre Stimme war schwach und heiser. Ihre Totenklage bestand nur aus wenigen Wörtern, und die wiederholte sie ein ums andere Mal. »Ochón und ochón, mein Kind, mein eigenes geliebtes Kind!«

Nach einigen Minuten stand Sawa auf und stimmte in die

Klagen der alten Mutter ein … Tödliches Schweigen senkte sich über das Haus. Bald waren alle Frauen in Tränen aufgelöst, viele Männer auch. Der Kummer der alten Frau schien sie nicht im Geringsten zu berühren, Sawas Klage jedoch presste ihnen das Herz zusammen.

»Oh, Mickey, Mickey! Vorige Nacht konntest du nicht schlafen, aber in dieser Nacht liegst du im tiefsten Schlaf. Einem Schlaf, aus dem du niemals wieder erwachen wirst. Die vorige Nacht war eine lange und grausame Nacht für dich, Mickey. Du dachtest, dass die Finsternis dir das Leben aus dem Leib quetschte und dass du wieder zu Atem kommen würdest, wenn du nur das Tageslicht erblicktest. So oft hast du mich gebeten, hinauszugehen und nachzusehen, ob schon die ersten Streifen der Morgendämmerung am Himmel zu sehen wären. Ach, Mickey, Mickey, du musstest gehen, ehe die Dämmerung kam. Für mich war es die schwarze Dämmerung – die Dämmerung, die ich niemals vergessen kann … Gestern um diese Zeit hast du mich um etwas zu trinken gebeten, aber heute hast du keinen Durst. Warum hast du uns verlassen, Mickey? Warum bist du gestorben? Warum hast du Frau und Kind allein auf dieser bitteren Welt zurückgelassen? Oh, Mickey, dein Sohn, dein Sohn! Er glaubt, dass du nur schläfst, und er fragt mich, wann du wieder aufwachst. Aber das Warten darauf, dass du deine Augen öffnest, wird für ihn lang und grausam werden … Oh, das grausame Schicksal, das mich leben und sehen ließ, wie du im Tode die Augen zugemacht und uns für immer verlassen hast!«

Conall Ferry verteilte reichlich Tabak an den beiden Abenden der Totenwache. Er kümmerte sich um die Kuh. Er brachte Torf ins Haus und hielt die Feuer am Brennen. Er tat alles, was ein Mann im Haus eben tun konnte.

»Conall Ferry ist wirklich eine gute Seele«, sagte mein Vater zu meiner Mutter. »Und er ist ein harmloses, bedauernswertes Wesen. Viele an seiner Stelle würden nicht in die Nähe des Hauses, neben das Haus oder gar in das Haus treten. Aber er hat das Richtige getan. Es ist wunderbar, solche christliche Nächstenliebe zu sehen.«

»Christliche Nächstenliebe, meine Güte«, sagte meine Mutter. »Conall Ferry ist noch immer in Sawa verschossen. Du wirst vielleicht erleben, dass sie innerhalb von zwei Jahren verheiratet sind.«

»Es ist nicht nett, so etwas zu sagen.«

»Es ist vielleicht nicht nett, aber es ist die Wahrheit. Am Tag ehe der arme Mickey gestorben ist, waren mehrere Leute hier, auch du. Sawa hat aber nur mit Conall gesprochen. Und ich hatte doch den Eindruck, dass in ihrer Stimme eine gewisse Freundlichkeit lag.«

»Was bist du boshaft, Frau«, sagte mein Vater.

»Wir werden ja sehen«, sagte meine Mutter.

Der Tag der Beerdigung kam. Der Leichnam wurde auf den Friedhof gebracht und beerdigt. Conall half, das Grab zuzuschütten. Er legte grüne Grassoden darüber und schlug sie mit der Rückseite der Schaufel glatt. Sawa klagte, bis sie müde war. Endlich konnten die Nachbarn sie überzeugen, nach Hause zu gehen.

Sawa redete fast ununterbrochen über ihren toten Mann. Sie erinnerte sich daran, wo sie überall zusammen gewesen waren. Ihr fielen hundert kleine Dinge ein, die er zu ihr gesagt hatte. Manchmal ging sie auf die Anhöhe hinter dem Haus und klagte, so laut sie nur konnte. Einige Nachbarn versuchten, ihr gut zuzureden. »Es ist nicht richtig, Sawa, dass du so schrecklich jammerst«, sagte Shoogey Brennan eines Tages zu ihr. »Du solltest versuchen, das Gute zu sehen, das dir bleibt, wie meine arme Mutter, Gott hab sie selig, zu meinem Vater gesagt hat, als der kleine Hughie gestorben war. Denk daran, dass es sehr viel schlechter um dich stehen könnte. Du bist jung und stark. Und du brauchst nur für einen kleinen Jungen zu sorgen, Gott segne ihn. So manche arme Witwe sitzt mit einem Haus voller kleiner Kinder da.«

»Aber es ist ein kleiner Trost für mich, nach Herzenslust zu weinen«, sagte Sawa. »Und mir ist es egal, was passiert. Es ist mir egal, ob ich lebe oder sterbe. Ich hatte den besten Mann, den jemals eine Frau gehabt hat, und der Tod hat ihn mir genommen.«

Shoogeys nächster Besuch galt Mickeys Eltern. Die armen alten Leute saßen vor einem fast erloschenen Feuer und sahen traurig und elend aus.

»Ich komme gerade von Sawa«, sagte Shoogey. »Das arme Wesen hat vor Trauer ein gebrochenes Herz.«

»Die Trauer hat nichts mit dem Herzen zu tun«, sagte die alte Frau. »Ach, mein armer Junge, der sich umgebracht hat, um ihr ein Leben im Müßiggang zu ermöglichen. Wenn er besser auf sich aufgepasst hätte, würde er jetzt nicht unter der Erde liegen. Doch das hat er nicht getan. Sie hätte es ihm nicht erlaubt. Jetzt klagt sie. Aber ihre Klagen sind viel zu poetisch. Ich kenne sie nur zu gut. Ich weiß, wes Geistes Kind sie ist. Sie ist vom Stamme der klangvollen Klagen und der trockenen Augen. Wer hier Grund zur Trauer hat, das sind wir. Unser geliebter Sohn ist uns voraus ins Grab gegangen.«

# III

Ungefähr eine Woche nach der Beerdigung besuchte Conall Ferry die Witwe. »Ich dachte, du fühlst dich vielleicht einsam«, sagte er. »Deshalb bin ich gekommen.«

Sawa brach in Tränen aus. »Ach, Conall, Conall«, schluchzte sie. »Wenn Mickey am Leben wäre, würde er sich so freuen, dich zu sehen. Denn er hat oft über dich gesprochen.«

»Das weiß ich«, sagte Conall. »Er wird mir sehr fehlen. Aber in diesem Jammertal müssen wir die Dinge so nehmen, wie sie kommen.«

»Du hast gut reden, Conall«, sagte Sawa. »Aber wenn du nur die schmerzliche Trauer fühlen könntest, die mein Herz zerreißt.« Und sie sah aus wie das Inbild des Elends.

»Weißt du«, sagte Conall, »was Pfarrer O'Donnell nach dem Tod meines armen Vaters zu meiner Mutter gesagt hat – der Herr erbarme sich der Toten! Er sagte, sie sollte aufhören zu weinen. Er sagte, das sei eine Beleidigung des Himmels und könnte sogar die dahingegangene Seele länger ins Fegefeuer bannen.«

»Das wusste ich nicht«, sagte Sawa. »Um nichts in der Welt würde ich etwas tun, das meinen über alles Geliebten auch nur eine Minute von seiner ewigen Glückseligkeit zurückhalten kann«, sagte Sawa. Und sie hörte auf zu weinen.

»Bete für ihn«, sagte Conall. »Das ist das Beste, was du tun kannst. Das Beste für ihn und für dich.«

»Wenn ich Geld hätte, würde ich einen Stein auf sein Grab setzen«, sagte Sawa.

»Er ist an einer hübschen Stelle beerdigt«, sagte Conall.

»Wenn das Grab ein bisschen hergerichtet würde. Weißt du, was ich im Sommer gern tun würde, wo ich mir schon keinen Grabstein leisten kann? Muschelsand und Strandsteine aus Dunmore holen und sie auf dem Grab verteilen.«

»Das würde ich jederzeit für dich erledigen«, sagte Conall. »Das ist das Mindeste, was man für einen Freund tun kann. Wir werden den Sand aus Dunmore holen, aber für die Steine müssen wir nach Illanala.«

Es war ein schöner Sommermorgen. Die Boote aus Kindoorin fuhren zum Fischen aus. Eine feine Segelbrise wehte von Südost her, und gerade hatten die Gezeiten gewechselt. Ein Boot segelte aus der Flussmündung, und zwei Menschen saßen darin – Conall und Sawa, unterwegs zu den Inseln, um Schmuck für Mickeys Grab zu holen. Jimmy Wards Boot folgte ihnen. Jimmys Boot hatte zwei Segel und einen Klüver und würde Conalls bald überholen.

»Ich wüsste ja gern, welches Boot das da vor uns ist«, sagte der Lange Jimmy.

»Das sieht aus wie das von Conall Ferry«, sagte Frank Harley. »Ja, das ist es. Und da sitzt Conall am Ruder.«

»Aber wer ist die Frau?«

»Die Witwe Sawa.«

Als sie sich Conalls Boot näherten, hörten sie auf zu reden. Als sie gleichauf kamen, sagte Jimmy: »Schöner Tag heute.«

»Stimmt«, sagte Conall, ohne sich umzusehen.

»Ein wunderschöner Morgen«, sagte Sawa. »Dem Ewigen Vater sei Dank für Seine vielen Gaben und Seine Gnade.«

Jimmys Boot fegte vorüber. Die Männer fingen wieder an zu reden: »Sawa sieht ja nicht mehr so richtig aus wie eine trauernde Witwe«, sagte einer.

»Ja, bei Gott, das tut sie wirklich nicht«, sagte ein anderer.

»Jetzt fahren sie zu den Inseln«, sagte der Große Donagh McGrenna, »um Muschelsand und kleine runde Steine für Mickeys Grab zu holen.«

»Meiner Seel, vielleicht erlebt ihr noch ein witziges Ende für das Schmücken von Mickeys Grab«, sagte der Schwarze Hughdie O'Donnell. »Die Welt ist schon komisch. Da sollte niemand sterben, solange er am Leben bleiben kann.«

»Sei nicht so grausam, Hughdie«, sagte der Lange Jimmy Ward.

»Ist doch so«, beharrte Hughdie.

»Könnte das denn möglich sein, so endlos, wie sie Mickey betrauert hat?«

»Das kam nicht aus dem Herzen. Gott möge mir verzeihen.«

»Aber bei der Totenwache hat sie deinen Augen wahre Tränenströme entlockt. Ich habe gesehen, wie sie dir über die Wangen gelaufen sind. Wie war das möglich, wenn du ihre Trauer nicht für echt gehalten hast?«

»Das kann ich dir sagen«, erwiderte Hughdie. »Vielleicht bin ich nicht ganz normal. Das wird mir ja oft gesagt. Aber wer mich zu Tränen gerührt hat, das war die alte Mutter. Sie hat geschluchzt und ochón gejammert. Mehr konnte sie nicht. Aber als Sawa dann anfing, dachte ich, dass sie der Trauer, die das Herz der alten Frau zerriss, Worte und eine Melodie gab.«

Conall und Sawa fuhren zu den Inseln und holten eine Ladung Muschelsand und Kieselsteine. Als sie auf der Rückfahrt Illanbo erreichten, vertäute Conall das Boot, und die beiden gingen an Land. Sie hatten Hunger und wollten etwas essen. Außerdem mussten sie auf die Flut warten, um ihre Heimfahrt fortsetzen zu können.

Conall machte ein Feuer. Er holte einen Topf voll Wasser aus einem Bach. Sawa bereitete den Tee zu. Und sie setzten sich zum Essen hin. Es war ein wunderschöner Abend. Das Meer war eine Flut aus geschmolzenem Gold, vom Weißen Strand bis zu den drei Felsen von Rossowen. Die fernen Berge auf dem Festland leuchteten in allerlei Farben, immer abwechselnd blassblau, bernsteingelb, lila und rosa.

»Ist es nicht ein schöner Abend«, sagte Conall.

»Dem Allmächtigen Vater sei Dank«, sagte Sawa. »Weißt du, was ich gerade denken musste? – Dass es schön wäre, auf dieser kleinen Insel zu leben.«

»Das allerdings, wenn das ganze Jahr lang Sommer wäre«, sagte Conall.

Bei Sonnenuntergang erreichten sie mit der Flut Kindoorin. »Wir werden das Boot über Nacht hier im Bach vertäuen«, sagte Conall. »Und so Gott will, wird uns die Flut morgen früh nach Moorloch bringen.«

Am nächsten Tag suchten sie den Friedhof auf. Conall verteilte den Sand auf Mickeys Grab. Er legte die kleinen weißen Steine an den Rand. Und in der Mitte machte er ein Kreuz aus kleinen Muscheln.

»Möge Gott dich belohnen und dir Gesundheit und Kraft geben«, sagte Sawa. »Da hast du wirklich großartige Arbeit geleistet. Es gefällt mir so gut. Ich habe noch nie gern ein vernachlässigtes Grab gesehen. Das sieht aus wie vergessene Erinnerung. Und es wird lange dauern, bis ich den armen Mickey vergesse. Wie meine Großmutter im Lied immer gesagt hat, die Meereswellen werden rot werden, und die Berge werden sich im Wind wiegen, ehe ich vergessen kann.«

Conall schwieg. Er stand da wie ein Künstler, der sein Meisterwerk betrachtet.

»Du hast sehr geschickte Hände und einen klugen Kopf«, sagte Sawa. »Das hättest nur du tun können. Und das Kreuz in der Mitte ist das Tüpfelchen auf dem i.«

»Das ist das schönste Grab auf dem Friedhof«, sagte der Künstler mit einem gewissen Stolz. »Aber ich muss ab und zu danach sehen. Der Winterwind wird den Sand wegwehen, trotzdem werde ich die Sache im Auge behalten.«

»Komm rein, dann mach ich dir einen Tee«, sagte Sawa, als sie auf dem Rückweg ihr Haus erreichten.

»Das ist doch nicht nötig«, sagte Conall.

»Nun komm schon rein, Mann«, sagte Sawa. »Nach all der Arbeit musst du ja völlig erschöpft sein. Ein Schluck Tee wird dich wieder zu Kräften bringen.«

Sie gingen hinein. Als sie mit dem Tee fertig waren, schob Conall die Hand in die Hosentasche, um seine Pfeife herauszuholen. Die war in zwei Stücke gebrochen.

»Ich muss nach Hause«, sagte er.

»Wieso hast du es so eilig?«

»Ich muss rauchen«, sagte er. »Das ist eine schlechte Gewohnheit, ich weiß. Aber so ist es eben. Wenn ich gegessen habe, muss ich sofort rauchen. Aber meine Pfeife ist zerbrochen. Schau her! Abgebrochen, gleich hinter dem Kopf. Das muss passiert sein, als ich die Schulter gegen das Boot gestemmt habe, um es ins Wasser zu schieben.«

Sawa griff in ein kleines Loch in der Wand neben dem Kamin und zog eine Pfeife heraus. »Diese Pfeife hat dem armen Mickey gehört, Gott hab ihn selig«, sagte sie. »Er würde sich darüber freuen, dass du sie rauchst ... Ist doch nur eine Tonpfeife. Das alte Sprichwort hat ja so recht, der kleinste Gegenstand, der uns gehört, wird uns oft überleben.«

Der Winter kam, und mit dem Winter kam die Heringsfischerei. »Wenn ich ein Netz hätte, würde ich fischen gehen«, sagte Conall eines Abends zu der Witwe. »Mir ist ein Platz im Boot von Jimmy Ward zugesagt worden. Aber mein Netz taugt nichts mehr. Ich hatte es im vergangenen Winter in der Scheune zusammengelegt. Das Dach war undicht, und es ist vom Regen nass geworden und verfault.«

»Du könntest Mickeys Netz nehmen, Gott hab ihn selig«, sagte Sawa. »Wirklich, einmal habe ich gedacht, dass ich es niemals erlauben würde, dass ein anderer dieses Netz ins Wasser lässt. Aber die Zeiten werden härter. Und was soll eine arme Witwe machen? Ach, der grausame Tod!«

»Es hätte keinen Sinn, ein gutes Netz verkommen zu lassen«, sagte Conall. »Ich werde es morgen ausbreiten, und wenn irgendwelche Maschen gerissen sind, werde ich sie flicken.«

Am nächsten Tag breitete Conall das Netz aus. Er flickte die gerissenen Maschen und nähte es mit einigen Stichen am Zugseil fest, wo es sich gelockert hatte. Später fuhr er als einer von Jimmy Wards Mannschaft zum Heringsfang nach Inishfree.

Nach einer Woche Heringsfischerei hatte er zwei Pfund verdient. Ein Pfund stand Sawa zu – für das Netz. Am Samstagabend ging Conall zu ihr. Er setzte sich in die Ecke neben dem Kamin.

»Du hast bestimmt Hunger«, sagte Sawa und hängte den Kessel über das Feuer.

Nach dem Tee zog Conall die Tonpfeife aus der Tasche und zündete sie an. Er rauchte eine Weile schweigend. Dann zog er seinen Geldbeutel aus der Tasche und öffnete ihn. »Das ist dein Anteil«, sagte er und reichte Sawa eine Pfundnote.

»Möge dich der Allmächtige Vater vor allen Gefahren des Meeres beschützen«, sagte Sawa. »Das ist ein schöner Wochenlohn.«

»Nein, das ist es nicht«, sagte Conall. »Sie sind diesmal nicht in Küstennähe gekommen. Die Hauptschwärme blieben zu weit draußen. Die großen Boote von den Inseln haben den eigentlichen Fang gelandet. Kleine Boote wie unsere müssen in Ufernähe bleiben.«

»Vielleicht kommen sie nächste Woche dichter an die Küste heran«, sagte Sawa.

»Ich fürchte, nicht«, sagte Conall. »Bob Delap hat mir gesagt – und Bob kennt sich da schließlich aus –, er hat mir gesagt, wenn der erste Schwarm auf dem offenen Meer vorüberzieht, werden die anderen denselben Kurs einschlagen.«

»Gottes Wille geschehe«, sagte Sawa. »Jedenfalls ist es gut, immerhin so viel zu haben.«

Conall schaute in den geöffneten Geldbeutel, den er in der Hand hielt. »Armselig genug für eine ganze Woche Arbeit«, sagte er. »Nur zwei Pfund. Es lohnt sich kaum, das zu teilen. Vielleicht sollte ich dir diese Woche alles geben. Ich kann warten.«

»Das wirst du nicht tun«, sagte Sawa. »Du musst deinen Anteil behalten, den hast du dir durch schwere Arbeit verdient. In dieser Woche habe ich viele Male an dich gedacht. Oft, nachts im Bett, wenn ich vor dem Fenster den Wind heulen hörte, habe ich an dich gedacht. Ich habe mir dann vorgestellt, wie du auf den Wellen hin und her geworfen wirst, von der Nadel an der Landzunge bis zu den Felsen von Aran. Und ich habe oft für dich gebetet ... Behalte dein Geld. Wenn ich in Schwierigkeiten gerate, kann ich dich immer noch bitten, mir einen Shilling oder zwei zu leihen. Und verlier nicht den

Mut. Die dunkelste Stunde ist die gleich vor der Morgendämmerung. Vielleicht drängen sich die Heringe nächste Woche in den Bachmündungen – egal, was Bob Delap dir erzählt.«

## IV

Wieder kam die Heiratszeit. Eines Abends saß Conall im Haus der Witwe neben dem Kamin. Niemand war dort, außer den beiden und Sawas kleinem Sohn.

»Conall, gib mir 'nen Penny«, sagte der Junge. »Ich will mir Bonbons kaufen.«

»Setz dich und benimm dich, Seánin«, sagte seine Mutter. »Setz dich, hab ich gesagt. Wo hab ich noch die Rute hingelegt? ... Conall, gib ihm ja kein Geld für Bonbons. Mit Bonbons hat er sich schon die Zähne ruiniert. Erst neulich hat er mich stundenlang wach gehalten, weil er vor Zahnschmerzen geweint hat.«

»Conall, gib mir 'n Streichholz. Ich will im Dunkeln hinter der Kommode ein blaues Licht machen.«

»Seánin, was hab ich eben gesagt? Wenn du so weitermachst, hau ich dir den Hintern voll, das kannst du mir glauben. Und dann steck ich dich ins Bett. Du musst lernen, dich zu benehmen.«

»Conall, bist du mit Mama verwandt?«

»Seánin, komm her zu mir. Zieh dich aus und dann ins Bett mit dir. Ich werd' dir schon Manieren beibringen. Zieh dich sofort aus.«

Bald schlief der Junge tief und fest. »Der Arme ist so müde

wie ein Mann, der den ganzen Tag im Torfstich war«, sagte Sawa und schaute zum Bett hinüber. »Ist ja auch kein Wunder. Der ist den ganzen Tag auf den Beinen.«

»Er ist ein netter kleiner Bursche, Gott segne ihn«, sagte Conall.

»Aber er hat nur Unsinn im Sinn«, sagte die Mutter.

»Na, wenn er keinen Unsinn im Sinn hätte, wäre er ja gar kein richtiger Junge«, sagte Conall. »Er ist wirklich ein großartiger kleiner Bursche. Ich hab ihn sehr gern.«

»Und er hat dich sehr gern«, sagte Sawa. »Du solltest mal sein glückliches Gesicht sehen, wenn er deine Schritte vor der Tür hört. Und wenn du manchmal einen Abend nicht kommst, fragt er immer wieder: ›Mama, was ist denn heute mit Conall los?‹«

»Wird es hier dieses Jahr wohl überhaupt eine Hochzeit geben?«, fragte Sawa. »Nirgendwo auch nur ein Anzeichen zu sehen.«

»Sie haben Zeit genug«, sagte Conall und meinte damit, die Heiratssaison habe ja gerade erst begonnen.

»Das stimmt allerdings«, sagte Sawa. »Zeit genug in jeder Hinsicht. Die Ehe bringt ihren Kummer und ihre Sorgen – manchen Menschen wenigstens.«

»Trotzdem«, sagte Conall, »muss man sich wohl früher oder später ein Herz fassen. Es ist doch armselig, ganz allein zu sein, wenn das Alter kommt.«

»In diesem Winter müssten doch eine Menge Leute bereit sein, diesen Weg zu gehen«, sagte Sawa und nannte die Namen von fünf oder sechs jungen Männern.

»Sawa«, sagte Conall, »ich habe selbst auch schon daran gedacht, in diesem Winter zu heiraten.«

»Was du nicht sagst«, sagte Sawa. »Viele hier haben geglaubt, dass du niemals heiraten würdest. Ich selbst habe das auch gedacht. Ich weiß gar nicht, warum. So eine blöde Idee, die mir da in den Kopf gekommen ist. Eine blöde Idee, mehr nicht. Warum solltest du nicht heiraten, wenn du möchtest? Darf ich denn fragen, wer die Glückliche ist?«

»Ich finde es schwer, mich zu entscheiden«, sagte Conall. »Es ist so: Die Frau, die mich heiraten wollte, würde ich vielleicht nicht mögen. Und die Frau, die ich heiraten möchte, würde mich vielleicht nicht wollen.«

»Du musst es darauf ankommen lassen«, sagte Sawa. »So einfach ist das.«

»Du würdest nicht ...«, sagte Conall, und dann unterbrach er sich. »Ach, nein, es wäre nicht fair, dich zu fragen.«

»Was wäre nicht fair?«, rief Sawa. »Jetzt mach schon. Raus damit. Was wolltest du sagen?«

»Ich weiß, es ist nicht fair, dich zu fragen, bei allem Kummer und allen Sorgen, die du hattest«, sagte Conall. »Aber ich habe überlegt, ob du mir einen guten Rat geben könntest. Ob du vielleicht ein Mädchen kennst, das mich nehmen würde.«

Sawa brauchte nicht lange zu überlegen. Ihre Antwort kam wie aus der Pistole geschossen. »Wie wäre es mit Hannah McGee?«, fragte sie. »Die ist nicht mehr die Jüngste, das weiß ich – zwei Jahre älter als ich. Aber du bist schließlich auch kein junger Spund mehr. Sie ist ein braves, sparsames Mädchen, und sie hat ein bisschen Geld. Da bin ich mir sicher. Wenn du willst, frage ich sie für dich, wann immer du möchtest.«

Conall lief rot an. Sein Mund war plötzlich wie ausgedörrt. Hannah McGee! Gerade die hatte er vor zwei Jahren schon gefragt, und sie hatte abgelehnt. »Nein«, sagte er mit zitternder Stimme. »Die mag ich nicht.«

»Na, dann eben eine andere«, sagte Sawa. »Davon gibt's ja jede Menge auf der Welt, Gott sei Dank für Seine Großzügigkeit. Aber du darfst den Mut nicht verlieren. Und ich gebe dir einen guten Rat: Egal, welche Frau du fragst, lass sie ja nicht spüren, dass du dich vor einem Korb fürchtest. Tu so, als wärst du deiner Sache sicher. Die meisten Frauen schreiben dem Mann den Wert zu, den er sich selbst gibt ... Aber vielleicht möchtest du den Antrag ja nicht selbst machen. In dem Fall würde ich deine Freiwerberin sein, wenn du willst. Und ich kann den Mund halten, vorher und nachher.«

»Das ist sehr lieb von dir«, sagte Conall, aber in seiner Stimme schwang eine gewisse Traurigkeit mit.

Sawa sah ihn an. »Conall«, sagte sie, »ich finde, es ist einfach meine Pflicht und Schuldigkeit, dir zu helfen, so gut ich kann.«

»Sawa«, sagte Conall, »erinnerst du dich an die alten Zeiten?«

»Das allerdings, Conall. Die guten alten Zeiten. Aber die sind für immer vorbei.«

»Sawa, ich habe dich einmal gebeten, mich zu heiraten.«

»Das ist lange her und vorbei, Conall.«

»Es ist noch nicht zu spät«, stammelte Conall. »Wenn du mich jetzt heiraten wolltest, Sawa. Du weißt doch, dass ich dich noch immer gernhabe.«

»Hat irgendwer gehört, was er da sagt?«, fragte Sawa, als ob sie mit einem Dritten spräche. Sie griff zur Zange und fing an, das Feuer aufzuschichten. »Geh mir aus dem Weg«, sagte sie zum Hund. »In meinem ganzen Leben hab ich noch nicht so einen Hund gesehen. Liegst hier nachts, mittags und morgens mit den Pfoten in der Asche. Aufstehen, du Faulpelz!«

Sie trat vor den Kamin und ließ sich auf ein Knie sinken, um Torf auf das Feuer zu legen. Conall berührte ihre Schulter mit einer Hand ... Er zog ihren Kopf dichter an sich heran. »Sawa«, fragte er, »willst du mich jetzt heiraten?«

»Ach, großer Gott, lieber Conall, es wäre zu früh«, sagte Sawa. »Die Leute würden über mich reden. Ich würde lieber noch ein Jahr warten.«

Conall wusste, dass er gewonnen hatte. Die wichtige Angelegenheit war entschieden. Natürlich würde es kleinere Probleme geben (denn Manus Roe O'Donnell war inzwischen gestorben), aber mit denen würde er auch irgendwie fertigwerden.

»Niemand wird über dich reden«, sagte Conall. »Das könnten sie nicht, selbst wenn sie wollten. Du bist jetzt seit mehr als anderthalb Jahren Witwe. Ich hätte dich schon längst gebeten, mich zu heiraten – denn du hast mir so schrecklich leidgetan, so, wie du dich abrackern musst, um Männerarbeit zu tun und um Frauenarbeit zu tun. Ich hätte dich schon früher gefragt, aber ich wusste doch, dass du den armen Verstorbenen betrauertest. Denn er war wirklich ein wunderbarer Mann.«

»Ein wunderbarer Mann«, sagte Sawa. »Der wunderbarste Mann überhaupt in den Rosses, vom Ford of Gweedore bis zum Ford of Gweebarra.«

»Das war er«, sagte Conall. »Aber jetzt musst du dein eigenes Leben leben.«

»Ich muss mein eigenes Leben leben, bis ich in die Ewigkeit gerufen werde«, sagte Sawa. »Und ich muss mich Gottes heiligem Willen ergeben. Das müssen wir alle.«

»Welchen Tag sollen wir nehmen?«, fragte Conall.

»Ich weiß nicht«, sagte Sawa.

»Dann sagen wir doch, den nächsten Samstag«, sagte Conall. »Früher wäre es kaum möglich. Ich muss mir eine Hose besorgen, woher auch immer. Wenn ich sie jetzt schon hätte, würde ich morgen früh als Erstes zum Pfarrer gehen.«

»Ich frage mich«, sagte Sawa, »ob dir wohl Mickeys Hose passen würde – Gott hab ihn selig.«

# Denis der Träumer

## I

Es war nur ein Spitzname. Sein eigentlicher Name war Denis Doherty, aber ein boshafter Nachbar hatte ihn Denis den Träumer genannt. Und diesen Namen wurde er nicht wieder los.

In seiner Kindheit hatte es in seinem Geburtsort Rinamona keine Schule gegeben. Aber seine ehrgeizige Mutter hatte eine Möglichkeit gefunden, ihrem Sohn Bildung zu ermöglichen. Sie schickte ihn zur Schule von Pulcanny, obwohl das einen Fußweg von drei Meilen hin und drei Meilen zurück bedeutete. Er besuchte die Schule regelmäßig, bis er vierzehn war. Und am Ende dieser Zeit konnte er nicht nur lesen und schreiben, sondern begann auch, ein klares Interesse an Literatur zu zeigen.

»Ich bin Ihnen sehr dankbar, Meister«, sagte seine Mutter eines Tages zum Lehrer. »Sie haben gute Arbeit bei Denis geleistet. Was wird das für ein Vorteil für ihn sein, wenn er älter wird und auswandern muss, im Gegensatz zu den armen Jungen, die kein Wort Englisch sprechen und nicht einmal ihren Namen schreiben können.«

»Er ist ein aufgeweckter Junge, Mrs Doherty«, sagte der Lehrer. »Es war ein Vergnügen, ihn zu unterrichten. Und er lernt wirklich gern. Sie werden noch froh darüber sein, dass Sie ihn in die Schule geschickt haben. Die Schule hat ihm seinen Weg vorgezeichnet, wenn ich mich nicht irre.«

Mit achtzehn ging Denis nach Schottland. Er fand Arbeit in Glasgow. Er wollte lieber in der Stadt arbeiten, um in die Bücherei gehen zu können. Es kam auch vor, dass er sich ein Buch kaufte. Nach vier Jahren kehrte er mit einer stattlichen Literatursammlung nach Hause zurück, inklusive der Gedichte von Robert Burns. Er fing an, zu Hause zu lesen. Die Nachbarn sagten, die Bücher würden ihm noch den Kopf verdrehen. Denis achtete nicht auf diese Unkenrufe. Er las weiter. Und je mehr er las, umso weiter entfernte sich seine Weltsicht von den Traditionen und Überzeugungen seiner heimatlichen Rosses. Die Menschen hier hatten keine Ahnung von Liebe. Bei ihnen beruhte die Ehe auf finanziellen Erwägungen anstatt – wie es sein sollte – auf Liebe und nur auf Liebe.

Denis unternahm mehrere Versuche, die jungen Männer von Rinamona zu seinem Glauben zu bekehren. »Das ist einfach nicht richtig«, sagte er dann, »so, wie die Leute in den Rosses das Leben sehen. Sie haben keine Ahnung von Liebe. Ein Mann kommt ins heiratsfähige Alter. Er hat ein Stück Land. Er hält Ausschau nach einer passenden Frau. Er bezieht allerlei Dinge in seine Überlegungen ein. Kann das Mädchen stricken und Wolle kratzen und spinnen? Wird aus ihr eine sparsame Hausfrau? Welche Mitgift hat sie wohl zu erwarten? ... Aber so kann man doch nicht heiraten!«

»Es scheint aber gut genug zu funktionieren«, sagte dann irgendjemand.

»Es ist wider die Natur«, entgegnete Denis. »Zwei Menschen sollten ineinander verliebt sein, ehe sie heiraten. Alles andere spielt keine Rolle.«

»Aber vielleicht haben die meisten ja doch ein paar kleine Gefühle füreinander.«

»Wie um Himmels willen sollte das möglich sein? Es kommt schließlich oft genug vor, dass sich ein Mann bei dem ersten Mädchen, das er fragt, einen Korb holt. Was macht er dann? Er geht sofort zur Nächsten und macht auch ihr einen Antrag. Ja, und dann einer Dritten und einer Vierten. Denkt doch mal an Condy Nanny von drüben. Er hat sechs Mädchen gefragt, und alle sechs haben abgelehnt. Erst beim siebten Versuch hat eine angebissen. Eine ganze lange Winternacht hat er mit diesem Versuch zugebracht. Im Morgengrauen hat er die gefragt, mit der er jetzt verheiratet ist, und sie hat ihn genommen. Wo waren da wohl die kleinen Gefühle? Kann einer von euch mir das sagen?«

Aber Denis konnte niemanden bekehren. Tradition stirbt in den Rosses nur langsam. Die jungen Leute hatten kein Zutrauen zu Denis' Philosophie über Liebe und Ehe. Wenn Denis glaubte, was er da sagte, warum ging er nicht mit gutem Beispiel voran? Warum verliebte er sich nicht in ein Mädchen und heiratete sie, ohne zu fragen, ob sie einen Schuh am Fuß und ein Hemd am Leib hatte?

Sie schienen nicht zu begreifen, dass das hier etwas war, das ein Mann nicht vorher planen konnte. Es müsste durch einen Zufall geschehen oder durch das Schicksal oder wie immer man das nennen wollte. Denis war bereit, sich zu verlieben. Sein Herz glich einem Pulverfass. Es fehlte nur noch die weiße Hand einer holden Maid, um es zu entzünden.

## II

Und endlich war es so weit. Die weiße Hand hielt ein Streichholz an das Pulver, und das Herz eines jungen Mannes brannte lichterloh.

Auf einer Hochzeit in Bunnamann begegnete Denis Rosie McCann aus Drumnacarta zum ersten Mal. Es war ein Fall von Liebe auf den ersten Blick. Sie tanzten mehrmals miteinander. Zwischen den Tänzen saßen sie nebeneinander und plauderten. Schließlich gingen sie frische Luft schnappen und spazierten zum See hinunter. Und was war das für eine Nacht! Der Mond in seiner ganzen Pracht und Majestät zog über einen wolkenlosen Himmel. Die Luft schien von Musik erfüllt zu sein. Die Feen waren offenbar aus den dunklen Schatten der Felsen hervorgekommen, um auf den Wiesen am Ufer des Loch Awillin zu tanzen ... Denis schaute zu dem zaubrischen Mond empor. Er lauschte der Feenmusik. Er befand sich in einer verzauberten Welt. Das Drama, das er sich so oft vorgestellt hatte, wurde vor seinen Augen Wirklichkeit. Er fühlte sich versetzt ans Ufer des Sweet Afton oder auf die Braes of Ballochmile. Mit anderen Worten, er war vollkommen verschossen in Rosie McCann.

Nach diesem Abend trafen sie sich oft. Der Winter ging dahin und nach ihm der Frühling. An einem Sonntagabend im Frühsommer hielt Denis die Zeit für gekommen, um sich zu erklären ... Rosie sagte, sie könne ihre Mutter in den nächsten beiden Jahren nicht verlassen. Aber sie deutete an, dass sie nach dieser Zeit durchaus bereit sein würde, ihn zu heiraten.

Zwei Jahre waren eine lange Zeit. Aber sie waren beide jung. Und Denis hatte das, was er für eine verbindliche Zusage hielt. Er konnte warten.

»Ich wünschte, es wäre morgen«, sagte er. »Aber ich werde diese beiden Jahre durchhalten. Ich würde zwanzig Jahre lang warten. Ich würde den Rest meines Lebens allein verbringen, wenn du nicht bereit wärst, mich zu heiraten.«

»Das wäre töricht.«

»Ach, Rosie! Du hast ja keine Ahnung, wie sehr ich dich liebe, sonst würdest du nicht so reden. Du glaubst doch wohl nicht, ich würde es so machen wie Condy Nanny.«

»Wer ist Condy Nanny? Und was hat er gemacht?«

»Ein Mann aus unserer Gegend. Er hat einem Mädchen einen Antrag gemacht. Sie lehnte ab. Da fragte er eine andere. Sie lehnte ebenfalls ab. Er hat sich sechs Körbe geholt, alle in der einen Nacht. Die Siebte hat Ja gesagt, und die hat er geheiratet.«

»Sechs Körbe«, sagte Rosie. »Das ist wirklich ein Rekord.«

»Ich glaube nicht, dass es vorher schon mal passiert ist«, sagte Denis, »oder dass es jemals wieder passieren wird. Den jungen Leuten von heute geht langsam ein Licht auf. Langsam, aber sicher.«

Rosie verstummte. Ein paar Minuten später sagte sie dann: »Aber, wenn ein Mann nicht das Mädchen haben kann, das er sich wünscht, dann weiß ich nicht, was er sonst tun soll, außer eine andere zu fragen – das heißt, wenn er überhaupt heiraten will. Zum Beispiel, was würdest du tun, wenn ich dich nicht heiraten wollte?«

»Ich habe dir doch schon gesagt, was ich tun würde«, erwiderte Denis. »Ich würde den Rest meines Lebens allein verbringen. Da bin ich mir absolut sicher. Etwas anderes könnte ich gar nicht. Wahre Liebe hat keine andere Bestimmung – kann keine andere Bestimmung haben. Keine andere Frau, Rosie, könnte deinen Platz in meinem Herzen einnehmen. Und eine Frau, die keinen Platz in meinem Herzen hat, kann auch keinen Platz an meinem Kamin haben.«

## III

Denis schwebte auf Wolken. Immer wieder sprach er über das schöne Mädchen aus Drumnacarta, das er heiraten würde, und wie sehr sie einander liebten. Neben der Freude, die es ihm machte, über seine Romanze zu reden, wollte er möglichst viele der jungen Männer von Rinamona zum Evangelium von der Ehe bekehren, die auf Liebe beruht und nur auf Liebe. Seine Theorien waren beträchtlich verstärkt worden. Sein Traum war nun Wirklichkeit.

Er beschloss, mit Charles McGladdery anzufangen. Der war nicht gerade etwas fürs Auge, aber im Vergleich zu den anderen jungen Männern der Gegend war er wohlhabend. Ein Onkel aus Amerika hatte ihm eine Erbschaft hinterlassen. Mit einem Teil des Geldes ließ er sein altes Haus mit Schiefer decken, und er baute ein Zimmer an. Er hatte ein Pferd und zwei Kühe und einen Bullen. Der Pfarrbulle galt damals in den Rosses als Zeichen gesellschaftlicher Überlegenheit.

Obwohl er also nicht gerade ein schöner Mann war, wäre es Charles leichtgefallen, eine Frau zu finden. Jede Mutter in Rinamona, die eine heiratsfähige Tochter hatte, warf ihre Angel nach ihm aus.

Denis hätte aus Charles sehr gern einen ersten bekehrten Jünger gemacht. Charles war durch seinen Wohlstand mehr oder weniger ein König. Wenn er anführte, würden die restlichen jungen Männer folgen.

»Die Mädchen aus Drumnacarta sehen sehr gut aus«, sagte Denis eines Abends zu Charles. »Und sie sehen nicht nur gut aus, sie sind auch kultiviert. Sie sind ganz anders als die Mädchen hier unten.«

»Ich hab beim letzten Sommerjahrmarkt in Dungloe deine Freundin gesehen«, sagte Charles. »Die ist wirklich eine Schönheit.«

»Die sehen alle gut aus«, sagte Denis. »Und sie haben alle so feine Manieren.«

»Ich glaube, deine Freundin wird dir eine ziemlich gute Mitgift bringen«, sagte Charles.

»Das weiß ich nicht«, erwiderte Denis. »Ich habe nicht gefragt. Ich heirate sie aus Liebe. Sie heiratet mich aus Liebe. Geld hat damit überhaupt nichts zu tun.«

»Ich weiß«, sagte Charles. »Aber trotzdem, Geld ist nicht zu verachten. Und ich weiß genau, dass der Lange Shamey McCann einen Haufen Geld hat. Und Rosie ist die einzige Tochter ... Aber du sagst, alle Mädchen da oben sehen gut aus?«

»Das tun sie, und das wissen sie«, antwortete Denis. »Jede Einzelne von ihnen weiß, dass ihr Gesicht ihr Vermögen ist, wie das alte Sprichwort behauptet. Jede von ihnen weiß, dass sie auch ohne einen Penny an Mitgift heiraten kann. Und wie schon gesagt, sie sind sanft und kultiviert. Am nächsten Samstagabend ist ein Tanz bei Conall More. Wenn du mitkommst, kann ich dir mindestens ein halbes Dutzend feine Mädchen vorstellen.«

Am folgenden Samstagabend gingen die beiden jungen Männer zu diesem Tanz in Drumnacarta. Sie wurden herzlich willkommen geheißen und unterhielten sich prächtig.

Sie wiederholten diesen Besuch noch oft.

»Na«, fragte Denis eines Nachts auf dem Heimweg, »hast du dich schon entschieden?«

»Nein, hab ich nicht«, erwiderte Charles. »Das sind alles nette Mädchen. Doch ich kann unter ihnen nicht die eine finden, die ich gern heiraten würde.«

»Du bist eben in keine von ihnen verliebt«, sagte Denis. »Aber das kommt schon noch. Und es könnte kommen, wenn du am wenigsten damit rechnest. Wie ein Blitz aus heiterem Himmel. So war das bei mir an dem Abend auf der Hochzeit in Bunnamann. Aber du musst dein Herz darauf vorbereiten, so wie ich es gemacht hatte. Du musst jeglichen Gedanken an Geld aus deinen Überlegungen verbannen. Du musst an die Liebe glauben. Dann wird sie kommen. Da kannst du ganz sicher sein, sie wird kommen. Denn sie ist ein Geschenk des Himmels.«

Eines Abends im folgenden Winter saßen einige junge Männer – auch Denis Doherty war dabei – in der Kneipe von Shewan Aleck. Irgendwer erwähnte Charles McGladdery. »Ich habe schon mehrmals gehört, dass er noch vor der Fastenzeit heiraten wird«, sagte ein anderer.

»Nicht vor der nächsten Fastenzeit, so wie ich ihn kenne«, sagte Denis. »Und ich glaube schon, dass ich das tue. Unser Charles hat es durchaus nicht eilig. Er will ganz sicher sein, dass es ihm und dem Mädchen wirklich ernst ist, ehe er sich erklärt.«

»Es gibt gar keinen Grund, warum er warten oder auch

nur ein bisschen zögern sollte«, sagte Shewan Aleck, die Wirtin. »Er hat alle Trümpfe in der Hand. Die eingeschworenen Tricks, wie die alten Spieler immer gesagt haben. Es kann gar nicht schiefgehen. Er hat ein schönes Stück Land und ein gutes Haus. Er hat ein Pferd und zwei Kühe und einen Bullen. Er hat bei den Mädchen hier in der Pfarre die freie Auswahl.«

»Nicht in der ganzen Pfarre«, sagte Denis. »Höchstens in der Gegend von Rinamona. Es gibt hier in der Pfarre Mädchen, die ihn nicht wegen Haus und Land und Vieh heiraten würden.«

»Oder erst, wenn sie gefragt werden«, sagte Shewan.

»Also wirklich«, sagte Denis. »Ich bin der Letzte auf der Welt, der etwas gegen Charles McGladdery sagen oder ihn in irgendeiner Hinsicht heruntermachen würde, er ist mein bester Freund. Was ich sagen wollte, ist Folgendes: Es gibt Mädchen in der Pfarre, die ihn nicht um allen Reichtum auf der Welt heiraten würden, wenn sie ihn nicht lieben.«

»Das ist doch Unsinn«, sagte Shewan.

»Wenn du gestattest, meine Gute, das ist kein Unsinn«, widersprach Denis. »Es hat Zeiten gegeben, als eine Ehe zwischen einem Stück Land und ein paar Pfund abgemacht wurde. Wir haben hier Generationen hindurch in Finsternis gelebt, weil wir keine Bildung besaßen. Aber den Menschen geht nun langsam ein Licht auf. Der Tag ist nicht mehr fern, wenn Liebe, und nur Liebe, Männer und Frauen bei der Wahl ihrer Lebensgefährten leiten wird.«

»Das sind große Worte«, sagte Shewan Aleck. »Aber ich möchte mal die junge Frau sehen, die einem Haus wie dem, das Charles McGladdery ihr anbieten kann, den Rücken kehren und sich für die Landstraße und die Büsche am Straßenrand als Nachtlager entscheiden würde.«

»Ich kenne eine Frau, die das tun würde«, sagte Denis. »Ein Mädchen, das den reichsten Mann des Landes abweisen und den Mann heiraten würde, den sie liebt, und wenn er nicht einen Penny hätte. Wann werdet ihr ansonsten guten Christenmenschen endlich begreifen, dass Ehen von der richtigen Sorte im Himmel geschlossen werden und dass solche Ehen auf Liebe aufgebaut sind?«

## IV

Es war ein schöner, frostkalter Morgen mitten im Winter. Denis der Träumer war soeben aufgestanden und schnürte sich beim Kamin die Stiefel, als Condy Nanny hereinkam.

»Stehst du jetzt erst auf?«, fragte Condy. »Du bist mir ja einer – liegst den halben Morgen im Bett. Du bist nicht halb so gut wie Charles McGladdery.«

»Wieso, was hat Charles denn Großes getan?«, fragte Denis.

»Das Größte, was ein Mann tun kann«, antwortete Condy. »Hat sich fürs Leben festgelegt. Er wird morgen oder übermorgen heiraten. Gestern Abend hatten sie den *Dáil*. Jede Menge zu trinken gab's auch.«

»Glaub doch dieses Ammenmärchen nicht«, sagte Denis. »Kein Wort davon ist wahr. Charles McGladdery und ich sind Kumpels. Wir haben keine Geheimnisse voreinander. Wenn er heiraten wollte, wäre ich der Erste, dem er das erzählen würde. Da hat dir irgendwer einen Bären aufgebunden.«

»In dem Fall«, sagte Condy, »war Charles selbst der Binder.

Und ich hoffe nur, dass er das noch oft tut. Als ich auf dem Weg hierher bei ihm vorbeikomme, tritt er doch einfach so aus der Tür und schenkt mir zwei schöne Glas Whiskey ein. Und dabei kann man wirklich von Whiskey reden. Die Sorte, bei der du das Gefühl hast, auf Wolken zu gehen. Und zwei große Glas voll! Aber der kann sich das ja auch leisten, Geld hat er schließlich genug.«

Denis ärgerte sich ein bisschen über diese Nachricht. Charles McGladdery und er waren dicke Freunde gewesen. Wieso hatte Charles seinem besten Kumpel seine Heiratspläne verschwiegen? ... Es konnte nur eine Erklärung geben: Charles würde ein Mädchen aus seinem eigenen Dorf heiraten. Er heiratete auf die alte Weise. Ein anrüchiger Handel zwischen einem Stück Land und ein paar Pfund. Und dann wäre Denis mit seinem ersten Versuch, Romantik in die Rosses zu bringen, kläglich gescheitert. Aber er würde die Hoffnung nicht aufgeben.

»Wen heiratet er denn?«, fragte er endlich.

»Ein Mädchen aus Drumnacarta«, erwiderte Condy Nanny. »Rosie McCann heißt sie. Eine Tochter des Langen Shamey McCann. Du kennst doch das Haus. Das letzte rechts vor der Brücke. Ehe du auf die Straße nach Meenbannad abbiegst. Ich kenne Shamey McCann: Ich hab ihm vor ein paar Jahren auf Jacks Markt eine Kuh verkauft, und er ist ein verdammt harter Geschäftsmann. Die Tochter kenne ich nicht, aber sie soll eine Schönheit sein. Der Lange Shamey schwimmt im Geld. Da wird er seiner Tochter ja wohl eine nette Mitgift geben.«

Denis sprang auf und taumelte aus dem Haus. Er musste sich an die Mauer lehnen, um sich auf den Beinen halten zu können. Was war ihm da für eine schreckliche Geschichte erzählt worden? Konnte das überhaupt wahr sein? Nein, das konnte es nicht. Condy Nanny hatte alles falsch verstanden. Es konnte nicht Rosie McCann sein. Hatte Rosie nicht versprochen, ihn zu heiraten? Hatte sie nicht immer wieder erklärt, sie liebe ihn von ganzem Herzen, bis an ihr Lebensende? ... Nein, es konnte nicht wahr sein!

Und doch machte es ihm zu schaffen.

Condy Nanny kam hinter ihm her aus dem Haus.

»Weshalb ich gekommen bin«, sagte er zu Denis, »ist, dass ich dich fragen wollte, ob du mit rauskommen und mir kurz beim Dachdecken helfen kannst. Eine Stelle im Dach ist undicht. Es tropft mitten über dem Kamin. Sonst würde ich ja bis zum Frühling warten. Und Gott weiß, wann wir den nächsten trockenen Tag haben werden. Der Tag heute ist einfach wunderbar. Der weiße Frost ist aber nie von Dauer. Außerdem habe ich heute Morgen am Horizont eine Windhose gesehen. Die kündigt mit Sicherheit einen Sturm an. Deshalb möchte ich das Dach lieber heute flicken.«

»Mill kann dir beim Dachdecken helfen«, brachte Denis mit Mühe heraus. »Ich muss nach Dungloe.«

Denis machte sich auf den Weg zu Rosie McCanns Haus in Drumnacarta. Er wollte zu Rosie gehen und aus ihrem eigenen Mund hören, dass es sich bei dieser entsetzlichen Nachricht um eine Lüge handelte. Nur das würde sein armes, zitterndes Herz zur Ruhe bringen. Immer wieder stellte er sich vor, dass Condy Nanny es ungeheuer komisch fand, ihm diese grauenhafte Geschichte zu erzählen. Condy Nanny, dieser elende Kerl, der erst heiraten konnte, nachdem er sich sechs Körbe geholt hatte! Der hatte bestimmt kein Mitleid mit jemandem, der sich wegen einer unglücklichen Liebe herumquälte!

Denis setzte seinen Weg fort ... Was würde Rosie zu ihm sagen, wenn er aus einem solchen Grund zu ihr kam? Würde sie sagen, er sei doch verrückt, eine dermaßen offensichtliche Lüge zu glauben? Würde sie es ihm übel nehmen, so dumm zu sein, dass ein Trottel wie Condy Nanny ihn an der Nase herumführen konnte? Würde sie ihn als Idioten bezeichnen? ... Dennoch musste er sie sehen. Er konnte die Unsicherheit nicht ertragen. Diese furchtbare Vorstellung brannte sich in sein Gehirn ein ... Er ging den schmalen Weg zu Shamey McCanns Haus hoch und trat ein.

Shamey und seine Frau hießen ihn herzlich willkommen, doch Rosie war nicht zu sehen. Shamey war ziemlich angetrunken. Er füllte ein Glas mit Whiskey und reichte es Denis.

»Trink das«, sagte Shamey McCann. »Und trink schnell, damit ich es dir immer wieder füllen kann. Ja, und zehn Mal, wenn du so viel verträgst. Denn du hast es verdient, das hast du wirklich. Wir müssen dir in alle Ewigkeit dankbar sein, weil du Glück in unsere Familie gebracht hast. Unsere Tochter heiratet einen Mann aus deiner Gegend. Charles McGladdery, die beste Partie vom Ford of Gweedore bis zum Ford of Gweebarra. Er schwimmt im Geld. Das ist kein Gerücht, ich habe sein Sparbuch gesehen. Den Rest weißt du selbst. Haus und Land, ein Pferd, zwei Kühe und einen Bullen. Unsere Rosie wird keinen Tag der Not erleben. Und dafür kann sie sich bei dir bedanken. Denn du hast sie und Charles McGladdery zusammengeführt.«

Denis brachte mit Mühe heraus, dass er keinen Alkohol trank. Dann saß er eine Weile da und versuchte, etwas zu sagen. Zwischendurch sah er einen vagen Hoffnungsschimmer: Rosie war noch nicht verheiratet. Wenn er sie nur sehen und mit ihr sprechen könnte! Konnte sie es denn wirklich übers Herz bringen, ihr Versprechen, das sie ihm gegeben hatte, zu brechen?

Er erhob sich, um zu gehen. Er machte einige Schritte zur Tür hin. Dann blieb er stehen.

»Ist Rosie zu Hause?«, fragte er.

»Nein«, erwiderte die Mutter. »Sie ist heute Morgen nach Dungloe gegangen. Die beiden heiraten morgen. Und wir haben alle Hände voll zu tun. Sie hat uns keine Zeit für die Hochzeitsvorbereitungen gelassen. Die jungen Leute heute sind nicht mehr so wie wir damals, als wir geheiratet haben. Sie behalten alles für sich. Und dann überraschen sie dich damit. Aber jedenfalls, sie bekommt einen guten Mann, und das ist die Hauptsache. Und, wie Shamey gesagt hat, dafür kann sie sich bei dir bedanken.«

»Ich nehme dir das übel«, sagte der Lange Shamey, als Denis gehen wollte. »Ich nehme es dir absolut übel, dass du nicht auf die Gesundheit des jungen Paares trinken willst. Ich weiß, du hast ein Gelübde getan. Aber egal, wie viele Gelübde jemand getan hat, in einem solchen Augenblick dürfte er ein Gläschen nicht ablehnen. Das haben die Leute früher doch immer gesagt: Zwei heilige Anlässe – eine Hochzeit und eine Taufe.«

Denis zog los. Er würde nach Dungloe gehen. Er würde Rosie treffen … Sie nur ein Mal sehen! Nur ein Wort zu ihr sagen! Sie an ihr Versprechen erinnern! … Er ging die Straße entlang, dann durch das Moor von Croghyweal. Das war der Weg, auf dem Rosie nach Hause kommen würde. Dann fiel ihm ein, dass er sie am sichersten treffen würde, wenn er an einer bestimmten Stelle wartete – und dass er sie verpassen könnte, wenn er ins Dorf ging. Er blieb stundenlang auf seinem Posten. Es wurde ein kalter Abend. Ein Regenschauer zog sich oben über dem Errigal zusammen ... Frauen kamen die Straße entlang, auf dem Heimweg aus den Läden im Dorf. Aber nicht die Frau, auf die Denis wartete. Endlich, als die Dämmerung einsetzte, lief er ins Dorf. Er ging von einem Laden zum anderen. Aber Rosie McCann war nirgends zu finden.

Er ging wieder nach Hause. In dieser Nacht lag er stundenlang wach. Als er endlich einschlief, hatte er entsetzliche Träume. In einem fiel Rosie von einer Klippe ins Meer. Sie ertrank vor seinen Augen, während er mit Stahlreifen an einen Felsbrocken gefesselt war und weder Hand noch Fuß bewegen konnte, um sie zu retten. Später sah er, wie sie von einer Piratenbande auf ein schwarzes Schiff verschleppt wurde. Er stand hilflos an der düsteren, einsamen Küste, bis das Schiff vom Nebel am Horizont verschlungen wurde.

Am folgenden Tag war Denis erschüttert, bestürzt und sprachlos. Nur nach und nach begriff er wirklich, dass seine Liebste ihn für alle Ewigkeit verlassen hatte ... Er musste mit jemandem darüber sprechen, wenn er nicht den Verstand verlieren wollte. Und er suchte das Mitgefühl einer anderen Frau – der Frau, die, seit er ein kleines Kind gewesen war, versucht hatte, noch seinen kleinsten Kummer und Schmerz zu lindern.

»Nimm dir das nicht zu sehr zu Herzen, mein Kind«, sagte seine Mutter. »Ohne Rosie McCann bist du besser dran. Ihr Herz ist falsch, und das hat sie jetzt bewiesen. Das Beste – das Einzige –, was du tun kannst, ist, sofort zu heiraten. Such dir ein nettes, liebes Mädchen aus deinem eigenen Dorf. Ein Mädchen, das wir kennen und dessen Familie seit Generationen hier im Dorf bekannt ist. Es war sehr unklug von dir, mein Junge, überhaupt davon zu träumen, dass du eine Fremde heiraten könntest. Die Leute früher haben das doch schon immer gesagt: die Person, die du heiratest, von deiner Türschwelle, die Taufpaten weit weg von zu Hause. Drüben in Pullanleen wüsste ich ein nettes Mädchen – Sally McHugh. Sie ist wirklich in jeder Beziehung ein gutes Kind. Viel besser als alle Mädchen aus Drumnacarta zusammen. Wirklich.«

»Nein, Mutter«, sagte Denis. »Nie im Leben könnte ich eine andere heiraten.«

Das Mitgefühl seiner Mutter war ihm Trost. Es brachte einem verwundeten Herzen ein wenig Erleichterung. Aber Denis dachte nicht im Traum daran, eine andere zu heiraten. Seine Mutter meinte es gut, das wusste er. Aber sie gehörte einer Generation an, die die Liebe nicht so verstand, wie sie nun in einem aufgeklärteren Zeitalter verstanden wurde. »Nein, Mutter«, sagte er noch einmal. »Nie im Leben könnte ich eine andere heiraten. Nie, nie, nie.« Mehr sagte er seiner Mutter nicht. Es war alles, was er sagen konnte, ihr und allen anderen. Sein Herz war so von Trauer überladen, dass seine Zunge sie nicht zum Ausdruck bringen konnte. Doch nach einigen Monaten, als er sich von dem ersten Schock ein wenig erholt und etwas von seiner früheren Beredsamkeit zurückgewonnen hatte, erklärte er einem jungen Mann aus der Nachbarschaft seine Prinzipien von Liebe und Ehe. »Für Männer wie mich«, sagte er, »geht ein Stern auf, nur ein einziger Stern. Mein Stern ging auf und beleuchtete die ganze Welt für mich, für eine kurze Zeit und dann nicht mehr. Er ging unter, und ich wurde in Finsternis gestürzt. Meine arme Mutter dachte, ich könnte den Weg durchs Leben mit einer billigen Kerze finden. Aber diese Kerze wäre mein Tod gewesen. Die Finsternis ist mir tausendmal lieber. Die schwarze Finsternis, die vollständige Finsternis.«

# V

Abermals sorgte Denis der Träumer in seinem Heimatort Rinamona für Gesprächsstoff. Eines Abends wurde bei Susie Fadawan über ihn geredet.

»Er war erst kürzlich hier«, sagte Susie, »und zwei geschlagene Stunden hat er über nichts anderes geredet als über Frauen. Ich wette, der heiratet noch vor der Fastenzeit.«

»Es ist aber ein bisschen spät für ihn, noch ans Heiraten zu denken«, sagte Barney Kilday. »Er ist einundfünfzig. Das ist sein genaues Alter. Er und ich wurden mit demselben Wasser getauft.«

»Ich hätte nicht gedacht, dass er jemals heiraten würde«, sagte Neil McGilligan. »Ich hätte gedacht, dass er bis ans Ende seiner Tage diesem Mädel aus Ballochmile nachtrauern würde – so hat er Rosie McCann aus Drumnacarta immer genannt.«

»Er hat ihr lange genug nachgetrauert«, sagte Andy Neddy. »Fünfundzwanzig Jahre. Als Rosie ihn abgewiesen hat, dachten wir, er würde an gebrochenem Herzen sterben.«

»Das tut niemand«, sagte Susie Fadawan. »Wie der arme Feldy McGulsachan, Gott hab ihn selig, immer gesagt hat, Menschen sterben und werden von Würmern gefressen, aber daran ist nicht die Liebe schuld … Der arme Denis! Er steckt jetzt in der Klemme. Wie einer, der den ganzen Tag schläft und bei Sonnenuntergang aufsteht, um Heu zu machen oder eine Wiese zu mähen. Warum um Himmels willen hat er nicht schon vor Jahren geheiratet? Seine Mutter, Gott hab sie selig, hat ihm den richtigen Rat gegeben. Sie hat ihm geraten, sofort zu heiraten, als dieses Flittchen aus Drumnacarta ihn nicht mehr wollte. Aber er hat nicht auf sie gehört. Ihm war die dichte schwarze Finsternis lieber als das, was er die billige Kerze seiner Mutter nannte. Und jetzt wird es ihm schwer genug fallen, auch nur einen Kienspan zu finden, von einer Kerze ganz zu schweigen.«

Maggie McGinty war eine alte Jungfer, die jegliche Hoffnung auf eine Heirat aufgegeben hatte. Böse Zungen behaupteten, dass kein Mann sie je gefragt habe. Das stimmte aber nicht. Einen Antrag hatte sie erhalten, von Billy McNellis aus Srathnabratogy. Sie hatte ihn abgewiesen, weil er ein Holzbein hatte.

Maggie wurde älter, und sie wurde übellaunig. Vielleicht bedauerte sie, Billy McNellis nicht genommen zu haben, Holzbein hin oder her. Sie lebte in ihrem alten Elternhaus, zusammen mit ihrem Bruder Hughie und dessen Familie. Vor seinem Tod hatte ihr Vater sein kleines Stück Land in zwei gleich große Stücke aufgeteilt. Falls Maggie doch noch heiratete, sollte alles an Hughie gehen, aber dann müsste er seiner Schwester als Mitgift einen angemessenen Preis für ihren Teil des Landes geben.

Aber zurück zu Denis dem Träumer. Mit einundfünfzig beschloss er, zu heiraten. Er dachte dabei an keine besondere Frau. Aber in einem Punkt stand sein Entschluss fest, und zwar wollte er eine junge.

Donal Vickey und Johnny Andy begleiteten ihn eines Abends, als er auf Brautschau ging. Sie brachen um kurz vor Mitternacht auf. Die Männer aus den Rosses zogen immer um diese Zeit zu ihrem Einsatz los, damit niemand ihnen begegnete oder sie sah. Es war eine weise Vorsichtsmaßnahme, denn immer bestand die Gefahr, sich eine Abfuhr zu holen.

Im ersten Haus, das sie aufsuchten, wurden sie abgewiesen. Im zweiten Haus wurden sie abgewiesen. Und im dritten.

»Wir haben kein Glück«, sagte Donal Vickey nach dem dritten Fehlschlag. »Wohin jetzt?«, fragte er Denis. »Fällt dir noch irgendein Mädchen ein?«

»Nein, mir nicht«, erwiderte Denis.

»Was ist mit Maggie McGinty?«, meinte Johnny Andy.

»Zu alt«, sagte Denis. »Viel zu alt.«

Sie versuchten es in drei weiteren Häusern und wurden in jedem davon abgewiesen.

»Es wird bald Morgen«, sagte Donal Vickey. »Die Hähne von Carrickfin krähen zum dritten Mal. Ich finde, in Gottes Namen, wir sollten den Heimweg antreten. Vielleicht haben wir morgen Abend mehr Glück. Denn es gibt etwas, das Glück heißt.«

»Nein«, sagte Denis. »Das würde jegliche Chance ruinieren, die ich vielleicht habe. Wir waren in zu vielen Häusern, um die Sache geheim halten zu können. Morgen wird sich die Nachricht, dass von sechs Mädchen keine mich heiraten wollte, wie ein Lauffeuer in den Rosses verbreiten. Und dann nimmt mich überhaupt keine mehr. In Gottes Namen, wir versuchen es weiter, bis das Tageslicht uns zwingt, die Jagd aufzugeben.«

»Es kann nicht mehr lange dauern bis zum Tageslicht«, sagte Donal Vickey.

»Was ist mit Maggie McGinty?«, fragte Johnny Andy ein zweites Mal.

Denis der Träumer schaute nach Osten. War das da über dem Errigal das erste schwache Schimmern der Morgenröte?

»Na gut«, sagte er.

Sie gingen zum Haus der McGintys und klopften an die Tür. Nach kurzem Zögern wurden sie eingelassen. Donal Vickey brachte ihr Begehr vor … Natürlich musste Maggie angehört werden. Sie stand auf und zog sich an und kletterte die Leiter herunter in die Küche.

Würde sie Denis Doherty heiraten? Sie sagte, das würde sie, und damit war der Fall erledigt. Als Nächstes musste über die Mitgift verhandelt werden.

»Dieser elende kleine Hof ist höchstens sechzig Pfund wert«, sagte Hughie McGinty. »Das heißt, ich gebe ihr dreißig Pfund.«

»Das reicht nicht«, sagte Donal Vickey. »Das reicht bei Weitem nicht. Du musst fair sein, Hughie. Du kannst, wen immer du willst, um eine Einschätzung bitten, und ich wette mit dir, sie werden das Land auf achtzig Pfund ansetzen, vom Haus gar nicht zu reden.«

»Den Teufel werd' ich tun und mehr als dreißig Pfund blechen«, sagte Hughie McGinty.

»Na gut«, sagte Donal Vickey. »Ganz wie du willst. Dieser großartige Mann findet doch jederzeit eine Frau mit einer Mitgift von vierzig Pfund. Also gehen wir, Jungs.«

Maggie McGinty flüsterte ihrem Bruder etwas zu.

»Moment noch«, sagte Hughie. »Ich gebe ihr fünfunddreißig Pfund.«

»Das reicht nicht«, sagte Donal und machte einen Schritt auf die Tür zu.

»Ich gebe ihr fünfunddreißig Pfund und dazu ein feines fettes Schaf«, sagte Hughie.

»Komm schon«, sagte Donal. »Sei ein Mann. Gib ihr die vierzig.«

»Bei meiner Seele, das könnte ich nicht.«

»Na, damit wäre das geklärt. Darunter können wir es nicht tun. Dann gehen wir jetzt lieber, und ihr könnt euch wieder ins Bett legen.«

Die Verhandlungen schienen also gescheitert zu sein. Aber nun schaltete sich Johnny Andy ein (wie sie es geplant hatten).

»Hört mal zu, ihr zwei«, sagte er zu Donal Vickey und Hughie McGinty. »Was ist denn eigentlich los mit euch? Wollt ihr wirklich eine gute Partie für ein paar jämmerliche Pfund ruinieren? Nehmt euch zusammen und kommt euch auf halbem Weg entgegen. Teilt die Differenz. Das macht dann siebenunddreißig Pfund zehn.«

»Na gut«, sagte Donal Vickey. »Einverstanden. Als Mitgift ist das gar nicht schlecht – siebenunddreißig Pfund, zehn Shilling.«

»Aber das Schaf kriege ich doch hoffentlich trotzdem?«, fragte Denis der Träumer.

# Manus MacAward, Raucher und Geschichtenerzähler

## I

Es hieß oft, Manus MacAward sei der geborene Raucher. Ich weiß nicht, wie wahr das ist. Ich weiß nur, dass er mit sieben Jahren dabei erwischt wurde, wie er Torfmull rauchte. Seine Mutter glaubte, diese schlechte Angewohnheit aus ihm herausprügeln zu können. Sein Vater dagegen glaubte nicht, dass brutale Gewalt ihn heilen würde. Deshalb kaufte er dem Jungen eine Pfeife und gab ihm jede Woche eine angemessene Menge Tabak. Wir werden sehen, dass das Kraut den Jungen schon früh im Leben fest im Griff hatte und dass es, wenn er älter wäre und zu Verstand käme, ihm sehr schwerfallen würde, mit dieser Gewohnheit zu brechen.

Ob Manus die Lust zum Rauchen nun angeboren war oder nicht, können wir nicht mit Sicherheit wissen. Aber wir können fast sicher sein, dass er ein geborener Geschichtenerzähler war. Das hatte er von seinem Vater geerbt, denn Shamey MacAward erzählte seine Geschichten auf eine Weise, die eigentlich bereits ausgestorben war. Es gab Leute in den Rosses, die alte Geschichten aus der mündlichen Überlieferung wiederholen konnten – Geschichten über die Fianna oder den Roten Zweig –, aber Shamey MacAward hatte keine hohe Meinung von diesen literarischen Talenten.

»Das ist doch nur etwas, das sie auswendig gelernt haben«, sagte er oft. »Sie haben ein gutes Gedächtnis, das ist alles. Aber das nenne ich nicht Geschichtenerzählen. Hört euch doch mal die Besten von ihnen bei einem normalen Gespräch an. Wie sie von einem Thema zum anderen springen. Eine gute Geschichte darf kein einziges überflüssiges Wort enthalten. Sie muss von Anfang an auf das Ende hinweisen. Sie muss so aufhören, dass du dich daran erinnerst, und sie darf keine losen Enden haben. Nehmt zum Beispiel die Geschichten, die Michael Roe über Columcille erzählt hat. Die Geschichte über die Truhe, die Connla Ceard bei seinem Tod noch nicht vollendet hatte. Die Geschichte vom Versuch der Heiligen Irlands, Fergus von den Toten zu erwecken, damit er ihnen den *Táin* erzählen könnte. Die Geschichte des Druiden, dem in einer Vision die Hölle gezeigt wurde. Und vor allem ... Oh, Meilen vor allem anderen – die Geschichte, wie Columcille beim Jüngsten Gericht um Gnade für die Menschen Irlands flehen wird. Schon als kleiner Junge war ich begeistert von Michael Roes Geschichten und davon, wie er sie erzählte.«

»Und dein Sohn kommt auf dich«, sagte dann seine Frau. »Mir ist schon aufgefallen, dass ihm meine ausschweifende Art nicht gefällt. Aber ist es denn nicht recht und billig, dass alle auf ihre eigene Weise sagen dürfen, was sie sagen wollen?«

»Natürlich.«

»Trotzdem warst du in den ersten Jahren unserer Ehe oft ungeduldig.«

»Es hat mir vielleicht leidgetan – den Kindern zuliebe –, dass du nicht gleich zur Sache kommen konntest. Aber ich habe niemals versucht, dich zu ändern. Das wäre unvernünftig gewesen. So unvernünftig, als wenn du mich bätest, mir eine Singstimme zuzulegen und so wie du *Mal Dubh an Ghleanna* zu singen.«

Aber der junge Manus war nicht so vernünftig wie sein Vater. Er war erst sechzehn, als er die Zeit für gekommen hielt, die Redegewohnheiten seiner Mutter zu reformieren. Ein Mädchen aus dem Nachbardorf wollte heiraten, und bei den MacAwards wurde über sie gesprochen.

»Sie ist sehr jung«, sagte der Hausherr. »Neunzehn Jahre alt, habe ich gehört.«

»Sie ist älter«, sagte seine Frau. »Ich weiß noch gut, wie sie geboren wurde. Ich war unterwegs zu Máire Wuiris, um zwei Wollkratzer zu holen, die ich ihr geliehen hatte. So war Máire nämlich. Wenn man ihr etwas lieh, brachte sie es nie zurück, man musste es sich holen. Na ja, ich brauchte die Kratzer jedenfalls. Ich wollte Wolle kratzen, um für dich oder einen der Jungen einen Pullover zu stricken, ich weiß nicht mehr, für wen. Auf dem Weg zu ihr begegnete mir Sorcha Roe, und sie erzählte mir, dass Nelly Hughdie am Vortag eine Tochter bekommen hatte. Das war zum Sommerjahrmarkt. Unsere Annie war damals fünf Wochen alt. Und damit sind die beiden jetzt genau einundzwanzig.«

»Mutter«, sagte der Junge, »hättest du uns nicht einfach erzählen können, dass sie fünf Wochen jünger ist als unsere Annie und damit einundzwanzig, und uns die ganze Geschichte über Máire Wuiris und die Kratzer und den Pullover ersparen?«

»Rede nicht so mit deiner Mutter«, sagte der Vater. »Und wenn du nicht aufhörst, bekommst du es mit mir zu tun. Deine Mutter kann die Geschichte genau so erzählen, wie sie will.«

»Lass ihn in Ruhe, Shamey«, sagte die Mutter. »Lass ihn in

Ruhe. Es kommt der Tag, da wird er dafür bezahlen. Solche wie ihn kennen wir doch schon, noch und nöcher. Wenn es so weit ist, wird er eine Frau bekommen, die ihn zum Fußabtreter macht, und er wird nicht wagen, sie zu korrigieren. So bestraft nämlich das Leben. Also überlass ihn seinem Schicksal.«

## II

Einige Wochen darauf wurde in Gartan ein sogenanntes *Feis* abgehalten, und der junge Manus MacAward beschloss, sich für den Wettstreit im Geschichtenerzählen zu bewerben. Er wurde abermals zum Liebling seiner Mutter. Sie vergaß alles, was er über ihre ausschweifende Erzählweise gesagt hatte. Sie betete für seinen Erfolg und erteilte ihm das, was sie für gute Ratschläge hielt.

»Du solltest zu Neddy More hinübergehen und dir von ihm erzählen lassen, wie Oisín von der Dame mit den goldenen Haaren ins Land der Ewigen Jugend gelockt wurde. Wenn du diese Geschichte lernst, bekommst du den Preis bestimmt. Sie war wie Musik in meinen Ohren.«

»Du kannst einige Male zu Neddy More hinübergehen, weil deine Mutter es dir geraten hat«, sagte Shamey MacAward am nächsten Tag, als er und sein Sohn im Moor Torf schichteten. »Aber achte nicht weiter auf ihn. Er taugt nichts. Ich habe ihn einige Male gehört. Er leiert nur Wortfolgen herunter, die er auswendig gelernt hat. Aber von einer Geschichte hat er keine Ahnung. Das wirst du selbst merken, wenn du ihm fünf Minuten zuhörst, wie er über etwas redet, das mit der Geschichte nichts zu tun hat. Erzähl deine Geschichte auf deine Weise. Wenn die Preisrichter irgendeine Ahnung haben, wirst du fast sicher gewinnen.«

»Aber Vater, wenn die Preisrichter nun finden, dass Neddy Mores Wortfolgen die beste Art von Geschichte sind?«

»Das könnte passieren, mein Sohn, die Gefahr ist sogar groß, dass es passieren wird. Die Kunst des Geschichtenerzählens ist tot oder fast tot. Die Preisrichter sind vermutlich zwei oder drei unwissende Schullehrer. Ein Gastwirt aus Kilmacrenan könnte auch dabei sein. Er wird den Preis unbedingt in seiner eigenen Gegend halten wollen. Er wird Angst haben, Kundschaft zu verlieren, wenn er einen Außenseiter die Lorbeeren davontragen lässt.«

»Aber wenn das so ist, wozu dann überhaupt ein Wettbewerb?«

»Deshalb, mein Sohn: Es ist besser, zu verlieren, als einer Bande von Gaunern nachzugeben, die Irisch hassen und die nur mitmachen, weil sie hoffen, etwas dabei herauszuholen – und sei es nur ihr Name in der Zeitung. Sag deiner Mutter kein Wort über das, was ich dir jetzt erzähle. Es könnte sie verletzen. Deine Mutter ist eine wunderbare Frau, eine hervorragende Frau. Sie hat ihre Begabungen, ihre großen Begabungen. Und wenn Geschichtenerzählen nicht dazu gehört, macht sie das nicht schlechter. Vergiss das nicht.«

Das *Feis* begann, einen Tag ehe Manus MacAward die Rosses mit dem Mittagszug verließ. Er hatte beschlossen, die Geschichte von Columcille und dem Jüngsten Gericht zu erzählen, da er sie immer wieder von seinem Vater gehört hatte. Nachdem er am frühen Nachmittag in Kilmacrenan eingetroffen war, hatte er noch Zeit, die historischen Stätten der

Umgebung zu besuchen. Er bestieg den Rock of Doon, wo in den alten Zeiten Könige gekrönt worden waren und wo seine Vorfahren, die MacAwards, diese Geschehnisse in Versen festgehalten hatten. Er suchte die Steinplatte auf, auf der Columcille geboren worden war. Er besichtigte die Ruinen der alten Abtei, wo die Kinder den Heiligen als Erste die »Taube der Kirche« genannt hatten. Er bekam alle Inspiration, die er überhaupt bekommen konnte.

Am folgenden Tag trat er mit den anderen Bewerbern zum Wettbewerb an. Es gab nur einen Preisrichter – einen weißhaarigen alten Mann aus Templedouglas, der in seiner Jugend einige Jahre in einem Priesterseminar auf dem Kontinent verbracht hatte und der aus irgendeinem Grunde dann doch kein Geistlicher geworden war. Er lauschte den vielen Geschichten mit sichtlichem Interesse. Am Ende fällte er sein Urteil. Alle seien gut gewesen, sagte er. Bei sechs von ihnen wäre es ihm schwergefallen, sich für die beste zu entscheiden. Aber der siebte Bewerber – Manus MacAward aus den Rosses – besitze ein angeborenes Talent, das den anderen fehle. Er könne sich auf die Grundzüge einer Geschichte konzentrieren, bringe keine überflüssigen Abschweifungen hinein, benutze kein einziges überflüssiges Wort und ende mit einem Höhepunkt, der die Zuhörer verzaubere. Und da zögere er nicht, Manus den Preis zuzusprechen.

An diesem Abend kehrte Manus mit frohem Herzen nach Hause zurück. Seine Mutter umarmte ihn und küsste ihn zärtlich. Sein Vater sagte zwar nicht viel, freute sich aber ebenfalls. Er war froh darüber, dass sein Sohn einen Preis für das bekommen hatte, was seiner Ansicht nach echtes Geschichtenerzählen war.

## III

Mit zwanzig verließ Manus MacAward seine Heimat und ging nach Amerika. Er nahm seine früheren Gewohnheiten und Interessen mit. Er war ein überzeugter Raucher, und seine Liebe zu Geschichten war unvermindert.

In Amerika entwickelte er beide Vorlieben weiter. Er probierte die besten Tabaksorten aus. Nachdem er festgestellt hatte, dass eine Pfeife bald bitter schmeckt, wenn man sie über einen längeren Zeitraum hinweg ununterbrochen benutzt, kaufte er sich eine zweite und dann eine dritte. Er vergrößerte seinen Fundus an Pfeifen, bis er sieben hatte – eine für jeden Tag der Woche. Und er wurde ein Fachmann in der Kunst, eine Pfeife langsam warm zu rauchen.

Dann kam ein neues Interesse am Geschichtenerzählen. Er wollte lesen. Aber er hatte noch nicht viel gelesen, als er feststellte, dass seine magere Volksschulbildung ihm keine Grundlage lieferte, auf der er sich den besten Geschichten in der englischen Sprache widmen könnte. Also besuchte er Abendkurse. Nach einer Weile erwachte sein Interesse an der amerikanischen Short Story, vor allem an den Werken von O. Henry. Später entdeckte er, dass er die besten Kurzgeschichten aus aller Welt in der Übersetzung lesen konnte – und die meisten sprachen ihn an, vor allem die französischen.

Wenn er nicht gerade Geschichten las und Rauchen zu einer schönen Kunst entwickelte, lernte Manus in Amerika noch etwas. Er fing an, sich für die Freiheit Irlands zu interessieren. Er las nun die *Irish World* und beschäftigte sich intensiv mit den Aktivitäten der verschiedenen irischen Organisationen in Amerika. Er besuchte Kundgebungen, bei denen Parnell, Devoy und O'Donovan Rossa sprachen. Einmal reiste er mehrere Hundert Meilen, um Tom Clarke zu sehen und zu hören.

Nach zehn Jahren in der Ferne kehrte er in die Rosses zurück, mit einer schönen Summe Geldes, einem Koffer voller Bücher und sieben Pfeifen.

Heimgekehrt, musste er sich dann eingestehen, dass er seiner Zeit voraus war und ihr zugleich hinterherhinkte. Im größeren Teil der Rosses war die Schönheit der irischen Sprache verschwunden, und die Menschen machten grauenhafte Versuche, sich auf Englisch auszudrücken. Sie irrten zwischen zwei Kulturen umher, da sie (durchaus aus stichhaltigen Gründen) die alte aufgegeben und noch keine Zeit gehabt hatten, sich die neue anzueignen. Was die Freiheit Irlands anging – die war den Menschen in den Rosses egal. Die war etwas, das sie nicht verstehen konnten.

Manus baute sich ein hübsches kleines Haus an einer der schönsten Stellen der Rosses. Er hatte seine Bücher und seine Pfeifen. Aber er war nicht glücklich. Er spürte, in den Worten der Genesis, dass es nicht gut für den Menschen sei, allein zu sein. Er würde sich also eine Frau suchen müssen.

Das hätte eigentlich nicht weiter schwierig sein dürfen, denn mehrere Mütter aus der Nachbarschaft hatten schon für eine ihrer Töchter ein Auge auf ihn geworfen. Aber Manus konnte nicht überredet oder beeinflusst werden. Er wollte seine eigene Wahl treffen, und zwar nach seinem eigenen Plan. Er war in keine verliebt, und das bedeutete für ihn einen großen Vorteil. Er würde ein Mädchen in die Waagschale legen, und wenn es seinen Ansprüchen nicht genügte, würde er zum nächsten weitergehen.

Die Erste, die er ins Auge fasste, war eine gewisse Mary McGee. Mary sah auch nicht schlecht aus, aber sie musste noch auf andere erforderliche Qualifikationen hin unter die Lupe genommen werden. Manus hörte ihr aufmerksam zu, als eines Abends etliche junge Leute in einem Haus in der Nachbarschaft zusammensaßen. Mary, der nicht klar war, was sie anrichtete, zeigte ihre fatale Schwäche. Sie redete sehr viel, und Manus dachte, sie sei in dieser Hinsicht womöglich noch schlimmer als seine Mutter.

Er ging zur Nächsten weiter – einem Mädchen namens Biddy McHugh. Biddy schmückte keine Geschichte mit vielen Abschweifungen aus. Aber sie hatte eine noch schlimmere Angewohnheit – eine ungeheuer irritierende Angewohnheit. Egal, wie spannend die Geschichte war, die gerade erzählt wurde, Biddy sprang auf ein Wort an und eröffnete dann mit einer Bemerkung dazu einen ganz neuen Strang. Der Hausherr erzählte, wie vor der Küste vor kurzer Zeit jemand um ein Haar ertrunken wäre und welche Rolle er selbst bei der Rettung gespielt hatte.

»Wir kamen gerade von Inishbeg und segelten so kurz vor dem Wind, wie überhaupt nur möglich, denn wir wollten schon mit der nächsten Kursänderung die Landzunge von Inishfree hinter uns bringen ...«

»Ich frag mich ja, wie es Carry Villy auf Inishfree gefällt«, fiel Biddy ihm ins Wort. Und ihr Schicksal war besiegelt.

Bald sprach sich herum, dass Manus bei seiner zukünftigen Frau nach gewissen Eigenschaften Ausschau hielt. Und natürlich wurde über ihn geredet.

»Wie wäre es denn, wenn ein Mädchen einfach ganz stumm bliebe?«, schlug jemand vor.

»Das würde gar nichts helfen«, sagte Shoney Forker. »Sie

muss reden und reden, so wie er damals vor langer Zeit an dem Tag geredet hat, an dem er beim *Feis* in Gartan den Preis bekommen hat.«

»Da wird er ganz schön lange suchen müssen«, sagte Billy Jack.

»Da wird er überhaupt nicht lange suchen müssen«, sagte eine alte Frau namens Shoogey Brennan. »Er legt sie jetzt in die Waagschale und wägt sie ab. Eines schönen Tages wird er einer begegnen, die ihn einfach umwirft, mitsamt seiner schönen Waage. Er wird festsitzen, ehe er begreift, wo er ist. So geht das nämlich. Gott hat uns Frauen diese Gabe geschenkt. Denn ohne sie wäre uns ein hartes Schicksal beschieden.«

## IV

Sally O'Donnell war bekannt als der Stern der Rosses, und alle, die sie in ihren jungen Jahren gekannt haben, würden zugeben, dass sie diesen Beinamen verdient hatte. Sie war eine von drei Schwestern, die zusammen mit ihren Eltern auf einem Hof in den Bergen von Bunnawack lebten.

Sally begegnete Manus MacAward auf einem Jahrmarkt in Cloghanlea. Es wurde gemunkelt, dass vonseiten der jungen Frau diese Begegnung eher geplant als zufällig stattgefunden hatte. Wir können für die Wahrheit dieses Gerüchts nicht garantieren. Sicher wissen wir nur, dass Manus sich auf den ersten Blick bis über beide Ohren in sie verliebte. Wie redete sie? Wie erzählte sie eine Geschichte? Das wissen wir nicht.

Wir wissen nur, dass sie an diesem besonderen Tag eine Maid von blendender Schönheit war. Am Abend dieses Tages kam Manus mit einem engelhaften Bild vor Augen nach Hause. Und natürlich musste er darüber reden.

»Er steckt fest«, sagte Shoogey Brennan. »Und ich habe ja gesagt, dass er eines Tages feststecken wird. Diesmal waren keine Waagschalen im Einsatz. Der Stern der Rosses hat ihn mit ihren Feenaugen angeschaut. Sie hat ihre goldenen Locken geschüttelt und ist in ein perlendes, melodisches Lachen ausgebrochen, das einen alten Mann wieder jung machen könnte. Er hängt in ihrem Netz fest. Falls sie ihn haben will, natürlich nur.«

»Du kannst ganz sicher sein, dass sie ihn haben will«, sagte Nora Villy.

Wann würde Manus seine Angebetete wiedersehen? Wie würde er eine Begegnung in die Wege leiten können? Die Gelegenheit bot sich früher, als er erwartet hatte. Schon bald kam Mickey John Chondy – ein junger Mann aus dem Nachbardorf – mit einer Bitte zu Manus.

»Ich heirate übernächsten Montag«, sagte er, »und hätte dich gern als Trauzeugen.«

»Ich war in meinem ganzen Leben noch kein Trauzeuge«, wehrte Manus ab. »Ich kenne nicht viele von den jungen Leuten, wo ich doch zehn Jahre in Amerika war. Wen heiratest du übrigens?«

»Ein Mädchen aus Bunnawack – sie heißt Ketty McCole. Vielleicht erinnerst du dich an sie. Du bist ihr auf dem Jahrmarkt in Cloghanlea begegnet, da war sie zusammen mit Sally O'Donnell. Sally ist Brautjungfer.«

»Ach«, sagte Manus und versuchte zu verbergen, dass er Mickeys Wunsch nun unbedingt erfüllen wollte. »Ich kenne da oben nicht viele Leute. Aber ich werde dir deine Bitte nicht abschlagen, wo du mir die Ehre erwiesen hast, mich zu fragen.«

»Er tappt voll in die Falle«, kommentierte Shoogey Brennan danach. »Und der arme Narr sieht nicht einmal, dass sie für ihn aufgestellt worden ist. Er bildet sich ein, dass Mickey John Chondy ihm eine Ehre erweisen will.«

Der Stern der Rosses hatte Vorlieben und Abneigungen. Sally O'Donnell verabscheute den Anblick und den Geruch von Tabakrauch. Einige Wochen vor den oben geschilderten Ereignissen war ihre Familie in ein neues Haus gezogen. Vorher aber hatte Sally ihrem Vater klargemacht, dass sie Rauchen nicht dulden würde. Es würde die Vorhänge ruinieren. Es würde die neue Zimmerdecke schwarz färben. Als der Vater protestierte, weil er ohne seine Pfeife nicht leben könnte, deutete seine Tochter an, dass sie nach Amerika gehen wollte.

»Was soll ich denn bloß machen?«, sagte der alte Mann zu seiner Frau. »Ich könnte doch auch gleich tot sein, wenn ich nicht rauchen darf. Aber ich will auch nicht, dass sie nach Amerika geht. Da könnte ich sie ja auch gleich verbannen.«

»Mach dir keine Sorgen«, sagte die alte Frau. »Ich besorge dir wie immer jede Woche deinen Tabak. Du kannst drüben im alten Haus und in den Nachbarhäusern rauchen, wenn du eine Runde *an airneál* gehst. Und Sally bleibt ja nicht mehr lange bei uns.«

»Will sie heiraten?«

»Ich glaube schon. Sie kann jederzeit heiraten, wenn sie Lust hat. Ich kenne drei hier in den Hügeln, die ein Auge auf sie geworfen haben. Aber auf dem Jahrmarkt in Cloghanlea hat sie einen Mann aus der unteren Pfarre kennengelernt, und ich habe gehört, dass die beiden schon große Zuneigung zueinander gefasst haben. Der Mann ist gerade aus Amerika zurückgekehrt und hat eine Menge Geld (das weiß ich aus zuverlässiger Quelle) ... Sally wird bei Ketty McColes Hochzeit Brautjungfer sein, und der Yankee ist Trauzeuge. Am Abend der Hochzeit werden sie dann zu einer Entscheidung kommen.«

## V

Es war ein prachtvolles Hochzeitsfest. Es gab jede Menge Speis und jede Menge Trank. Die Fiedler aus Meenmore waren nie so gut gewesen. Die Tanzenden waren lebhaft und fröhlich. An den Stühlen vor der Wand saßen die älteren Männer und rauchten ihre Pfeifen. Eine Rauchwolke hing unter den Dachbalken wie Morgendunst im Sommer, wenn er aus dem Tal aufsteigt und dann oben am Bergsaum ruht.

Sally O'Donnell schien sich nicht gut zu unterhalten. Immer wieder ging sie nach draußen und rieb sich die Augen, wenn sie wieder hereinkam. Endlich trat Manus zu ihr, als sie bei der Tür stand.

»Ist bei dir irgendetwas nicht in Ordnung?«, fragte er besorgt.

»Der Rauch bringt mich um«, erwiderte sie.

»Sollen wir einen Spaziergang an der frischen Luft machen?«, schlug er vor.

»Dann hol ich nur schnell meinen Mantel. In diesem dünnen Kleid könnte ich mir leicht eine Erkältung holen, nach diesem Backofen da drinnen.«

»Wohin wollen wir gehen?«, fragte er, als sie aufbruchbereit waren.

»Ins Tal, bis zum Ende des Sees«, schlug sie vor.

Also gingen sie ins Tal, bis zum Ende des Sees. Es war Vollmond. Das Wasser im See war so ruhig wie eine Glasscheibe. Ein normaler Mensch hätte nur das gesehen. Aber Manus MacAward sah den Mond auf sie herunterlächeln. Er sah die Feen im Gras am Ufer tanzen. Seine Stunde war gekommen. Er nahm seine Liebste in die Arme und küsste sie. Er sagte ihr, dass ihm die Worte fehlten, um seine Liebe zu ihr zu beschreiben. Wäre sie wohl bereit, die Seine zu werden? Ihre Antwort würde ihm lebenslanges Glück oder lebenslanges Elend bringen!

Sally blieb stumm.

»Um Himmels willen, Liebste, sprich!«, flehte Manus. »Mach dieser entsetzlichen Spannung ein Ende, so oder so.«

»Manchmal ist das Sprechen schwer«, sagte Sally mit trauriger Stimme. »Sehr schwer ... Das Leben ist manchmal schwer ... Die Menschen können nicht immer die heiraten, die sie lieben ... Ich weiß nicht, wie ich sagen soll, was ich sagen möchte ... Darf ich dir eine Frage stellen?«

»Natürlich darfst du das. Hundert Fragen. Was willst du denn wissen, Liebste?«

»Rauchst du?«, stammelte sie.

»Ja, das tue ich.«

»Das hab ich mir gedacht ... Na, damit ist alles zu Ende. Ich kann Rauchgeruch nicht ertragen, er würde mich umbringen. Es tut mir leid, dass wir uns jemals begegnet sind, Manus, denn ich liebe dich. Aber da hilft alles nichts. So schwer es uns beiden fällt, wir müssen uns für immer trennen«, erklärte sie.

Und als sie ihn anschaute, sah er die Trauer in ihrem Gesicht.

Wenn diese Szene sich bei helllichtem Tage abgespielt hätte, hätte Manus vielleicht Weitsicht genug besessen, um zu erkennen, dass es für ihn die grausamste aller grausamen Strafen sein würde, seine Pfeifen aufzugeben ... Aber zu diesem Zeitpunkt musterte ihn der Mond stirnrunzelnd. Das fröhliche Trällern der Feen wurde zu einem klagenden Geheul. Manus konnte deutlich hören, wie sie die traurigsten aller traurigen Abschiedsworte der Welt sangen:

Ein zärtlicher Kuss und dann die Trennung,
ein Lebwohl, ach, auf immer!

Er konnte es nicht. Er konnte nicht für immer Abschied von ihr nehmen. Er presste sie an seine Brust.

»Es ist ein leichtes Opfer, wenn ich es für dich bringe, Liebste«, sagte er. »An dem Tag, an dem du kommst, um unter meinem Dach zu leben, werde ich meine Pfeifen weglegen und nie mehr eine davon anrühren.«

»Bist du sicher, dass du dieses Versprechen nicht bereuen wirst?«, fragte sie nach einer Pause.

»Bereuen? Für dich würde ich noch viel mehr aufgeben, Liebste.«

Es war schon heller Tag, als sich die nunmehr Verlobten trennten. Manus begleitete seine Geliebte zum Haus ihres Vaters. Sie fragte ihn noch einmal, ob er sein Versprechen, das Rauchen aufzugeben, nicht bereuen würde. Der Mond hatte den Himmel verlassen. Die Feen hatten sich in ihre unterirdischen Wohnstätten zurückgezogen. Der Morgen war feucht und kalt. Aber Sally war noch immer eine Schönheit.

Manus wiederholte sein Versprechen und machte sich auf den Heimweg.

## VI

Bald darauf heirateten die beiden, und der Stern der Rosses zog zu dem frischgebackenen Ehemann nach Rosbeg am Meer. Sie fand ein schönes, ordentliches Zuhause in wunderschöner Lage vor.

Manus gab das Rauchen auf. Er legte seine sieben feinen Pfeifen ins Regalfach über der Kommode. Sally schlug vor, sie in einem Schrank zu verstecken. Aber Manus erbat sich von ihr, die Pfeifen dort zu lassen, wo er sie jeden Tag und jede Stunde des Tages sehen konnte, wenn er im Haus war. Es war eine bescheidene Bitte, und Sally willigte ein. Schließlich hatte Manus ihr in dieser wichtigen Sache nachgegeben. Und Sally hatte doch einen winzigen Funken von der Güte in sich, die den meisten Frauen angeboren ist.

Manus wünschte sich, dass seine Liebste sich für die Geschichten interessierte, die er las. Sie war bereit dazu. Doch als er ihr vorlas, stellte er fest, dass sie dazu neigte, ein Wort oder einen Satz aus seiner Erzählung aufzugreifen und dann über etwas zu reden, das vom Thema der Geschichte meilenweit entfernt war. Das stürzte ihn in Verzweiflung. Er versuchte, sie von dieser Gewohnheit abzubringen, indem er verstummte und erst weiterlas, wenn sie ihn darum bat. Manchmal stellte er das Buch weg und las an diesem Tag nichts mehr vor.

»Das hier ist ein Juwel von Geschichte, geschrieben von O. Henry«, sagte er eines Tages. »Sie heißt *Das letzte Blatt.*« Und er fing an, die Geschichte über das Mädchen vorzulesen, das glaubte, an Lungenentzündung sterben zu müssen, wenn das letzte Blatt der alten Rebenranke fiele.

»Ich habe gehört, die Ärzte in Dublin haben jetzt eine Tablette, die Lungenentzündung in zwei Tagen heilen kann. Das habe ich neulich erst in der Zeitung gelesen.«

Manus verstummte.

»Aber mach weiter mit deiner Geschichte.«

»Bist du sicher, dass du die hören willst?«

»Natürlich will ich sie hören.«

»Ich habe hier noch eine schöne Geschichte, die ich dir vorlesen möchte. *Die Gabe der Weisen.*«

Er fing an zu lesen. »Die junge Frau hatte wunderschönes Haar. Es war Stolz und Freude ihres Gatten, und er wollte ihr eine Kammgarnitur kaufen ...«

»Wusstest du schon, dass meine Mutter eine Frau aus Clochnarone kannte, die mit drei Kämmen in den Haaren aus Amerika zurückkam – auf jeder Seite einer und einer hinten ... Riecht das übrigens, als ob mein Brot anbrennt? Aber mach nur weiter.«

Manus legte das Buch weg. Er stand auf und ging nach draußen. Und als er an der Kommode vorbeikam, warf er einen sehnsüchtigen Blick auf die Pfeifen.

»Ich habe hier eine Perle von Geschichte, die ich dir gern vorlesen würde – eine Übersetzung aus dem Französischen. Die Franzosen sind die wahren Meister der Kurzgeschichte. Diese hier handelt von einer Ziege, die vom Bauernhof weglief und in die Berge floh. Wenn du sie gehört hast, wirst du zugeben, dass der Mann, der sie geschrieben hat, aus nichts eine Geschichte machen konnte. Hör zu: *Monsieur Seguin hatte mit seinen Ziegen nie Glück gehabt. Er verlor alle auf dieselbe Weise; eines schönes Morgens rissen sie sich los und liefen in die Berge …*«

»Einer von unseren Nachbarn, Doney John Hughdie, hatte auch solche Ziegen. Er hat mehr als ein Dutzend verloren und dann die Ziegenhaltung aufgegeben. Eine nach der anderen riss sich los und lief in die Berge von Glendowan … Aber lies weiter.«

»Es tut mir leid, dir das abschlagen zu müssen, Liebste, aber ich kann nicht weiterlesen. Es war falsch von mir, zu erwarten, du würdest zu einer Kopie meiner selbst werden, deshalb werde ich dich mit meinen Büchern nicht mehr belästigen. Vielleicht bin ich ein komischer Vogel. Aber du hast eine Angewohnheit, die mich in den Wahnsinn treibt. Meine Mutter, Gott hab sie selig, redete sich nach Osten und nach Westen fort von dem, was sie eigentlich erzählen wollte. Das hat mich geärgert. Aber deine Angewohnheit verletzt mich. Ich werde nicht mehr versuchen, dir etwas vorzulesen. Aber bei einem normalen Gespräch – da kannst du mich ignorieren, mir widersprechen, mich einen Narren nennen. Egal was. Aber schweife nicht so furchtbar ab. Wie gesagt, es verletzt mich. Es verletzt mich ganz schrecklich.«

»Ich würde dich doch um nichts in der Welt verletzen, Liebster«, sagte Sally, kam zu ihm und legte ihm einen Arm um den Hals.

»Das weiß ich, Liebste«, sagte er. »Denk einfach an meine kleine Schwäche, und ich bin sicher, dass du deine Angewohnheit dann bald abgelegt haben wirst.«

»Ich werde mein Bestes tun.«

»Das weiß ich. Und mehr noch, es wird dir gelingen.«

Es wurde Ostern. Ganz plötzlich kamen keine Zeitungen mehr in die Rosses. In der Gegend brodelten die wildesten Gerüchte. Eine deutsche Armee sei in Kerry an Land gegangen. Jeden Tag würden Tausende von Männern getötet. Die Stadt Dublin sei ein tosendes Feuer!

Eine Woche verging. »Ich glaube, in Gottes Namen, ich werde morgen zum Markt nach Cloghanlea gehen«, sagte Manus zu seiner Frau. »Wir haben Gras genug für einen weiteren Jährling, und da dachte ich, ich kaufe einen.«

Er ging zum Markt. Abends kam er ohne Jährling zurück und sah sehr traurig und niedergeschlagen aus.

»Du hast nichts gekauft«, sagte seine Frau, als er hereinkam.

»Nein, hab ich nicht«, antwortete er. »Ich habe nicht die Sorte Tier gesehen, die ich haben will.«

Er ließ sich auf einen Stuhl sinken und seufzte.

»Was ist denn los mit dir?«, fragte Sally besorgt.

»Heute sind die Zeitungen gekommen. Alles ist zu Ende.«

»Was ist zu Ende?«

»Der Aufstand in Dublin. Der hat nur eine knappe Woche gedauert. Jetzt werden die Anführer hingerichtet. Und was über die hier in Cloghanlea geredet wird! Da heißt es, die hätten es allesamt verdient, erschossen zu werden. Weil sie daran schuld seien, dass Home Rule gescheitert ist, und das sagt der Mann, der damals die Polizei nach Gweedore gejagt hat, um Pfarrer McFadden festzunehmen!«

»Ist dabei nicht vor der Kapelle in Gweedore ein Polizist ums Leben gekommen?«

Schweigen.

»Erzähl doch weiter.«

»Und der Sohn von Gerichtsvollzieher Narwal ...«

»Wie hieß Narwal eigentlich richtig? Aber erzähl doch weiter.«

»Ich hätte mich fast nicht beherrschen können, als ich mir anhören musste, wie die Helden von Dublin von Tagedieben und Eckenstehern so gemein beleidigt wurden, während ich bei Brennans einen trinken wollte.«

»Ob es wohl stimmt, dass Brennan die Kneipe verkaufen will?«

Langes Schweigen.

»Aber erzähl doch weiter.«

»Und als ich hörte, wie Larry Walsh, dieser verdammte Polizistensohn, sich über die Hinrichtung von Tom Clarke gefreut hat, wäre ich fast wahnsinnig geworden. Tom Clarke, der seine besten Jahre in englischen Gefängnissen verbracht hat, in Gesellschaft von Englands gemeinsten Verbrechern! Ich konnte nicht vergessen, welchen Eindruck dieser hagere, verhärmte, weißhaarige alte Mann auf mich gemacht hat, als ich damals auf einer Kundgebung auf dem Madison Square, New York, seine Rede gehört habe. Und die Vorstellung, dass …«

»Wollt ihr schon wieder gehen, und dabei habe ich euch doch gerade erst gefüttert!«

Diese Bemerkung richtete Sally an zwei Hühner, die auf der Türschwelle aufgetaucht waren.

»Aber erzähl doch weiter.«

Manus erzählte nicht weiter. Er stand auf und ging hinaus.

»Hast du keinen Hunger?«, rief Sally ihm von der Tür aus hinterher.

»Nein, hab ich nicht«, antwortete er. »Ich könnte jetzt keinen Bissen hinunterbringen.«

Er ging hinab zum Strand, setzte sich auf einen Felsbrocken und blickte aufs Wasser hinaus. Wenn er doch nur eine Pfeife hätte, um seine Nerven zu beruhigen. Sollte er wieder anfangen? Nein, das werde ich nicht, beschloss er. Ich habe es ihr versprochen, weil ich sie liebte. Und ich liebe sie noch immer, egal, wie sehr sie mir auf die Nerven geht. Also halte ich mein Versprechen.

Als er einige Zeit später zum Haus zurückkehrte, wollte Sally gerade ausgehen. Sie hatte sich ein Tuch um die Schultern gelegt und trug einen Korb über dem Arm.

»Wenn du weggehst, ehe ich zurück bin«, sagte sie, »dann schließ die Tür ab und leg den Schlüssel an die übliche Stelle. Ich hab nicht genug Tee für morgen früh und muss schnell noch mal zum Laden. Und ich bringe dann ein Pfund Linsenmehl für das schwarze Kalb mit. Ich bleibe nicht lange weg.«

Manus ging ins Haus und setzte sich. Weg ist sie, dachte er, ohne ein Wort der Entschuldigung oder ein Anzeichen von schlechtem Gewissen im Gesicht ... Er sah die Pfeifen im Regalfach über der Kommode an. Aber mehr tat er nicht. Er war fest entschlossen, sein Verlobungsversprechen zu halten, egal, was passierte.

Nach einer Weile hörte er, wie Sally singend den Pfad zur Tür hochkam. Bei ihrem fröhlichen Trällern dachte er oft, sie müsse das glücklichste Wesen auf der Erde sein.

Sie kam herein und stellte ihren Korb auf den Küchentisch. Sie legte ihr Tuch ab und hängte es an einen Haken unten an der Wand. Dann nahm sie das Pfeifengestell von der Kommode und stellte es neben den Korb auf den Tisch. Was war denn nur in sie gefahren? Warum wollte sie ihn damit quälen?

Sie drehte sich um und sah ihn an.

»Welche Pfeife möchtest du als erste rauchen?«, fragte sie.

»Wie meinst du das?«, fragte er verdutzt.

»Wie ich das meine? Wie kann ich das wohl meinen? Jetzt kannst du mir doch wirklich nicht vorwerfen, dass ich abschweife oder umständlich rede? Ich will wissen, welche Pfeife du als erste rauchen willst«, sagte sie noch einmal, schob die Hand in den Korb und zog ein großes Stück Plug-Tabak heraus.

Er sprang auf und umarmte sie. »Sally, Liebste, du bist ein Engel«, sagte er mit einer Stimme, die vor Bewegung fast brach.

»Stopf deine Pfeife und steck sie an, ehe du noch mehr sagst«, sagte sie. »Ich will dich rauchen sehen. Stopf sie wieder und wieder. – Manus«, sagte sie später, und dabei redete sie ihn durch eine Rauchwolke an. »Diese Pfeife macht dich glücklich. Und sie macht auch mich glücklich – zum ersten Mal seit unserer Hochzeit bin ich durch und durch glücklich … Manus, wir zwei waren ein Paar Trottel. Ich zuerst und du danach. Wir wollten beide, auf unsere Weise, aus unserer Ehe eine Angelegenheit von Tyrann und Sklave machen, statt sie auf Toleranz und Verständnis zu gründen. Ich zuerst mit meinem absurden Rauchverbot, als ob ein Mann, der ans Rauchen gewöhnt ist, ohne leben könnte. Und dann du, weil du wolltest, dass ich so denke und rede wie du – als ob eine Frau glücklich sein könnte, wenn sie nicht so drauflosreden darf, wie sie möchte … Zwei armselige Trottel waren wir und beide gleich töricht … Dieser Aufstand in Dublin wird vielleicht eines Tages Irland retten, oder auch nicht. Aber jedenfalls hat er unsere Ehe gerettet.«

# Home Rule

## I

Zu der Zeit, zu der meine Geschichte einsetzt, interessierten sich in den Rosses nur die Leute für Politik, die einige Zeit in Amerika verbracht hatten – vor allem die Auswanderer, die in den Städten mit einem größeren Bevölkerungsanteil von irischer Geburt oder irischer Abstammung gelebt hatten. Die, die zu Hause geblieben waren, hatten keine Ahnung von Politik. Sie sprachen kein Englisch. Sie konnten keine Zeitungen lesen. Sie wussten nichts über Geschichte – genauer gesagt, über moderne oder vergleichsweise moderne Geschichte.

In antiker Geschichte, vermischt mit Mythologie, kannten sie sich überraschend gut aus – was natürlich an der Sprache lag, die sie im Alltag benutzten, und an den damit verbundenen mündlichen Überlieferungen. Sie konnten über die Heldentaten der Ritter vom Roten Zweig und die der Fianna diskutieren. Sie wussten, dass Balor mit den Gewaltigen Schlägen und dem Bösen Blick vor langer Zeit einmal König von Tory gewesen war. Aber sie wussten nicht, dass ein rothaariger Junge aus Donegal auf dem Loch Súilí festgenommen und nach Dublin geschafft worden war, wo er drei Jahre streng bewacht in Dublin Castle saß, um dann endlich entkommen und in den Hügeln von Donegal die Heide in Brand setzen zu können. Sie wussten nicht, dass sich zu einem späteren Zeitpunkt und eher in ihrer Nähe das französische Flaggschiff *La Hoche* mit einem jungen Iren an Bord fast einen ganzen Tag lang ein Gefecht mit mehreren Einheiten der britischen Flotte lieferte, bis es endlich vor der Küste der Rosses in Flammen aufging.

Zwei Männer in der Gegend jedoch teilten nicht diese allgemeine Gleichgültigkeit moderner Geschichte und aktueller Politik gegenüber. Und zwar Ned Sweeney und Denis Boyle. Jeder der beiden hatte als junger Mann sieben Jahre in Amerika verbracht. Während dieses Exils waren sie mit aufgeklärteren Menschen in Kontakt gekommen, die entweder in Irland geboren oder von irischer Herkunft waren, und sie lernten etwas über die Geschichte Irlands und über Irlands jahrhundertelangen Kampf um Freiheit.

Beide waren dann irgendwann in die Rosses zurückgekehrt und hatten geheiratet. Denis Boyle hatte eine große Familie, das älteste Kind war der Sohn Felim. Ned Sweeney hatte es nur auf ein Kind gebracht – eine Tochter namens Bella.

Als sie älter wurden, verliebten Felim und Bella sich Hals über Kopf ineinander. Es wäre einfach gewesen, zwischen den beiden eine Ehe zu arrangieren. Felim hatte weder Land noch Strand, wie die irische Redensart lautete. Aber er könnte bei Sweeneys einheiraten, das kam damals in den Rosses immer wieder vor. Auch für Felim und Bella hätte sich bestimmt ein solches Arrangement ergeben, wenn die beiden Väter sich nicht die Angewohnheit zugelegt hätten, jeden Samstagabend beim Schulmeister vorbeizuschauen, um die im *Derry Journal* geschilderten Nachrichten der Woche zu hören.

Damals stand an der Spitze der Bewegung, die es sich zum Ziel gesetzt hatte, für Irland Home Rule zu erlangen, ein Mann von außergewöhnlichen Kräften und Fähigkeiten. Seine Führung und seine zahlreichen Erfolge verhießen Großes. Unsere beiden Männer aus den Rosses verfolgten seine Karriere zwei oder drei Jahre lang voller Interesse und waren ihm zutiefst ergeben. Dann passierte etwas. Ob man es nun Ignoranz nennt, ob man es Verrat nennt, egal, wie man es nennt, es passierte. Das Land spaltete sich in zwei wilde, wahnsinnige, bitter verfeindete Lager. Die eine Seite forderte, den Anführer abzusetzen, die andere wollte durch dick und dünn zu ihm halten. Die Spaltung erreichte die Rosses. Denis Boyle stand auf der Seite des Häuptlings, wie er genannt wurde, und war ihm so ergeben wie eh und je. Ned Sweeney war sein erbitterter Gegner geworden.

Nach einiger Zeit wurde der Häuptling als Vorsitzender seiner Partei abgesetzt. Denis Boyle war untröstlich. Ned Sweeney war glücklich.

»Dieser Na-ihr-wisst-schon hatte es nicht anders verdient!«, sagte Ned Sweeney eines Tages, als etliche Nachbarn vom Markt im Dorf nach Hause gingen. »Hat er die Iren denn für Idioten gehalten? Hat er geglaubt, sie würden zulassen, zu Hause und in anderen Ländern von einem Schurken vertreten zu werden, der nicht mehr Moral besitzt als ein Hund? Gott sei Dank hat in Irland das wahre Christentum gesiegt. Wir wollen Home Rule, aber wir wollen dafür nicht unsere Seelen verkaufen.«

»Es ist noch nicht aller Tage Abend«, erwiderte Denis Boyle und versuchte, seinen aufwallenden Zorn zu beherrschen. »Er wird zurückkehren. Irland wird sich von diesem Schlag erholen. Und wenn nicht, wird es den Tag bereuen, an dem er seine Partei angefleht hat, ihn nicht den englischen Wölfen zum Fraß vorzuwerfen, und als sie sich geweigert haben. Und wo hier schon von Moral die Rede ist, in dieses Horn stoßen doch jetzt einige der elendesten Betrüger in England und in Irland!«

Ein Wort gab das andere, bis es am Ende zwischen den beiden Männern zu Schlägen kam. Der Kampf hätte lang und heftig sein können, aber die Nachbarn trennten die beiden ... Sie kamen nach Hause. Boyle hatte ein blaues Auge. Sweeney blutete aus einer geplatzten Oberlippe.

»Was ist dir denn passiert?«, fragte Bella Sweeney, als ihr Vater zur Tür hereingekommen war.

»Nicht viel, meine Tochter«, erwiderte er. »Nicht viel, soweit es mich betrifft – ein Stück Pflaster bringt bei mir alles in Ordnung. Aber was ich jetzt zu sagen habe, betrifft dich ganz gewaltig.«

Er erzählte die Geschichte, und zwar auf seine eigene Weise. »Bei der nächsten Gelegenheit, die sich dir bietet«, fügte er hinzu, »erklärst du dem Sohn dieses Schurken, dass er nie wieder einen Fuß in mein Haus setzen wird. Ich könnte mich im Himmel doch niemals sehen lassen, wenn ich meine Tochter mit einem von dieser verfluchten Sippe verheiratete. Lieber würde ich dich Barney dem Kesselflicker geben, der durch das Land streunt und Hühner stiehlt, als einem Sohn von Denis Boyle. Einem Mann, der einen gewissenlosen, von allen Bischöfen des Landes verurteilten Schurken unterstützt. Sag das dem jungen Burschen, wenn du ihm das nächste Mal begegnest. Und sorg dafür, dass diese Begegnung bald stattfindet und dass es eure letzte ist.«

Die Nachbarn im *airnéal*-Haus hatten keinen anderen Gesprächsstoff. Hier einige Bemerkungen, die fielen:

»Was geht das denn diese beiden an, verdammt noch mal?«

»Die haben es nicht besser verdient, als dass es so weit gekommen ist. Sie konnten abends ja nicht einfach irgendwo vorbeischauen wie wir anderen und über Cú Chulainn oder Conall Cearnach oder Oisín, den Sohn Oscars, reden. Nein, die müssen zum Lehrer gehen und sich von ihm die Zeitung vorlesen lassen. Gebildete Männer, ihr wisst schon. Bilden sich ein, eine Stufe höher zu stehen als wir anderen. Politik nennen sie das.«

»Uns kann es doch egal sein, wer das Land anführt und wer nicht oder ob überhaupt irgendwer es anführt. Uns kann es egal sein, ob das, was sie Home Rule nennen, kommt oder nicht kommt. Wir sitzen hier zwischen den Felsen und den Mooren der Rosses. Und da werden wir bleiben, solange irgendwer von unseren Sippen übrig ist.«

»Das junge Paar tut mir aber leid. Die wollten doch nächstes Jahr heiraten. Vor allem der junge Mann ist zu bedauern. Sein Vater kann ihm schließlich nichts mitgeben. Und bei Ned hätte er sich in ein nettes gemachtes Nestchen setzen können. Aber dann muss sein Idiot von Vater ihm alles ruinieren.«

Einige Abende später begab sich Romeo Boyle an einen Ort, den ihm ein Bote mitgeteilt hatte. Er setzte sich auf einen Felsen und schaute hinaus auf das graue Meer. Nach kurzer Zeit kam Julia Sweeney ebenfalls dorthin. Sie kam zu dem Felsen, auf dem er saß, und schaute ihn mit Tränen in den Augen an. Was würde sie sagen? Würde sie beiden Sippen einen Fluch auferlegen und sich bereit erklären, ihrem Romeo bis ans Ende der Welt zu folgen, komme, was wolle? Nein, das hatte sie nicht vor. Sie erklärte ihm schluchzend, dass sie sich für immer trennen müssten. Ihr Herz sei gebrochen, sagte sie. Aber daran ließe sich nichts ändern. »Wenn wir irgendwohin gehen könnten«, fügte sie endlich hinzu. Dagegen konnte Romeo natürlich nichts sagen. Er musste Abschied von ihr nehmen … Einige Monate darauf ging er nach Amerika.

Im folgenden Oktober kam an einem kalten, windigen Tag ein Schiff in Dún Laoghaire an (das damals Kingstown genannt wurde). Es dampfte langsam durch den Hafen und wurde schließlich am Kai vertäut. Bald darauf wurde ein schwarz verhüllter Sarg an Land getragen. Dort wurde er in einen Leichenwagen geladen und weggefahren. Zwei Tage darauf wurde dieser Sarg auf den Schultern von Männern nach Glasnevin getragen, während Tausende am Straßenrand standen. Harte Männer vergossen bittere Tränen, Frauen schluchzten. Und endlich zerriss ein Schrei aus von Herzen kommender Trauer die Luft, als der ungekrönte König Irlands zu seiner letzten Ruhestätte gesenkt wurde.

Er war dahingegangen und hatte das Land, das er so sehr geliebt und dem er so gedient hatte, führerlos zurückgelassen. Romeo Boyle und Julia Sweeney blieb nur die Erinnerung an einen verflogenen Traum. (Romeo, wie gesagt, war nach Amerika gegangen. Julia blieb zu Hause.)

# II

Charlie Rodgers aus Shaskinore war besser als »Charlie der Streuner« bekannt. Er hatte diesen Beinamen auch redlich verdient, denn wenn es jemals einen Streuner gegeben hatte, dann ihn. Heute war er hier, morgen am anderen Ende der Pfarre. Er konnte stundenlang neben den hölzernen Tanzböden an den Wegkreuzungen die Flöte spielen. Er konnte singen, und er konnte tanzen, und er verbrachte ganze Nächte in den Brennereien und trank Poitín. Neben all diesen Eigenschaften und Gewohnheiten war er ein gut aussehender Mann.

Etliche Jahre lang war er so fröhlich und glücklich wie die Lerche in der klaren Morgenluft. Aber irgendwann ging ihm auf, dass Fröhlichkeit und Glück nicht immer anhalten würden, weshalb er beschloss, sich eine Frau zu suchen.

Wer würde ihn aber heiraten? Jede Menge Mädchen würde das tun, wenn er nur ein kleines Stück Land besäße. Aber das tat er nicht. In dieser Hinsicht war er wie Felim Boyle, der inzwischen seit vier Jahren in Amerika war.

Charlie hatte von Bella Sweeney und dem netten kleinen Besitz gehört, den er bekommen könnte und der schon bereitstand, wenn Bella einwilligte, ihn zu heiraten, und wenn ihre Eltern keine Einwände hätten. Er begab sich also nach Tullybawn und begann mit seiner Werbung. Ned Sweeney wusste, dass Charlie bei all seinen Fehlern ein guter Arbeiter war. Aber er war nun einmal ein berüchtigter Tunichtgut. Würde er sein Leben ändern? Und vor allem, würde er das Trinken aufgeben?

Bella Sweeney machte sich in dieser Hinsicht keine Sorgen. Sie sei sicher, sagte sie, dass Charlie das Trinken aufgeben und seine Aufmerksamkeit ihrem kleinen Hof widmen würde. Ihre Mutter teilte diese Ansicht. Deshalb stimmte der Vater zu, obwohl er zwischendurch seine Zweifel hatte.

Charlie der Streuner und Bella Sweeney heirateten, und natürlich zog Charlie zu den Sweeneys. Anfangs fragte man sich in der Gegend, wie diese Ehe wohl ausfallen werde. Aber Charlie war noch kein Jahr verheiratet, als schon offensichtlich wurde, dass er sich ganz und gar verändert hatte. Er hängte die Flöte an den Nagel. Er machte sich ernsthaft an die Arbeit – sprengte Felsen, legte Moorland trocken, machte neues Land urbar. Im Winter war er oft an Tagen am Werk, wenn andere im Haus vor dem Feuer kauerten. »Der kälteste Ort an einem Wintertag ist im Haus, wenn du die Zehen in die Asche steckst«, sagte Charlie gern zu den Nachbarn. »Wenn du warm werden willst, wenn du das Blut in deinen Adern prickeln spüren willst, dann mach dich an die Arbeit. Gott hat uns zum Arbeiten erschaffen. ›Im Schweiße deines Angesichts‹, wie er zu dem allerersten Menschen gesagt hat.«

Was das Trinken angeht, so rührte Charlie keinen Tropfen Alkohol mehr an. Und nicht nur das, er predigte auch die ganze Zeit Enthaltsamkeit! Er war sogar dagegen, bei Hochzeiten oder Taufen Alkohol auszuschenken – zwei Anlässe, zu denen die restlichen Bewohner der Rosses ein gutes Glas für einen unerlässlichen Teil ihrer Religion hielten.

Fünf Jahre nach der Hochzeit bewies Charlie seinen Nachbarn, dass er den Alkohol wirklich für immer aufgegeben hatte. Er und seine Frau waren zu einer Hochzeit eingeladen. Charlie verbrachte die ganze Nacht auf dem Fest, trank aber nicht einen einzigen Tropfen. Er widerstand allen Überredungsversuchen und jeder Form von Nötigung. Er war ein absoluter Antialkoholiker für den Rest seines Lebens, und damit hatte sich die Sache. Am Morgen gingen einige Hochzeitsgäste, darunter auch Charlie und seine Frau, einen Teil des Heimwegs zusammen. Shamey More war dabei, und heimlich wurde hier und dort geflüstert, Shamey habe den Verdacht, dass Charlie nicht ganz aus freien Stücken so vollkommen abstinent lebte. Shamey war an diesem Morgen ein bisschen redselig, und er beschloss, ein Gespräch vom Zaun zu brechen, das seinen Verdacht entweder bestätigen oder beweisen sollte, dass dieser Verdacht unbegründet sei.

»Da hast du also die ganze Nacht auf einer Hochzeit verbracht, Charlie, und nicht ein einziges Glas getrunken«, begann Shamey. »Die Hochzeit von Garry Villy, dem anständigsten Kerl hier in der Pfarre. Ich würde mich da ja schämen. Ich hätte das Gefühl, auf jeden Fall Braut und Bräutigam zu beleidigen.«

»Sie wussten, dass ich nichts trinke. Das habe ich ihnen gesagt, als sie uns eingeladen haben.«

»Weißt du, was ich glaube, Charlie? Ich glaube, es wäre gegen meine Religion, auf einer Hochzeit ein Glas abzulehnen.«

»Du redest wie ein Tor, Shamey, und das liegt daran, dass du zu viel getrunken hast. Du bist total durcheinander. Gegen deine Religion, nichts zu trinken! Was werden wir uns als Nächstes anhören müssen?«

»Was ich meine, ist, dass es Zeiten zum Feiern gibt. Es gibt Zeiten, in denen man die Furche der Mühsal verlassen und singen und tanzen und sich fein machen und einen trinken soll. Und eine dieser Zeiten ist, wenn ein Mann und eine Frau fürs Leben vereint werden. Ich möchte auf einer Hochzeit Schönheit und Freude sehen. Ich möchte den Altar in der Kirche mit Blumen aller Art geschmückt sehen. Ich möchte in der Kirche Hunderte von Kerzen brennen sehen. Ich möchte die Braut so schön angezogen sehen wie eine Königin. Und ich möchte danach die Herzensfreude sehen, die ein gutes Gläschen schenkt. Und ebenso möchte ich eine Taufe gefeiert sehen. Die großen Ereignisse im Leben. Dabei habe ich dann das Gefühl, für eine Weile im Himmel zu sein. Ich lasse die Welt hinter mir zurück. Ich sage, ›zum Teufel mit der Fäule der Frühkartoffeln, zum Teufel mit dem Schaf mit der Zitterkrankheit‹. So sehe ich das.«

»Da stimme ich dir zu, Shamey«, sagte die Frau von Charlie dem Streuner. »Ich stimme dir bei jedem Wort zu.«

Inzwischen standen sie alle am Ende des Weges, der zu Charlies Haus hochführte. Charlie begann mit seiner Verteidigungsrede. Er machte keinen Versuch, eins von Shamey Mores Argumenten zurückzuweisen. Stattdessen ritt er eine Attacke gegen die Übel der Trunkenheit. Und er endete mit seinem Lieblingsargument: »Es ist so oft die Rede von Home Rule. Aber was hätten wir von Home Rule, wenn wir eine Nation von Trunkenbolden wären? Lasst uns jetzt alle in Gottes Namen nach Hause gehen und ein bisschen schlafen. Ich wünsche euch allen noch einen guten Morgen.«

Sie trennten sich. »Da hast du es ihm aber gegeben«, sagte Charlies Frau zu ihm, als sie im Haus waren. »Du hast ihm total den Wind aus den Segeln genommen. Natürlich war der arme Mann reichlich angetrunken. Deswegen hat er das alles gesagt. Ich habe so getan, als wäre ich seiner Meinung. Ich hatte seinen wahnsinnigen Blick gesehen und hatte Angst, er würde handgreiflich werden. Wenn er ausgeschlafen ist und nüchtern aufwacht, wird ihm das, was er hier gesagt hat, leidtun. Er ist im Grunde ja ein anständiger Mann. Und auch das ist ein Argument für dich. Es zeigt, was der Alkohol sogar aus einem guten, anständigen Christen wie Shamey More machen kann.«

## III

Nun aber wollen wir Charlie den Streuner sich selbst überlassen, damit er auf seinem kleinen Berghof hart arbeiten und ansonsten absoluten Alkoholverzicht predigen kann; und wir wollen den Atlantik überqueren, um zu sehen, wie es Felim Boyle denn in Amerika ergeht.

Felim war über seinen Kummer hinweggekommen, natürlich. Nach zwei Jahren hatte er ein Mädchen aus dem County Cavan geheiratet. Sie war ein liebes, vernünftiges Mädchen. Felim wurde ein zuverlässiger Arbeiter, er und seine Frau und die Familie kamen gut zurecht.

Er wechselte regelmäßig Briefe mit seiner Schwester Margaret, die zu Hause verheiratet war. Margaret schrieb ihm alle Nachrichten, die ihn vielleicht interessieren könnten. Eine dieser Nachrichten, als es dann so weit war, war die Hochzeit von Bella Sweeney und Charlie dem Streuner. Felim hatte Charlie natürlich früher gekannt.

»Na, das wirft mich aber um«, sagte er, als er den Brief gelesen hatte. »Bella tut mir leid. Sie war, glaube ich, ein kluges, sparsames Mädchen, und aus ihr hätte eine gute Hausfrau werden können. Aber ich kann nicht behaupten, dass ihr alter Vater mir leidtut. Er hat mich aus Irland vertrieben, weil mein Vater eine andere politische Meinung vertrat als er … Charlie der Streuner wird sie alle von Haus und Hof trinken. Dann wird der alte Ned Sweeney aus tiefstem Herzensgrunde seufzen und sagen, dass selbst der Sohn eines Parnelliten für seine Tochter eine viel bessere Partie gewesen wäre als ein fauler, versoffener Herumtreiber. Aber das geht mich ja nichts an. Es ist ihre Angelegenheit. Trotzdem, Bella tut mir leid, sie hätte etwas Besseres verdient.«

Im folgenden Jahr schickte seine Schwester einen weiteren Bericht. Charlie der Streuner hatte sich als Wunder entpuppt – das Wunder des Jahrhunderts! Er arbeitete bei Wind und Wetter auf dem Feld. Er hatte das Trinken vollständig aufgegeben, und nicht nur das, er führte auch eine Enthaltsamkeitskampagne überall in den Rosses. »Aber niemand beachtet ihn«, endete der Brief. »Und viele glauben, dass er das nicht durchhalten wird.«

»Ja, das ist es ja gerade. Wird er das durchhalten?«, fragte sich Felim, als er den Brief gelesen hatte.

Drei oder vier Jahre später kam abermals ein Brief von Felims Schwester, der von Charlie dem Streuner berichtete: Er wird niemals wieder Alkohol anrühren. »Da sind jetzt alle sicher. Vor einigen Wochen war er bei der Hochzeit von Garry Villy in Dunmore, er und Bella, und er trank nicht einen einzigen Tropfen. Shamey More und andere drängten und nötigten ihn, aber das half nichts. Auf dem Heimweg sagte Shamey, es sei nicht richtig für einen Christenmenschen, bei einer Hochzeit oder einer Taufe ein Glas abzulehnen. Bella war einer Meinung mit Shamey. Aber Charlie war nicht zu erschüttern. Nicht einmal Bella konnte ihn umstimmen. Ist das nicht ein unglaubliches Wunder?«

»Das allerdings«, sagte Felim zu sich. »Ich freue mich für

Bella. Obwohl ihr alter Schurke von Vater mir kein bisschen leidtun würde ... Und wo gerade von dem die Rede ist: Ich hoffe, er hat inzwischen so einiges über die Ehrlichkeit und die hohe Moral der Tagediebe gehört, die Parnell zu Fall gebracht haben.«

Felim Boyle war seit fünfundzwanzig Jahren in Amerika, als er beschloss, dass er sich eine Reise in die Rosses erlauben könnte, wo er bei seiner Schwester seine Ferien verbringen würde.

Zu gegebener Zeit kam er dann auch dort an. Er stellte fest, dass sich in den Rosses allerlei Veränderungen vollzogen hatten, seit er sie verlassen hatte. Eine neue Generation war an die Stelle der alten getreten. Sein Vater und seine Mutter waren tot, ebenso Ned Sweeney und dessen Frau.

»Charlie der Streuner ist ein Wunder«, sagte Felims Schwester, als ihr Bruder sich auch danach erkundigte. »Er ist seit zwanzig Jahren verheiratet und hat seit damals nicht einen Tropfen Alkohol getrunken – nicht einmal auf einer Hochzeit oder einer Taufe. Und was er sonst geleistet hat – du würdest den Hof nicht wiedererkennen. Er hat ein Zimmer angebaut und eine neue Scheune, einen neuen Kuhstall, ganz zu schweigen von den Verbesserungen, die er auf dem Land eingeführt hat ... Eigentlich solltest du morgen mal bei den beiden vorbeischauen.«

»Nicht morgen«, sagte Felim. »Morgen ist der Siebte – dann ist Markt in Ballintemple. Ich möchte sehen, wie heutzutage so ein Markttag in den Rosses verläuft. Aber übermorgen, so Gott will, werde ich bei Charlie dem Streuner und Bella vorbeischauen.«

»Die beiden werden sich sehr über deinen Besuch freuen«, sagte Margaret.

Am nächsten Morgen nach dem Frühstück machte Felim sich auf den Weg zum Markt – das waren ungefähr fünf Meilen. Als er das Dorf erreichte, war zu seiner Überraschung die Straße fast menschenleer. Er ging weiter zum Viehmarkt. Dort war alles noch ungefähr so wie in seinen Jugendjahren – viele Männer, einige Frauen mittleren Alters, Kühe, Kälber, Schafe und so weiter. Aber den jüngeren Leuten machte es keinen Spaß mehr, am Markttag ins Dorf zu kommen und stundenlang die Straße auf und ab zu spazieren. Das war eine der vielen Veränderungen, die sich in den Rosses zugetragen hatten.

Felim hatte kein Interesse am Viehmarkt. Er war nicht hergekommen, um zu kaufen oder zu verkaufen. Welche Preise gerade verlangt wurden, war ihm egal. Sein Schicksal war an ein anderes Land gebunden.

Er wollte sich schon abwenden, als er eine Hand auf seiner Schulter spürte. Er drehte sich um. Ein Mann hielt ihm die Hand hin.

»Felim Boyle«, sagte der Mann. »Du kennst mich nicht?«

»Ich fürchte, nein«, musste Felim zugeben.

»Du kennst Charlie Rodgers nicht – den ehemaligen Charlie den Streuner?«

»Charlie der Streuner!«, sagte Felim. »Und, wie geht es dir so? Ich freue mich sehr, dich nach all den Jahren zu treffen, und du siehst so gut aus.«

Charlie sagte nichts. Er hielt Felims Hand fest und schwieg. Es war unbedingt ein unangenehmer Augenblick für Felim. Er wusste nicht, was er sagen sollte. Bei jedem anderen wäre es anders gewesen. Hätte er Charlie auf ein Bier einladen können, dann hätte das die Situation sofort entspannt. Charlie aber brach nun das Schweigen. »Hier lang«, flüsterte er und hielt die ganze Zeit Felims Hand fest, bis er ihn in Hughie Neils Kneipe gelotst hatte.

»Zwei Schnaps und zwei Pints«, sagte Charlie zu einem der Mädchen hinter dem Tresen.

Die erste Runde leerten sie fast wortlos, denn Charlie war nicht redselig.

»Nimmst du noch mal dasselbe?«, fragte Felim.

»Noch mal dasselbe«, erwiderte Charlie. »Und dann ein weiteres Mal«, fügte er nach kurzem Schweigen hinzu.

»Aber diesmal möchte ich keinen Whiskey«, sagte Felim. »Der bekommt mir nicht, das war immer schon so.«

Später betrat Hughie Neil die Bar. Er sah Felim Boyle an und erkannte ihn nach einigen Sekunden. Dann richtete er seinen verdutzten Blick auf Charlie.

»Kommt in die Nische«, sagte er. »Da habt ihr eure Ruhe. Im Moment sitzt da niemand drin.«

Gleich darauf öffnete der Wirt die Tür zur Nische und ging hinein. »Ihr zwei trinkt zu viel und trinkt zu schnell, wenn ich mir diese Bemerkung erlauben darf«, sagte er. »Lasst euch Zeit, vor allem du, Charlie. Später kommt ihr in die Küche und esst ein bisschen. Danach gibt's noch einen aufs Haus, und dann könnt ihr heimgehen.«

»Zu viel trinken und zu schnell«, sagte Charlie, als sie wieder allein waren. »Hughie Neil ist ein anständiger Bursche, war er immer schon. Aber der hat doch keine Ahnung. Er weiß nicht, was ich heute hier tue. Er glaubt, dass ich einfach einen trinke, aber so ist das überhaupt nicht. Ich taufe mich ein zweites Mal im Glauben meiner Väter. Felim Boyle, hast du je gesehen, wie im heißen Sommer eine seichte Lache aus Moorwasser ausgetrocknet ist? Der Boden wirft Risse und bricht. So geht es mit meinem Herzen. Zwanzig Jahre ohne ein einziges Glas. Ich war bei Hochzeiten und habe abgelehnt. Gott habe Shamey More selig. Ich habe zugehört, wie er Argumente vorgebracht hat, gegen die kein ehrlicher Mann etwas sagen könnte. Das war an einem eiskalten Morgen, als wir von Garry Villys Hochzeit nach Hause kamen. Ich zitterte vor Kälte und schämte mich so. Und was habe ich dann für einen Unsinn geredet! Über ein nüchternes Irland, ein freies Irland – als ob Shamey More mir vorgeschlagen hätte, mich zu betrinken. Aber ein Irland, in dem nur Männer lebten wie ich seit zwanzig Jahren, wäre doch in einer Generation vollkommen am Ende.«

Nach dem Essen tranken sie noch ein paar Runden, die mit einer gewissen Verzögerung von Hughie Neil persönlich serviert wurden. Endlich legte Hughie ihnen nahe, doch langsam den Heimweg anzutreten.

»Hughie Neil«, sagte Charlie im Gehen, »du bist so anständig, wie du immer schon warst. So Gott will, kommen wir noch einmal, ehe Felim zurück in die Staaten reist.«

»Ihr seid mir immer willkommen«, sagte Hughie.

Auf dem Heimweg war Charlie alles andere als sicher auf den Beinen. Was er sagte, hatte nicht immer Zusammenhang. Aber er erwähnte die große Zeremonie nicht wieder, die er vollzogen hatte –die Erneuerung seiner Taufe im Glauben seiner Väter.

»Und wie geht es Bella?«, wollte Felim wissen, obwohl er diese Frage schon einmal gestellt hatte.

»Wird alt, wie wir alle«, erwiderte Charlie. »Ansonsten aber wie immer. Hat sich überhaupt nicht verändert.«

Sie kamen zum Weg, der zu Charlies Haus führte.

»Das war ein wunderbarer Tag«, sagte Felim. »Wir sehen uns morgen.«

»So kannst du mich aber nicht stehen lassen«, sagte Charlie. »Komm mit hoch zum Haus.«

»Es ist schon zu spät. Ich komme morgen.«

»Aber ich brauche dich heute Abend«, bat Charlie. »Gerade heute Abend … Du brauchst nicht lange zu bleiben. Nur eine halbe Stunde oder so. Dann kannst du nach Hause und ins Bett gehen. Und ehe du ins Bett gehst, solltest du Gott auf den Knien für alles Gute danken, was Er dir erwiesen hat. Tust du das bitte?«

»Ich versuche immer, ein passendes Gebet zu sprechen«, sagte Felim.

»Aber heute Abend«, beharrte Charlie. »Heute und morgen und jeden Abend und jeden Morgen deines Lebens musst du ein Gebet sprechen, das du noch nie gebetet hast. Ein anderes Gebet. Ein Gebet aus deinem tiefsten Herzen für die ewige Ruhe von Charles Stewart Parnell. Vergiss das ja nicht. Das bist du ihm schuldig … Seine Liebesaffäre hat Home Rule vielleicht verzögert, aber sie hat dich vor einem Leben in Ketten und Sklaverei gerettet.«

# Die Rache der See

## I

»Gott schütze uns vor allem Übel«, sagte Michael Roe eines Tages zu mir, als wir über alten Aberglauben sprachen. »Aber ich kann mich noch erinnern, dass viele Menschen an Piseóg glaubten. Sicher war Unwissenheit der Grund. Unwissenheit und fehlendes Gottvertrauen. Ich erinnere mich an eine Menge alten Piseóg. Dinge, die heutzutage einen jungen Mann wie dich überraschen würden. Vieles war verboten. Du durftest nicht vor einem Sarg in ein Boot steigen, du musstest ihn vor dir herschieben. Es war gefährlich, in der Walpurgisnacht nach der Dämmerung noch aus dem Haus zu gehen. Wenn dir auf einer Reise als Erstes eine rothaarige Frau begegnete, dann galt das als böses Omen, und du musstest umkehren. Ein Baby war zwischen Geburt und Taufe den Feen ausgeliefert, ein junger Mann oder eine junge Frau zwischen Verlobung und Hochzeit. Es gab noch etlichen anderen alten Aberglauben von dieser Art, aber das alles ist jetzt ausgestorben, Gott sei Dank.«

»Und war das alles Unsinn?«, fragte ich.

Der alte Geschichtenerzähler schwieg eine Weile. Dann sagte er: »Wenn du an sie glaubtest oder Angst vor ihnen hattest, dann war es leicht, dir einzureden, dass sie eine gewisse

Macht über dich besaßen. Das Beste ist es, gar nicht daran zu denken. Der, der gesagt hat, *wenn du ein Geas ignorierst, wird das Geas dich ebenfalls ignorieren,* war ein weiser Mann. Aber wie gesagt, diese Vorstellungen sind jetzt ausgestorben. Wo würdest du heute noch jemanden finden, der einen Ertrinkenden nicht rettet, weil er sich vor der Rache der See fürchtet?«

»Und so was haben die Leute früher geglaubt?«, fragte ich.

»Ja, einige jedenfalls, fürchte ich«, erwiderte der alte Mann. »Gott schütze uns vor der Macht des Bösen, aber es gab einen Mann hier im Dorf – er ist noch am Leben –, der ins Gebirge geflohen ist und sich dort niedergelassen hat, weil er sich vor der Rache der See fürchtete.«

»Der Mann war von dem Aberglauben also überzeugt«, sagte ich.

»Das allerdings«, sagte Michael Roe, »aber einmal hat er sich widersetzt. Er war ein wahrer Mann. Er setzte sein Leben aufs Spiel, um einen anderen zu retten. Welche größere Tat könnte jemand vollbringen? Dann fiel ihm das *Geas* ein, und er bekam es mit der Angst zu tun. Angst vor der Rache der See. Er gab die Fischerei auf. Am Ende floh er ins Gebirge und ließ sich dort nieder. Aus Angst, die See könnte sich sein Leben holen, als Ersatz für das, um das er sie betrogen hatte.«

»Das ist ja eine erstaunliche Geschichte«, sagte ich. »Ich habe nie auch nur ein Wort davon gehört.«

»Vielleicht«, sagte der alte Mann, »sollte ich dir erzählen, wie sich das alles zugetragen hat.«

Und das tat er dann auch.

## II

Murty McRory aus dem Dorf Rinnaweelin war groß und stark und mutig. Seit Generationen waren die McRorys als Seeleute und Schmuggler bekannt.

Der junge Murty war erst fünf, als sein Vater sich in den Kopf setzte, den Jungen das Schwimmen zu lehren. Damit stand fest, dass der Junge in die Fußspuren des Vaters treten und den Familientraditionen folgen würde.

»Hast du denn völlig den Verstand verloren?«, sagte seine Frau zu Fergal McRory, als er von dieser ersten Schwimmstunde mit seinem Sohn zurückkam. »Mit dem Baby schwimmen gehen! Der glatte Wahnsinn, so nenne ich das!«

»Er ist fünf Jahre alt«, sagte der Vater. »Alt genug für diese Art von Taufe.«

»Aber das war gefährlich. Es hätte dem Jungen einen Schock fürs Leben verpassen können.«

»Er hat nicht den geringsten Schock erlitten, zum Teufel. Ich habe ihn eine Weile an den Schultern festgehalten, bis er sich an die Kälte gewöhnt hatte. Dann habe ich ihn losgelassen – aber ich hätte ihn natürlich jede Sekunde wieder packen können. Er ging unter, und das Wasser schloss sich über ihm. Aber nach wenigen Sekunden tauchte er wieder auf, wie ein Kormoran. Er schüttelte den Kopf und schnaubte das Wasser aus seinen Nasenlöchern. Dann streckte er sich in den Wellen aus und fing an zu schwimmen. Ich habe in meinem ganzen Leben keinen solchen ersten Versuch gesehen. Man hätte meinen sollen, er sei auf einem Wellenkamm geboren und aufgezogen worden.«

So war Murty McRory als Kind. Als er erwachsen war, sprachen alle Leute an der Küste von der Landzunge bis nach Crohy Head über ihn. Er war ein ungeheuer starker und mutiger Mann. Und er war ein hervorragender Fischer und Schwimmer.

Er begab sich oft in Gefahr, wenn er an Tagen und in Nächten voller Sturm den Sund vor der Insel Inishglass durchkreuzte. Was ihn zu der Insel zog, war ein Mädchen, in das er verliebt war. Sehr oft kam er erst nach Mitternacht von diesen Ausflügen zurück. Aber er schien zu glauben, dass ihm nichts passieren könnte, solange er die See nicht verärgerte oder ihren Zorn erregte. Denn wie der restliche McRory-Clan glaubte Murty, dass die See sich an allen rächen würde, die versuchten, ihr in die Quere zu kommen. Er war in Sicherheit, glaubte er, solange er niemanden vor dem Ertrinken rettete. Aber er war nicht hartherzig. Er hoffte, er würde niemals das tun müssen, was ihm das Herz brechen würde – einen Ertrinkenden seinem Schicksal überlassen und nicht versuchen, ihn zu retten.

## III

Una McGonigle war das schönste Mädchen, das je gelebt hatte. Das glaubte zumindest Murty McRory, und für unsere Geschichte ist das genug. Una war ein Einzelkind und lebte mit ihren Eltern auf Inishglass, einer an die zwei Meilen vom Festland entfernten Insel. Es wäre eine ideale Verbindung gewesen. Die beiden jungen Leute waren leidenschaftlich verliebt ineinander, und Murty würde sich gewissermaßen in ein gemachtes Nest setzen. Und natürlich war er für das Leben auf einer Insel wie geschaffen, er war ja schließlich ein hervorragender Seefahrer, Schwimmer und Fischer.

Aber eines Tages passierte etwas, das sein Schicksal in ganz andere Wege lenkte, als er geplant hatte. Er kam in seinem Currach nach Hause, nachdem er beim Roaring Reef Hummerkörbe gesetzt hatte. Ein anderes Currach, ein Stück vor ihm, war mit einer Ladung Getreide für die Mühle unterwegs von Gola nach Bunbeg. Als der Mann von Gola mitten auf dem Sund angekommen war, bekam sein Currach ein Leck. Ihm blieb nichts anderes übrig, als ins Wasser zu springen und zu versuchen, sich mithilfe seines Ruders an der Wasseroberfläche zu halten, bis ihm jemand zu Hilfe käme. Er fing an zu schreien, in der Hoffnung, auf dem Festland gehört zu werden.

Der Wind wehte vom Land her, und die Rufe des armen Burschen waren dort nicht zu hören. Er war schon kurz vor dem Verzweifeln, als er hinter sich einen Ruf hörte: »Halt still und schieb dir das Ruder unters Kinn!«

Der Ertrinkende schaute sich um. Und da war Murty McRory (der aus edlem Antrieb handelte und allen törichten Aberglauben vergaß) bereits unterwegs zu ihm – er ruderte mit aller Kraft. Er rettete den Ertrinkenden und brachte ihn sicher an Land.

Doch dann, als er zu Hause war und die Nachbarn ihm zu dieser großen Tat gratulierten, kam ihm ein schmerzlicher Gedanke. Er überlegte. Was hatte er getan? Er hatte einen Mann vor dem Ertrinken gerettet. Er hatte die See um ihre Beute betrogen … Aber er konnte doch, überlegte er, keinen Menschen ertrinken lassen, wenn es in seiner Macht stand, ihn zu retten. Das wäre fast Mord, wenn nicht gar wirklich schon Mord. Diese vernünftige Überlegung brachte ihm für den Moment Erleichterung. Aber die entsetzliche Vorstellung stellte sich immer wieder ein. Sie fraß sich bis zu seinem Herzen durch. Er konnte sie nicht aus seinen Gedanken vertreiben. Er dachte an alle Geschichten, die er je gehört hatte und die sich auf seinen Fall bezogen. Er erinnerte sich an die Überzeugung der McMurtys – dass die See sich auf jeden Fall rächen würde!

Es ist möglich, dass er im Laufe der Zeit alles vergessen hätte, wenn nicht einige Wochen später etwas Beängstigendes passiert wäre. Eines Tages wagte er sich auf das Meer hinaus, nicht allein in einem Currach, sondern als Angehöriger einer Mannschaft auf einem größeren Boot. Sie fischten in der Bucht von Inishfree, und das Wetter sah eigentlich gut aus. Doch dann kam plötzlich ein Sturm auf. Sie machten sich sofort auf den Heimweg, wären jedoch um ein Haar bei der Sandbank gekentert und ertrunken. Von nun an war Murty McRory davon überzeugt, dass die See es auf ihn abgesehen hatte und ihn bei der nächsten Gelegenheit holen würde.

Er konnte das nicht ein zweites Mal riskieren. Das bedeutete, dass er nicht mehr hinausfahren durfte. Was sollte er tun? Wenn er nicht fischte, konnte er nicht zu Hause leben. Endlich entschloss er sich, nach Schottland zu gehen. Wenn die Zeit reif wäre, würde er Una McGonigle nachkommen lassen. Sie würden heiraten und ihr Leben in Schottland verbringen. Es war ein grausames Schicksal. Es bedeutete ewige Verbannung aus dem Land, in dem er geboren war. Aber es war besser, in Schottland zu leben, als in Irland zu sterben. Columcille hätte sicher das Gegenteil behauptet. Doch dieser

Heilige war einer unter Millionen gewesen. Und er hatte keine Una McGonigle gehabt!

Murty entschied sich zur Auswanderung, was ihn für einen oder zwei Tage beruhigte. Aber dann fiel ihm ein, dass es zwischen Schottland und Irland keine Brücke gab. Um nach Schottland zu gelangen, musste er die See überqueren. Er würde sich dabei natürlich auf einem großen Schiff befinden. Aber das große Schiff war keine Garantie. Die See würde ihn kein zweites Mal entkommen lassen – selbst wenn sie dafür Hunderte andere mit ihm zusammen ertrinken lassen müsste.

Was sollte er tun? Wenn er auf dem Festland ein wenig eigenes Land besessen hätte, wäre er vielleicht irgendwie über die Runden gekommen. Aber er war der Älteste in einer großen Familie, und sein Vater konnte ihm nicht helfen. Er war also in einer furchtbaren Notlage. Zu Hause konnte er nicht bleiben. Das Meer überqueren, um sein Zuhause zu verlassen, konnte er auch nicht. Es gab nur einen Ausweg – er musste sich ins Gebirge zurückziehen. Seine Mutter war auf diesen Gedanken gekommen. In einer Krise, wenn die wirklich schweren Probleme des Lebens gelöst werden müssen, sind Frauen immer viel findiger als Männer.

Eine Verwandte von Murtys Mutter hatte ins Gebirge geheiratet – sie lebte hinter Knocksharragh, an die zehn Meilen im Binnenland. Diese Frau wurde um Rat gefragt. Wüsste sie zufällig von irgendeinem Mädchen mit einem Stück Land in ihrer Gegend, das bereit sein könnte, Murty McRory zu heiraten? Murty besaß nur die Kleider, die er am Leib trug, war aber der schönste Mann in den drei Pfarreien. Es müsste doch möglich sein, für ihn eine Frau mit einem Haus und etwas Landbesitz zu finden!

»Ich weiß zufällig von einer, die ihn vielleicht nehmen würde«, sagte die Verwandte und nannte den Namen der jungen Dame. »Und ich glaube schon, dass er mit ihr zufrieden sein könnte, wenn wir bedenken, in welcher Klemme der arme Murty steckt. – Ob sie gut aussieht? Na ja, eine Schönheit ist sie nicht gerade, aber ich würde sie auch nicht als hässlich bezeichnen … Wie alt? Na ja, sie hat noch keine grauen Haare, aber ich nehme schon an, dass sie ihre Weisheitszähne alle hat … Sie hat einen schönen Hof. Es gibt nur sie und ihren alten Vater. Sie haben eine Menge Bergweiden – eine gute Gegend zur Viehzucht, vor allem für Schafe. Und sie stammt aus einer Sippe, die für ihren gesunden Menschenverstand bekannt ist. Vielleicht haben sie ja sogar zu viel davon. Aber das wäre immerhin ein guter Fehler.«

Murty wurde über die Ehe informiert, die da für ihn arrangiert werden sollte. In dieser Nacht konnte er kein Auge zutun … Er würde natürlich in den Bergen ein sicheres Asyl finden, wenn dieses Mädchen ihn nehmen wollte. Aber Una McGonigle? Oh, großer Gott im Himmel, es war ja so schwer, sich in alle Ewigkeit von ihr zu trennen!

Aber schon bald wurden sie so nachdrücklich auseinandergerissen, wie es auf dieser Welt nur möglich ist. Weil Murty sie nicht mehr besuchte, glaubte Una, sie sei verlassen worden. Sie glaubte das Seemannsgarn von der Rache der See nicht. Sie war verletzt. Sie war traurig. Sie weinte tagelang. Dann kam ihr Stolz ihr zu Hilfe … Sie würde Murty McRory schon klarmachen, dass sie seinetwegen nicht litt … Und deshalb heiratete sie einen anderen – einen jungen Mann von ihrer eigenen Insel, der sie sehr gernhatte. Nach dieser Katastrophe fiel es Murty nicht mehr schwer, seine Zuflucht im Gebirge zu suchen.

Er machte seinen Antrag, und der wurde angenommen. Sie heirateten. Murty McRory sagte seinem Elternhaus Lebwohl und machte sich auf zu seinem neuen Leben im Gebirge – gute zehn Meilen von der See entfernt.

## IV

»Lebt er noch?«, fragte ich den *Seanchaí*, als er seine Geschichte beendet hatte.

»Er lebt und ist gesund und munter, habe ich gehört. Er ist noch nicht sehr alt, musst du wissen. Kann nicht älter sein als vierundsechzig oder fünfundsechzig.«

Mir kam sofort der Gedanke, dass ich gern diesen Mann besuchen würde, der vor der Rache der See geflohen war, um möglicherweise herauszufinden, ob er noch immer an diesem törichten alten Aberglauben hing.

An einem Sommertag ging ich zum Loch Farragh hinauf, um Forellen zu angeln. Das war jedenfalls mein Vorwand. Als ich von zu Hause aufbrach, sagte mir mein Vater, dieser Ausflug werde mir keinen Gewinn bringen. Es sei zu trocken, sagte er, und die Sonne zu heiß. Ich sah das auch so, aber für mich spielte es keine Rolle. Ich hatte meine eigenen Gründe für diese Wanderung ins Gebirge. Das mit den Forellen war nur ein Vorwand.

Gegen Mittag erreichte ich den See und warf meine Angel aus. Ich versuchte mein Glück mehr als eine Stunde lang, aber ich bekam nicht einmal eine Forelle zu sehen.

Endlich zog ich die Angelschnur ein, lud mir meinen Korb

auf und machte mich auf den Weg zu Murty McRory. Als ich dort ankam, verteilte Murty gerade Dung auf einem Kohlfeld neben dem Haus. Er hob den Kopf, als ich ihn ansprach, und wischte sich den Schweiß von der Stirn. »Ihr seid fremd hier in der Gegend«, sagte er.

»Ja«, erwiderte ich. »Ich komme aus dem Tiefland. Aus einem Dorf, das Rinnaweelin genannt wird, unten an der Küste. Ich bin ein Sohn von Felimy Roe, falls Ihr den kennt.«

»Ein Sohn von Felimy Roe aus Rinnaweelin?«, sagte er und ergriff meine Hand. »Es freut mich ja so, Euch zu sehen.«

Dann musterte er meine Angelausrüstung und lächelte. »Aber erzählt«, sagte er, »habt Ihr wirklich damit gerechnet, in der sengenden Sonne Forellen fangen zu können?«

Ich antwortete, ich wüsste sehr wenig über Süßwasserfische oder deren Angewohnheiten.

»Das sieht man sofort«, meinte er. »Lasst uns ein wenig ins Haus gehen. Die Hitze ist im Moment einfach mörderisch. Hier ist es viel schlimmer als in Rinnaweelin. Keine kühle Brise in diesen stickigen Tälern. Manchmal habe ich das Gefühl, zu ersticken.«

Wir gingen ins Haus. In einer Ecke saß eine zahnlose, grauhaarige alte Frau und kratzte Wolle. Sonst war niemand anwesend. Murty stellte mich vor, aber die Alte hatte kein freundliches Wort für mich. »Manche Leute haben ein schönes Leben«, sagte sie. »Andere müssen arbeiten. Müssen arbeiten, um ihren Lebensunterhalt zu verdienen. So ist diese Welt nun einmal eingerichtet. Und übrigens«, fragte sie, nun an ihren Gatten gerichtet, »wie weit bist du mit dem Kohl?«

»Ich müsste heute Abend eigentlich fertig sein«, antwortete er.

»Heute Abend! Ich hatte gedacht, du würdest das in ungefähr einer Stunde schaffen. Du weißt doch, dass der Torf zum Trocknen aufgeschichtet werden muss. Dieses gute Wetter wird nicht mehr lange dauern. In ein oder zwei Tagen könnte es regnen. Das spüre ich in meinen Knochen«, sagte sie, als sie hinausging, um das Kohlfeld zu inspizieren.

»Ihr lebt schon lange hier oben«, sagte ich zu Murty, als wir das Haus für uns hatten.

»Zu Mariä Himmelfahrt werden es vierzig Jahre«, erwiderte er. »Damals war ich fünfundzwanzig, also bin ich jetzt fünfundsechzig.«

»Ihr habt Euch gut gehalten.«

»Ja, wirklich gar nicht schlecht. In mancher Hinsicht bin ich so stark wie immer. Ich kann Lasten heben und eine Bürde tragen und das Land umgraben. Aber in anderer Hinsicht merke ich, dass das Alter näher rückt. Das Gehen fällt mir schwer. Ich werde kurzatmig. Das spüre ich, wenn ich auf den Gipfel des Knocksharragh klettere. Dennoch gehe ich gern an Sonntagnachmittagen hoch, wenn das Wetter gut ist. Es macht mich froh, und es macht mich traurig, wenn Ihr versteht, was ich meine. Übrigens, wart Ihr je dort oben?«

Ich verneinte.

»Ihr müsst heute hinaufsteigen, wo Ihr schon einmal hier seid«, sagte Murty. »Ich werde Euch begleiten. Der Gipfel des Knocksharragh ist an einem Tag wie heute wunderschön. Ich meine, die Aussicht. Nirgendwo sonst im Land gibt es eine solche Aussicht. Ihr könnt die gesamte Küste vom Horn Head bis zu den Felsen von Rossowen sehen. Ich liebe diese Aussicht, obwohl …«

Die alte Frau kam zurück ins Haus. »Du hättest den kleineren Pflanzen extra Dung geben müssen«, sagte sie. »Die brauchen mehr.«

»Setz den Kessel auf und mach uns etwas zu essen«, sagte Murty.

Die alte Frau bereitete schweigend den Tee zu. Ihre Miene machte deutlich, dass sie von Besuchern überhaupt nichts hielt.

»Jetzt gehen wir«, sagte Murty später zu mir.

»Wo um Himmels willen willst du denn hin?«, fragte die alte Frau mit schnarrender Stimme.

»Den Knocksharragh hoch, um dem jungen Mann die schöne Aussicht zu zeigen.«

»Und der Kohl düngt sich dann selbst?«

»Ich hätte ja ohnehin eine Pause gemacht. Die Sonne brennt viel zu sehr. Die Blätter hängen tot herunter. Muss warten, bis es heute Abend kühler wird.«

Ich hob meine Angelausrüstung und meinen Korb hoch.

»Lasst das doch hier, bis wir zurückkommen«, sagte Murty und nahm mir die Angelrute aus der Hand. »Wie man so sagt, selbst ein Küken ist auf die Dauer schwer zu tragen.«

Wir brachen auf. »Dort lang«, sagte der alte Mann. »Ich muss bei Frankín vorbeischauen. Ich habe gehört, dass es der Alten im Moment nicht so gut geht. Ich muss kurz fragen, wie es ihr geht. Ihr könnt hier auf mich warten. Ich bin gleich wieder da.«

Er blieb drei oder vier Minuten bei Frankín. Dann sah ich ihn zusammen mit einem anderen alten Mann aus dem Haus kommen. Die beiden gingen ans Seeufer und verschwanden hinter einem riesigen Felsbrocken. Bald darauf kehrte Murty mit einem Paket in der Hand zurück.

»Ihr werdet nie im Leben erraten, was ich hier habe«, sagte er.

»Das würde mir schwerfallen.«

»Ich habe einen so guten Tropfen Poitín, wie er zwischen Malin Head und der Küste von Connacht nur zu finden ist. Niemand kann ein solches Aroma zaubern wie unser Frankín. Und wie er ihn reifen lässt! In Eichenholzfässern, die er ein Jahr lang am Seeufer vergräbt.«

Ich war verlegen. Das bemerkte Murty. »Der ist genauso für mich wie für Euch«, sagte er. »Aber natürlich werdet Ihr Euren Anteil trinken müssen ... Das ist das Mindeste, was ich zu einer solchen Gelegenheit tun kann. Ich habe nur so selten Besuch aus dem alten Heimatdorf am Meer. Aber ich werde ihn ebenfalls genießen.«

Als wir den Hang hochstiegen, schaute Murty sich um. Die alte Frau stand auf einer Felskuppe beim Haus, hielt die Hand an die Stirn und spähte in unsere Richtung.

»Sie ärgert sich jetzt über mich«, sagte Murty. »Ärgert sich, weil ich nicht im Kohlfeld arbeite. Manche Leute haben einfach keinen Verstand. Kohl wird doch noch wachsen, wenn wir schon Hundert und Aberhundert Jahre tot sind. Arbeit wird getan, und Arbeit wird vernachlässigt werden. Und die Welt wird sich weiterdrehen ... Aber wir werden schon mit ihren Launen leben können, das werden wir. Und jedenfalls tut es einem Mann gut, ab und zu die Zügel an sich zu reißen und zu tun, was er für richtig hält.«

## V

Wir kamen auf dem Gipfel an und setzten uns. Murty zog zwei Gläser aus der Tasche und den Korken aus der Flasche ... und wirklich, Frankín wusste, wie man einen köstlichen Tropfen Poitín brennt.

Vom Gipfel aus gesehen war die Landschaft einfach prachtvoll. Als ich zur Küste hinüberschaute, staunte ich darüber, dass die Inseln dem Festland so nahe lagen. Das sagte ich Murty.

»Das liegt daran, dass Ihr so hoch oben seid«, war seine Antwort.

»Ja, vermutlich. Aber es sieht seltsam aus, wenn man es zum ersten Mal erblickt. Von hier aus scheint Inishglass zum Festland zu gehören.«

»Ach«, sagte der alte Mann, »schön wär's.«

»Lebt Michael Roe noch?«, fragte er nach einer Weile.

»Bei bester Gesundheit. Und dabei ist er fast neunzig.«

»Er ist ein großer Geschichtenerzähler«, sagte Murty. »An eine seiner Geschichten kann ich mich besonders gut erinnern. Sie handelt von einem Mann, der ein wunderschönes junges Mädchen liebte. Sie jedoch sann auf Mord. Sie war bereit, bei der ersten Gelegenheit einen vergifteten Pfeil auf ihn abzuschießen. Er liebte sie sein ganzes Leben lang. Er beobachtete sie zu gern aus der Ferne. Aber er durfte sich nicht in ihre Nähe wagen, weil sie ihn ja umbringen wollte. Schrecklich, nicht wahr?«

»Trinkt aus, Mann«, sagte er und hielt die Flasche ins Licht.

»Habt Ihr je gehört«, fragte ich nun vorsichtig, »dass die Menschen vor langer Zeit geglaubt haben, die See wolle Rache üben?«

»Vor langer Zeit!«, sagte er. »Es gibt Leute, die das noch immer glauben. Und dazu haben sie auch allen Grund. Die See verlangt ihre Rache, mein Junge. Das war schon immer so. Als junger Mann habe ich jemanden vor dem Ertrinken gerettet. Das habe ich natürlich niemals bereut. Ich bin froh, dass ich damals meiner Eingebung gefolgt bin und ihn gerettet habe. Und ich hoffe, Gott wird mich am Jüngsten Tag dafür belohnen. Aber die See verlangt ihre Rache. Deshalb habe ich Rinnaweelin verlassen und mich hier oben im Gebirge angesiedelt. Ich konnte nicht zu Hause leben. Ich konnte nicht nach Schottland gehen, die See war dazwischen. Deshalb habe ich mich in die Berge zurückgezogen.«

»Ihr habt also an die Rache der See geglaubt?«

»Natürlich! Warum hätte ich das nicht tun sollen? Wer könnte sich weigern, das zu glauben, nach der Lektion, die mir erteilt worden war? Eines Tages, ungefähr eine Woche nachdem ich den Mann gerettet hatte, waren wir zu viert zum Fischen in der Bucht von Inishfree. Es war ein wunderschöner Tag, und das Wetter schien sich zu halten, so wie es aussah. Aber plötzlich kam ein Sturm auf, und wir wollten sofort an Land. Der Wind wehte in unsere Richtung. Und obwohl es eine starke Unterströmung gab, war die Wasseroberfläche einigermaßen glatt. Solange wir nicht in Brecher gerieten, konnte uns also nicht viel passieren. Wir erreichten den Sund und die Landspitze bei Illanbo. Dort glaubten wir, aller Gefahr entronnen zu sein, denn wir konnten nun im Windschatten der Küste bis hinter die Sandbank weitersegeln. Ich war am Steuer. Shamey More saß mir gegenüber auf der Bank und sah mich an. Plötzlich stieß Shamey einen furchtbaren Schrei aus und wurde bleich wie ein Leichentuch.

›Schau nach achtern!‹, brüllte er.

Ich drehte mich um. Eine gewaltige grüne Wand aus Wasser mit weißen Schaumfetzen ganz oben kam auf mich zu. Ich konnte nicht dichter an die Felsen der Insel heransteuern. Ich konnte auch nicht wenden, weil wir sonst auf die Sandbank aufgelaufen wären. Die einzige Möglichkeit bestand darin, uns ans tiefe Wasser zu halten.

Die Welle kam immer näher und hatte uns dann erreicht. Das Boot schien rückwärts zum Kamm hochzuklettern und dann auf der anderen Seite hinunterzugleiten. Aber die zweite Welle folgte der ersten auf dem Fuße, und die dritte der zweiten. Ich werde diese dritte nie vergessen. Noch heute kann ich das Boot oben auf ihrem Kamm liegen sehen. Ich konnte nichts machen, das Ruderblatt ragte aus dem Wasser. An Steuern war nicht zu denken, eher fühlte ich mich wie ein Stück Holz, außerstande, irgendetwas zu unternehmen. Ich war sicher, dass mein letztes Stündlein geschlagen hatte. Ich schloss die Augen und betete um Vergebung meiner Sünden. Aber das Boot glitt von der dritten Welle herunter und richtete sich auf. Ich bin sicher, Ihr habt oft den Spruch von den ›drei tödlichen Wellen‹ gehört … Die begegneten mir an jenem Tag, als wir die Sandbank passierten. Danach war ich sicher, dass die See mich verfolgte und dass es bei ihrem nächsten Angriff kein Entrinnen geben würde. Also seht Ihr, mein Junge, es ist kein törichter Aberglaube, dass die See ihre Rache verlangt. Wenn Ihr erst ihren Zorn erregt habt, wird sie Euch mit Sicherheit bestrafen.«

»Aber Ihr seid entkommen«, sagte ich.

Er blickte mich einige Sekunden lang an. Dann sagte er: »Eins kann ich Euch sagen, junger Mann, die See wird sich immer rächen – wenn nicht auf die eine Weise, dann auf die andere.«

## VI

Wir blieben lange oben auf dem Gipfel. Murty erzählte mir alles über seine Abenteuer auf See, als er ein junger Mann gewesen war und »zu Hause« gelebt hatte, wie er sein Heimatdorf nannte. Dann erzählte er mir die Schmugglerabenteuer seiner Vorfahren über vier Generationen zurück. Er tat mir so leid. Mir ging auf, dass er die See sein Leben lang geliebt hatte und dass es ihm das Herz brach, sie nur aus der Ferne sehen zu können, zumeist an schönen Sonntagnachmittagen im Sommer. Er erzählte mir, dass er dann auf den Gipfel stieg und stundenlang auf die See in der Ferne hinunterstarrte. Er war wie der Mann in der Geschichte, der vor Liebe zu einer schönen Frau wahnsinnig wurde und dessen Leben davon abhing, einen großen Bogen um seine Angebetete zu machen.

»Aber jetzt«, sagte er mit einem Blick auf die leere Flasche, »wird es Zeit für den Abstieg.«

Eine Stunde vor Sonnenuntergang kamen wir bei dem Haus an.

»Ich komme nicht mehr mit hinein«, sagte ich. »Würdet Ihr mir meine Angelrute und meinen kleinen Korb bringen? Es wird spät. Ich wäre gern am Loch Keel vorbei, ehe es dunkel ist.«

»Könntet Ihr nicht die Nacht bei uns verbringen?«, bat der alte Mann. »Ich würde mich über Eure Gesellschaft freuen … Unser Haus ist ein einsames Haus. Ein trauriges Haus. Nie ein Hauch von Fröhlichkeit, der die Düsterkeit erhellen könnte. Nie ein Lachen, bei dem man sich wieder jung fühlt.«

»Ich bin Euch sehr dankbar für Eure freundliche Einladung«, erwiderte ich. »Aber meine Familie würde sich Sorgen machen. Sie würden befürchten, ich sei in den Nebel geraten und von einer Klippe gestürzt und ums Leben gekommen. Ihr wisst doch, was man sich so denkt, wenn jemand vermisst wird.«

In diesem Moment kam die alte Frau aus dem Haus. Sie schien vor Zorn geradezu zu kochen. Sie wollte schon an uns vorübergehen, ohne uns auch nur eines Blickes zu würdigen. Aber ihr Mann sprach sie an.

»Wohin gehst du, Liebste?«, fragte er mit sanfter Stimme.

»Wohin ich gehe? Ich will die Kühe holen«, erwiderte sie mit bitterer, schnarrender Stimme. »Die Kühe holen, zwei Stunden nach der eigentlichen Melkzeit!«

»Geh ins Haus, liebe Frau, und ruh dich aus, und ich hole die Kühe«, sagte der alte Mann.

»Du holst die Kühe«, fauchte sie. »Wenn du auch nur einen Gedanken für die Kühe oder deine Arbeit oder für Haus und Heim oder für mich hättest, würdest du nicht fast einen ganzen Sommertag oben auf dem Knocksharragh herumsitzen und Poitín trinken!«

Und sie fegte an uns vorbei.

»Was hab ich Euch gesagt?«, fragte Murty.

Ich ging ins Haus und griff nach meiner Angelausrüstung. Murty forderte mich nicht mehr auf, Platz zu nehmen.

Er brachte mich zur Tür und begleitete mich dann noch fast eine Meile auf meinem Weg.

»Und jetzt immer geradeaus«, erklärte er mir schließlich. »Wenn Ihr an Tullybrack vorbei seid, dann haltet Euch links. Zu Eurer Rechten ist der Boden weich und morastig ... Das Tageslicht wird reichen, bis Ihr beim Loch Keel die Straße erreicht.«

»Lebt wohl und vielen Dank für einen überaus angenehmen Tag«, sagte ich.

»Gott segne Euch, mein Sohn«, erwiderte er und schüttelte mir die Hand. »Bei Eurem Besuch habe ich mich für kurze Zeit wieder jung gefühlt. Und Ihr habt nun mit eigenen Augen gesehen, dass die See es immer schafft, sich zu rächen.«

# Blagadán

## I

Blagadán war ein wandernder Blechschmied oder Kesselflicker, wie wir in den Rosses sagten. Wir wussten nicht, woher er kam. Wir kannten seinen richtigen Namen nicht. Er wurde Blagadán genannt (was auf Irisch »Kahlkopf« bedeutet), da er keine Haare hatte. Nicht dass ihm die Haare irgendwann ausgefallen wären, er hatte einfach niemals welche gehabt. Sein Kopf war vom Nacken bis zur Stirn so nackt und glänzend wie eine Stahlplatte.

Blagadán wurde in den Rosses sehr geschätzt. Er war ehrlich und redlich. Er mochte Kinder. Er war freundlich zu alten Leuten. Er gab sich Mühe, allen zu helfen, die in Schwierigkeiten gerieten, und neben diesen guten Eigenschaften war er auch noch mutig. Seinen Mut hatte er zu zwei Gelegenheiten bewiesen. Das erste Mal an dem Tag, als er ein durchgegangenes Pferd anhielt, das am Markttag durch die überfüllte Straße von Meenaleck jagte. Das zweite Mal, als er vollständig angezogen ins Wasser gesprungen war, um ein von der Pier von Burtonport gefallenes Kind zu retten.

Mein Vater war ein guter Poitín-Brenner und außerdem ein kluger Stratege. Er übte sein Handwerk ein Vierteljahrhundert lang aus und führte die ganze Zeit die Polizei an der Nase herum. Aber am Ende bekam er es dann doch mit der Angst zu tun: Er wäre um ein Haar gefasst worden, trotz aller seiner Finten. Danach stieg er aus der Poitín-Branche aus. Dieses Ende gehört zu meiner Geschichte.

Eines Tages kam Blagadán mit einem mit Blechkannen beladenen Esel zu einem Markt in den Rosses. Mein Vater kaufte ihm eine Kanne ab, aber das war nur eine Tarnung für ein anderes Geschäft.

»Mein altes Destilliergerät ist fast ausgebrannt«, sagte mein Vater zu Blagadán. »Ich weiß nicht, wie viele Tage oder Stunden es noch durchhalten wird. Ich wollte fragen, wie schnell du mir ein neues machen kannst.«

»Ich könnte das innerhalb einer Woche schaffen«, sagte Blagadán. »Aber ich an deiner Stelle würde die Sache erst mal langsam angehen. Seit diese neue Polizeitruppe nach Meenmore versetzt worden ist, ist die Sache sehr heiß geworden. Schon viele haben ihre Geräte zusammengepackt und sind in ein Versteck geflohen, als nur die normale Polizei hinter ihnen her war. Aber diese neuen Burschen haben Feuerwaffen, und wenn jemand weglaufen wollte, würden sie ihn so einfach abknallen wie du ein Kaninchen.«

»Keine Sorge, mich kriegen die nicht«, sagte mein Vater. »Hast du mal gehört, dass ich in meiner eigenen Scheune Poitín gebrannt habe, während die Polizei nur ein paar Hundert Meter weiter die Höhlen an der Küste abgesucht hat? So macht man das. Wenn die Polizei hinter dir her ist, bringt es nichts, sich vor ihnen zu verstecken. Dann kriegen sie dich in deinem Versteck. Die einzige Lösung ist, sie glauben zu machen, dass du an einem ganz anderen Ort operierst. Dann werden sie diesen Ort im Auge behalten. Oder jedenfalls werden sie sich darüber hermachen. Natürlich finden sie nichts, und dann geben sie die Jagd erst einmal auf. Also keine Angst. Mich kriegen die nicht mehr.«

»Sehr gut«, sagte Blagadán. »Ich mach dir ein neues Destilliergerät. Aber es kann dauern, bis ich es dir bringen kann, denn im Moment geht die Jagd heiß her. Hinter Dungloe wird überhaupt nicht mehr gebrannt. Sie haben Angst. Noch die Mutigsten dort haben Angst, seit diese neue Truppe nach Meenmore gekommen ist. Angeblich ist der Kommandant der pure Spürhund.«

Nach einiger Zeit bekam mein Vater sein neues Destilliergerät und versteckte es auf einer Sandbank. Dann machte er sich daran, seinen Plan in die Tat umzusetzen. Er erzählte in einem Laden im Dorf, dass er in einer bestimmten Höhle in den Vorhügeln versuchen wollte, Poitín zu brennen. Er wurde einige Male gesehen, wie er mit einem Sack auf dem Rücken in diese Richtung ging.

Aber der neue Polizeikommandant fiel auf diese Finte nicht herein. Er kam zu dem Schluss, dass mein Vater eine der Inseln aufsuchen würde. Und er hatte einen Helfer, von dem mein Vater nichts wusste – einen Spitzel aus dem Dorf. Dieser Spitzel sollte die ganze Zeit die Boote der Nachbarschaft im Auge behalten und Bescheid sagen, sowie eins nicht an seiner üblichen Stelle vertäut war.

Eines Tages begaben sich mein Vater und zwei andere Männer mit ihrer gesamten Ausrüstung auf die Insel Inishfree. An diesem Abend suchten sechs mit Gewehren bewaffnete Polizisten den kleinen Hafen von Bunbeg auf. Dort waren sechs oder sieben Fischerboote vertäut, aber die Polizisten beschlagnahmten keins davon. Sie trauten sich nicht, nachts allein im Sund zu kreuzen. Sie wussten schließlich, dass das gefährlich sein könnte. Sie hätten sich einen Lotsen gesucht, aber ihnen war gesagt worden, dass sie unmöglich einen finden würden. Die Männer von Gweedore erinnerten sich an Bruchstücke ihrer Geschichte, und sie hatten an Persönlichkeiten wie Pfarrer McFadden, Pat O'Donnell und James Martin gedacht.

Das Einzige, was den Polizisten einfiel, war, die Küstenwache zu informieren. Zwei von ihnen gingen zur Station der Küstenwache, während die anderen den Hafen bewachten, um dafür zu sorgen, dass vor ihnen kein weiteres Boot ausfahren könnte.

Blagadán war gerade in der Gegend. Er hörte, dass eine Abordnung Polizisten aus den Rosses zum Hafen von Bunbeg gekommen und dass zwei davon auf dem Weg zur Station der Küstenwache gesehen worden waren. Er ging nun davon aus, dass sie eine Razzia auf der Insel vorbereiteten, und beschloss, sich einzuschalten, und zwar sofort. Er ging zu einer kleinen Bucht in Magheralosk, wo, wie er wusste, ein Currach lag. Er schob es ins Wasser und machte sich auf den Weg zur Insel.

Ein erfahrener Lotse hätte einen Umweg genommen, um den unter Wasser verborgenen Felsen auszuweichen. Aber Blagadán wusste nichts von diesen Felsen und hielt geraden Kurs vom Festland zur Insel. Er traf dort lange vor der Polizei ein.

»Gütiger Herr!«, rief mein Vater, als Blagadán seine Geschichte erzählt hatte. »Du hast dich in furchtbare Gefahr gebracht. Ein erfahrener Lotse würde nicht einmal bei helllichtem Tage diese Strecke fahren. Stellt euch das vor«, sagte er zu den anderen Männern. »Vorbei an der Black Bar und quer über das gelbe Riff, und das bei diesem Stand der Flut. Du hast ja keine Ahnung, in welcher Gefahr du geschwebt hast.«

»Manchmal ist es besser, nicht zu wissen, wo die Gefahr

liegt«, sagte Blagadán. »Aber jetzt bin ich hier, und das ist gut so. Die Polizei wird in ungefähr einer Stunde hier eintreffen. Was habt ihr jetzt vor?«

»Uns bleibt nur eine Möglichkeit«, sagte mein Vater. »Wir müssen die Fässer leeren. Wir verstecken die Ausrüstung auf der Sandbank. Dann nehmen wir dein Currach in Schlepp und schlüpfen durch den Kanal, wenn wir ihre Ruder an der Barre hören.«

## II

Wir hatten meinen Vater nicht erwartet, als er in dieser Nacht nach Hause kam. Er erzählte uns alles, was passiert war. Ich kann mich sehr gut daran erinnern. Ich war damals acht Jahre alt.

»Es muss hier in diesem Dorf einen Spitzel geben«, sagte er. »Denn wie hätte die Polizei sonst wissen sollen, dass wir zur Insel wollten? Aber egal, ich höre mit der Poitín-Brennerei auf. Nie wieder werde ich ein Destilliergerät anwerfen ... Es ist leicht genug, die Polizei an der Nase herumzuführen. Aber dem Spitzel gegenüber ist man hilflos, weil man ja nicht weiß, wer er ist.«

»Eigentlich tut es mir nicht leid, dass du aufhörst«, sagte meine Mutter. »Die sind dir schon seit Jahren auf der Spur, und wenn sie dich erwischt hätten, hättest du die Höchststrafe zahlen müssen.«

»Das weiß ich«, entgegnete mein Vater. »Die Strafe beträgt hundert Pfund. Sie kann auf sechs reduziert werden, und das passiert fast immer. Aber in meinem Fall würde es keine Reduktion geben, und das würde bedeuten, dass wir auf der Straße landen und uns nur noch das Armenhaus als Zuflucht bliebe. Aber diesmal hat Blagadán mich gerettet. Mit Gottes Hilfe werde ich mich für den Rest meines Lebens selber retten.«

»Ist Blagadán nicht wunderbar?«, fragte meine Mutter.

»Blagadán?«, erwiderte mein Vater. »In ganz Irland gibt es nicht seinesgleichen. Gott allein weiß, wie er den Sund überquert hat. Er hielt zum ersten Mal ein Currachruder in der Hand. Er kannte den Weg nicht. Er ist auf geradem Kurs von Magheralosk zu den Inseln gefahren und hat fünf versunkene Riffe überquert. Wenn er auf eins aufgelaufen wäre, wäre das sein Ende gewesen. Wir dürfen ihm das niemals vergessen.«

»Dann wollen wir alle für ihn beten, jeden Morgen und jeden Abend«, sagte meine Mutter, »dass Gott und Seine Gebenedeite Mutter ihn beschützen und führen mögen.«

Am nächsten Tag erschienen sechs bewaffnete Polizisten bei uns. Sie durchsuchten die Scheune und den Kuhstall. Sie kamen in die Küche und stellten dort alles auf den Kopf. Sie hoben sogar das Baby aus der Wiege, aber sie fanden nichts.

Mein Vater hat uns später immer wieder diese Geschichte erzählt und die Gefahr geschildert, in der er schwebte, während Blagadán sein eigenes Leben aufs Spiel setzte, um ihn zu warnen. »Wir wären von Irlands Boden verbannt worden«, sagte er dann. »Auf ewig verbannt, wenn er nicht gewesen wäre. Wir dürfen ihn niemals vergessen. Und du, Jack«, sagte er dann zu mir, »wenn du erst erwachsen bist, halte Ausschau nach Blagadán. Stell fest, wo du ihm am wahrscheinlichsten begegnen kannst. Wenn er jemals irgendein Problem hat oder in Schwierigkeiten gerät, musst du ihm helfen. Wenn er hungrig ist, musst du deine letzte Brotkruste mit ihm teilen. Dazu bist du verpflichtet, wenn sich jemals eine solche Gelegenheit ergibt.«

Ich stellte mir dann immer vor, wie ich als großer, starker Mann Blagadán bezahlen würde, was wir ihm schuldeten. In meiner Fantasie kam ich ihm immer wieder zu Hilfe. Er wurde in der Finsternis und Einsamkeit der Schwarzen Schlucht von Wegelagerern überfallen. Ich kam in letzter Sekunde dazu, und wir beide schlugen auf die Angreifer ein, bis sie um Gnade flehten … Ich brachte sein durchgegangenes Pferd zum Stehen und bewahrte ihn vor einem entsetzlichen Tod … Er saß ohne Proviant im Sturm auf einer einsamen Insel fest. Ich ruderte in einem Currach los und brachte ihn wohlbehalten aufs Festland.

Blagadán kam nicht mehr in die Rosses. Wir wussten nicht, warum. Wir wussten nicht, wo er sich nun aufhielt, aber ich war fest entschlossen, ihn ausfindig zu machen, wenn ich groß wäre, und ihm meine zutiefst empfundene Dankbarkeit zu erweisen und meine Hilfe anzubieten, falls er die jemals brauchen sollte.

Ich wuchs heran. Ich war ein Mann, und es wurde Zeit, meine Dankbarkeit zu erweisen und mich meiner Verpflichtungen zu entledigen. Ich ging zum Sommermarkt und erkundigte mich, hatte aber keinen Erfolg.

»Ich kann dir sagen, wo du ihn findest, wenn er überhaupt im Land ist«, sagte mein Vater. »Beim Lammas-Markt in Glenties. Dahin kommen alle Kesselflicker aus dem ganzen Land.«

Als die Zeit gekommen war, ging ich zum Lammas-Markt. Dort begegnete mir ein alter Mann, der Blagadán gekannt hatte. »Der hat das Land vor Jahren verlassen«, sagte der alte

Mann. »Und ich weiß nicht genau, wo er jetzt ist. Als ich zuletzt mit ihm gesprochen habe – und das ist viele Jahre her –, sagte er, dass er mit dem Gedanken spielte, nach Amerika zu gehen. ›Das Handwerk eines Kesselflickers‹, sagte er zu mir, ›ist jetzt kaum noch etwas wert. Kein Poitín, keine Destilliergeräte. Und‹, fügte er hinzu, ›die Zeiten haben sich geändert. Die Leute benutzen kein Zinn mehr. Niemand trinkt seinen Tee noch aus einem Zinnbecher.‹ Das hat er zu mir gesagt … Jedenfalls ist er nicht mehr im Land. Da bin ich sicher, und ich bin fast gewiss, dass er nach Amerika gegangen ist, denn darüber hatte er doch gesprochen. Hast du ihn gekannt?«

»Ich habe ihn als Kind einige Male gesehen. Mein Vater kannte ihn gut und schätzte ihn sehr.«

»Alle, die Blagadán kannten, schätzten ihn sehr. Er war ein feiner Mann, in jeder Beziehung. Er war offen und ehrlich. Er war sanft wie ein Lamm und zugleich tapfer wie ein Löwe. Hast du je gehört, wie er einmal nachts in einem Currach zu einer der Inseln aufgebrochen ist, um einen Mann aus den Rosses zu retten, der dort Poitín brannte?« Und er erzählte mir die Geschichte, die ich so gut kannte.

»Dieser Mann war mein Vater«, sagte ich, als der alte Kesselflicker seinen Bericht beendet hatte. »Ich möchte Blagadán für mein Leben gern aufsuchen und meine Dankesschuld abbezahlen … Ich spiele mit dem Gedanken, nach Amerika zu gehen, aber meine Chance, ihn da zu finden, ist nicht einmal eins zu einer Million. Denk doch nur daran, wie riesig Amerika ist.«

»Ich glaube, wir könnten den Bereich ein bisschen eingrenzen«, sagte der alte Mann. »Wenn er in Amerika ist – und da bin ich mir fast sicher –, dann wirst du ihn bestimmt in New York finden. Mehr als einmal hat er mir erzählt, dass er zwei

Brüder in dieser Stadt hat. Und würdest du seinen Nacken nicht unter einer Million erkennen, so ganz ohne das winzigste Haar? Denk an das alte irische Sprichwort: Menschen kommen zusammen, Hügel und Berge nicht.«

Damit blieb mir ein Hoffnungsfunke, und deshalb beschloss ich, nach Amerika zu gehen.

## III

Ich ging zuerst nach Schottland hinüber, um das Geld für die Überfahrt zu verdienen, und ich fand Arbeit in den Schieferbrüchen bei der Stadt Broxburn in Mid-Lothian. Ich legte jeden Penny zurück, den ich irgendwie erübrigen konnte. Ich dachte immer nur an Amerika und Blagadán.

Und dann, ganz plötzlich, beschloss ich, den Atlantik nicht zu überqueren. Das ganze Projekt kam mir nun absurd vor. Wie groß war denn die Wahrscheinlichkeit, dass ich Blagadán in Amerika finden würde, selbst wenn ich sicher sein könnte, dass er sich in New York aufhielt? Ich kannte ja nicht einmal seinen Namen, von seiner Adresse ganz zu schweigen. Ich sagte mir, wie groß wäre denn die Chance, ihm an einer Straßenecke in New York zu begegnen? Es war eine Wahnsinnsidee ... Aber wenn er jemals zurückkommt – und ich hoffe bei Gott, dass er das tun wird –, dann werde ich den Wunsch meines Vaters erfüllen.

Wer hatte mich zur Vernunft gebracht? Ein schönes Mädchen von achtzehn Jahren, mit Namen Nora Sweeney. Ihr Vater hatte in Broxburn in der Edinburgh Road einen kleinen

Eisenwarenladen. Eines Tages ging ich in diesen Laden, um ein Taschenmesser zu kaufen. Dabei sah ich Nora zum ersten Mal. Nach vierzehn Tagen besaß ich eine reiche Auswahl an Eisenwaren, unter anderem einen Schraubenzieher und einen Dosenöffner.

Schließlich kannte ich Nora so gut, dass ich abends im Laden vorbeischauen konnte, ohne etwas zu kaufen. Ich lernte auch ihren Vater kennen. Er war ein kräftiger Mann mit einer weißen Mähne. Er hatte einen aufmerksamen, durchbohrenden Blick. Anfangs wirkte er nicht gerade umgänglich, aber als ich ihn besser kennenlernte, stellte ich fest, dass er verbindlich und manchmal sogar freundlich sein konnte.

Nach einiger Zeit ging ich dann sonntagnachmittags mit Nora spazieren. Ich holte sie oft bei sich zu Hause ab. Ihre Eltern waren beide freundlich und schienen sich darüber zu freuen, dass ich ihrer Tochter den Hof machte.

St. Patrick's Day kam. Sweeney begegnete mir auf der Straße, als ich unterwegs zu seinem Haus war. Er bat mich, mit ihm einen trinken zu gehen. Ich konnte diese freundliche Einladung natürlich nicht zurückweisen, obwohl ich viel lieber in seiner Küche gesessen hätte, um Nora anzusehen und mit ihr zu sprechen. Aber dann kam mir ein anderer Gedanke: Früher oder später würde ich bei diesem Mann um die Hand seiner Tochter anhalten müssen. Warum nicht heute, nach ein paar Glas?

Wir gingen in die Shamrock Bar und setzten uns. Als wir das dritte Glas fast geleert hatten, fasste ich genug Mut, um offen zu sagen: »Ich möchte Ihre Tochter heiraten. Ich liebe sie von ganzem Herzen. Ich werde alles tun, was ich kann, um sie glücklich zu machen.«

»Wie alt sind Sie?«, fragte er freundlich.

Das sagte ich ihm.

»Nun ja«, erwiderte er mit freundlicher Stimme. »Sie und Nora sind beide noch ein bisschen jung. Wenn Sie auf meinen Rat hören wollen, dann arbeiten Sie drei oder vier Jahre wie bisher und verdienen so viel, wie Sie nur können. Es ist sehr unklug für einen Mann, mit nichts zu heiraten. Das können Sie mir glauben. Ich spreche aus eigener Erfahrung. Sie sind sehr jung. Legen Sie ein wenig Geld zurück und heiraten Sie dann. Sie werden ja auf jeden Fall ein Haus brauchen … Liebe ist schon etwas Schönes, aber sie braucht ein wenig finanzielle Unterstützung.«

Das war ein Rückschlag. Aber an sich war die Lage doch nicht schlecht. Ihr Vater hatte mir immerhin eine Art Zustimmung erteilt. Die einzige Bedingung war schließlich, dass wir drei oder vier Jahre warten sollten. Niemand hätte das als unbillige Forderung bezeichnen können, schließlich war ich erst zweiundzwanzig und Nora noch keine neunzehn.

Von diesem Tag an dachte ich nur daran, wie ich Geld sparen könnte. Ich hörte auf zu rauchen. Ich machte alle Überstunden, die zu bekommen waren. Ich legte mir ein Postsparbuch zu und zahlte jeden Penny ein, den ich entbehren konnte.

Eines Tages bekam ich einen Brief von einem Vetter, der in New York lebte. Er fragte mich, ob ich noch immer nach Amerika wollte. Wenn ja, würde er mir nämlich helfen, er würde mir einen Teil des Geldes für die Überfahrt leihen.

Ich schrieb zurück und dankte für dieses Angebot. Ich sagte, ich hätte meinen Plan aufgegeben, nach Amerika zu gehen, und wollte mich in Schottland niederlassen. Ich würde das süßeste Mädchen auf der Welt heiraten. Nora Sweeney sei ihr Name.

Dann fiel mir ein, wieso ich ursprünglich an Amerika gedacht hatte. Ich hatte doch Blagadán suchen wollen. Was für eine irrwitzige Idee, sagte ich mir. Nach Amerika zu gehen, um einen Mann zu suchen, von dem ich nicht einmal den Namen wusste! Aber wenn der Zufall mich und Blagadán jemals zusammenführte – und allein der Zufall könnte das überhaupt –, würde ich ihn herzlich willkommen heißen und alles in meiner Macht Stehende tun, um ihm zu helfen, wenn er meine Hilfe brauchte.

## IV

Eines Abends im folgenden August war ich auf dem Weg zu meiner Liebsten, und sie kam mir entgegen, als ob sie schon Ausschau nach mir gehalten hätte. Ich sah auf den ersten Blick, dass sie Kummer hatte. Ihr Gesicht war düster. Ihre Miene war verstört.

»Lass uns zum Kanal hinuntergehen«, schlug sie vor.

Wir gingen einige Minuten lang in schrecklichem Schweigen weiter. Und dann kam der Donnerschlag! Sie könne mich nicht heiraten, sagte sie. Ihr Vater wolle das nicht erlauben.

»Und warum nicht?«, stammelte ich, als ich die Sprache wiedergefunden hatte.

»Er will, dass ich einen anderen heirate, den Besitzer der Kneipe unten an der Main Street.«

»Und was sagst du selbst, Nora? Wem gehört dein Herz?«

»Ich könnte den Wünschen meines Vaters nicht zuwiderhandeln.«

»Dein Vater hat kein Recht, dir in dieser Angelegenheit etwas zu befehlen. Wir werden heiraten und es ihm danach mitteilen.«

»Das kannst du nicht. Vergiss nicht, dass du in Schottland bist und ich noch minderjährig bin. Mein Vater würde dich verhaften lassen und vor Gericht bringen, und du würdest im Zuchthaus landen ... Und jedenfalls würde ich nicht gegen seinen Willen handeln.«

»Aber das ist doch alles gar nicht so. Am letzten St. Patrick's Day hat er unserer Heirat zugestimmt. Ich gehe jetzt sofort zu ihm und frage, warum er zu diesem Versprechen nicht mehr stehen will.«

»Er kommt erst ganz spät nach Hause, er ist in Geschäften in der Stadt. Wenn du mit ihm sprechen willst, dann warte bis morgen Abend. Ich bin dann nicht zu Hause. Ich kann Szenen nicht ertragen. Aber das muss ich dir sagen, seine Entscheidung steht fest.«

In dieser Nacht lag ich viele Stunden wach und erlitt Qualen, die ich nicht beschreiben kann. Als ich dann endlich einschlief, träumte ich, dass Nora und ich zum Heiraten durchgebrannt waren und dass wir voller Panik auf das Ufer des Loch Gyle zuflohen, während ihr Vater uns mit bewaffneten Soldaten verfolgte.

Ich fuhr aus dem Schlaf hoch. Ich schaute auf die Uhr. Es war erst drei. Für den Rest der Nacht lag ich wach. Die Gedanken wirbelten nur so durch mein aufgescheuchtes Hirn. Ich stellte mir viele Fragen. Wurde diese Heirat Nora aufgezwungen, oder stimmte sie zu? Bestrafte mich die Nemesis, weil ich meine Suche nach Blagadán aufgegeben hatte?

Am folgenden Abend nach Feierabend ging ich zu Sweeney, um die Sache mit ihm zu klären. Die Hausfrau öffnete die

Tür und führte mich in ein kleines Wohnzimmer. Sweeney saß vor einem Stapel von Papieren am Tisch. Wir redeten ungefähr zehn Minuten lang über andere Dinge. Aber ich spürte eine grauenhafte Spannung in der Luft.

Endlich brachte ich den Grund meines Besuches zur Sprache. »Ich möchte Nora heiraten, und ich dachte, Sie hätten nichts gegen mich.«

»Nora wird einen anderen heiraten, und damit hat sich's«, sagte Sweeney. »Mehr gibt es dazu nicht zu sagen.«

»Entschuldigen Sie, Mr Sweeney«, erwiderte ich, »Ich finde, es gibt noch eine Menge zu sagen. Am vorigen St. Patrick's Day habe ich Sie so verstanden, dass Ihre Tochter mich heiraten darf.«

»Das habe ich nie gesagt. Ich habe gesagt, Sie hätten nichts, womit Sie heiraten könnten. Ich habe Ihnen einen väterlichen Rat erteilt. Das war alles.«

»Sie haben es so ausgedrückt, dass ich Ihre Tochter heiraten dürfte, wenn ich genug Geld für ein Haus gespart hätte.«

»Es tut mir leid, wenn Sie meine Worte auf eine Weise verstanden haben, die von mir niemals beabsichtigt war.«

Ich spürte, wie in mir der Zorn aufwallte. »Das ist ungerecht«, sagte ich. »Vor allem ungerecht Ihrer Tochter gegenüber. Auch wenn Sie ihr Vater sind, können Sie sie nicht zwingen, einen Mann zu heiraten, den sie gar nicht will.«

»Wer hat denn behauptet, dass sie ihn gar nicht will? Und jedenfalls, ob sie ihn will oder nicht, Sie müssen mir die Bemerkung gestatten, dass Sie das überhaupt nichts angeht.«

»Aber Sie haben sie mir versprochen!«

»Ich sage noch einmal, dass ich nichts dergleichen getan habe, und ich kann kaum glauben, dass Sie mich dermaßen missverstanden haben.«

Das war zu viel für mich. Mein Zorn wurde stärker als meine Beherrschung. Das Spiel war ja ohnehin verloren. Und ich beschloss, diesem herzlosen alten Ränkeschmied zu erzählen, was ich von ihm hielt.

»Sie sind ein grausamer alter Kerl«, sagte ich. »Sie wissen ganz genau, dass Sie mir am letzten St. Patrick's Day versprochen haben, dass ich Ihre Tochter heiraten darf. Und jetzt nehmen Sie dieses Versprechen zurück, weil ein anderer Mann aufgetaucht ist, der mehr Geld hat als ich. Warum haben Sie das nicht offen gesagt? Das haben Sie nicht, weil Sie ein Feigling sind – ein gemeiner Feigling, den man nur verachten kann. Das sind Sie nämlich!«

»Nun ja«, sagte Sweeney und fuhr sich mit den Fingern durch seine weiße Mähne, »es hat Zeiten gegeben, wo der Mann, der mich einen Feigling nannte, seine Worte beweisen oder bereuen musste. Aber diese Zeiten liegen lange zurück. Ich bin jetzt alt. Sie sind jung. Sie können mich gefahrlos als Feigling bezeichnen – wenn Sie irgendetwas davon haben.«

Dann schaute er mich plötzlich mit einem fürchterlichen Blick an. Er hob die Hand an seinen Kopf, riss sich seine weiße Perücke ab und schleuderte sie zu Boden. Sein Kopf war so kahl wie eine Kanonenkugel.

»Ihr Vater war ein besserer Mann als Sie«, sagte er mit vor Bewegung erstickter Stimme. »Nicht im Traum hätte er mich einen Feigling genannt. Und wenn ich mich nicht sehr irre, wäre er auch nicht besonders zufrieden mit Ihnen, wenn er wüsste, was Sie hier gesagt haben. In der Nacht, in der ich mit einem Currach zu der Insel gefahren bin, nach Inishfree, um Ihren Vater vor der Polizei zu warnen, hätten weder er noch sonst irgendwer mich als Feigling bezeichnet. In jener Nacht habe ich mein Leben aufs Spiel gesetzt, um Ihren Vater zu retten. Und nicht im Traum hätte ich mir vorstellen können, dass der Sohn deines Vaters mich eines Tages als Feigling bezeichnen würde.«

# Einzelkampf

## I

Pinkín war klein, aber er war kein Schwächling. Für sein Gewicht und seine Größe war er ein gutes Arbeitsmännlein. Wenn für ihn die Zeit zum Heiraten käme, würde er keine Probleme damit haben, eine Frau zu finden. Denn zusammen mit einem schönen Stück Land hatte er auch ein schönes Stück Geld – die Erbschaft eines Onkels, der in Amerika verstorben war.

Dennoch war er mit seinem Leben nicht zufrieden. Das nun wirklich nicht. »Pinkín« war nur ein Spitzname, aber sowenig der ihm auch gefiel, unter diesem Namen war er nun einmal bekannt. Wenn ihr ihn gekannt hättet, hättet ihr gesagt, der Name sei wie für ihn geschaffen. Ihr hättet zu diesem Schluss kommen müssen, ob ihr das Wort nun verstanden hättet oder nicht. Man brauchte es nicht zu verstehen. Man brauchte nur einen Blick auf Pinkín zu werfen, und dann sagte man sich: »So entstehen eben Sprachen.«

Als Baby war er winzig klein gewesen, und daher hatte er den Spitznamen. »Mein armer Pinkín«, sagte seine Mutter immer. »Wie klein er doch ist! Aber so klein wird er nicht immer bleiben. Eines Tages wird er ein großer Mann sein. Ich habe die alten Frauen oft sagen hören, dass der Große Toal

Gallagher unten im Dorf das kleinste Baby war, das sie jemals gesehen hatten. Nicht mal so groß wie meine Faust, sagen sie. Und seht ihn euch jetzt an. Einer der größten Männer überhaupt in den Rosses. Und da kommst auch du noch an die Reihe, mein kleiner Pinkín.«

Aber er kam nicht an die Reihe. Als Baby war Pinkín ein Pinkín. Als Knabe und als Jugendlicher war er ein Pinkín. Als Mann war er ein Pinkín und nichts als ein Pinkín.

Er hätte alles dafür gegeben, groß zu sein. Es war der große Ehrgeiz seines Lebens. Es war seine gewaltige Leidenschaft. Als junger Spund hatte er von seiner Mutter ein Männerhemd bekommen. Damals trugen die Jungen in den Rosses Hemden aus ungebleichtem Kattun. Die Männer hatten rot-weiß gestreifte Hemden aus grober Baumwolle. Es war immer ein Tag der Freuden und des Frohsinns für einen Jungen, wenn er sein erstes Männerhemd bekam.

Pinkín bekam ein Männerhemd, und nun arbeitete er härter und ausdauernder als in seinen Kattuntagen. Bei kaltem Frost im Winter ging er hinaus, legte den Mantel ab und war stundenlang damit beschäftigt, Entwässerungsgräben zu reinigen oder Sumpfland umzugraben. Es war die Art von Arbeit, die auf längere Tage und wärmeres Wetter warten kann. Aber Pinkín wollte den Nachbarn zeigen, dass er ein Männerhemd trug.

Das nächste bemerkenswerte Geschehnis in seinem Leben war die Erbschaft. Alle dachten, nun würde er sich geckenhafte Gewohnheiten zulegen – sich feine Kleidung kaufen, um in den Augen der jungen Mädchen aus der Gegend attraktiv zu wirken. Aber wer das erwartete, hatte sich geirrt. Pinkíns erster Entschluss, was die Erbschaft anging, war, jeden einzelnen Penny zu horten.

Die Jahre vergingen, und Pinkín wollte heiraten. Er verschmähte mehrere heiratsfähige junge Damen aus seiner Nachbarschaft und entschied sich für eine überaus stattliche Frau aus Bannawack, die unter dem Namen Nabla Wore bekannt war. Die Nachbarn hatten ihre Kommentare zu dieser Heirat zur Hand.

»Der wird glauben, dass er selbst groß ist, wenn er eine große Frau hat.«

»Nein, das stimmt nicht. Weil er selbst klein ist, wünscht er sich zum Ausgleich große Söhne. Bestimmt kennt er das alte Sprichwort: Such dir deine Frau aus und am selben Tag auch deine Kinder.«

Wir wissen nicht genau, was ihn zu dieser Wahl getrieben hatte. Wir können nur berichten, dass er Nabla Wore heiratete, die größte und stärkste Frau in den drei Pfarreien.

Pinkín redete immer wieder über Kämpfe und Kämpfer. »Der Schwarze Jimmy Boyle hat eine mächtige Rechte«, sagte er zum Beispiel. »Vor ein paar Jahren habe ich ihn in Edinburgh gegen einen Hochländer antreten sehen. Eine mächtige Rechte, die hat er. Aber seine Fußarbeit ist schwach. Und einer, der langsam auf den Füßen ist, wird nie zu einem guten Boxer. Das ist einer der Tricks beim Spiel, und zwar einer der besten. Lass den Gegner hinter dir herrennen, bis er müde wird. Und wenn er dann erschöpft und verwirrt ist, dann gib's ihm. Und schon geht er zu Boden.«

Schließlich kam der Tag, an dem Pinkín selbst aktiv wurde. Er besuchte den Herbstmarkt in Mullineeran. Damals war ein kleiner Mann, der Smiglum genannt wurde, auf allen Jahrmärkten des Landes anzutreffen. Smiglum war Blechschmied, aber er besserte mit einem Luftgewehr und einer Zielscheibe sein Einkommen auf. Er trug einen alten

Mantel, der für einen großen Mann gemacht worden war. Er hatte die Ärmel gekürzt, den Rest aber im Originalzustand gelassen. Der Mantel war viel zu weit für ihn, und er sah darin wie verloren aus. Der Mantel fiel ihm bis über die Knie, und deshalb wirkten die Beine des Trägers noch kürzer, als sie ohnehin schon waren. Alles in allem bot Smiglum einen jämmerlichen Anblick. Aber er war ein mutiger kleiner Bursche und bereit, seinen guten Namen und sein Handwerk zu verteidigen.

Pinkín erklärte nach einigen Fehlschüssen, das Gewehr sei gezinkt und müsse immer vorbeischießen. Smiglum antwortete in einer Ausdrucksweise, die es unmöglich machte, die Diskussion mit Worten fortzusetzen. Und deshalb gingen die beiden aufeinander los. Es ist schwer, genau zu sagen – auch wenn wir es uns ja doch denken können –, wie es am Ende ausgegangen wäre, wenn ihnen erlaubt worden wäre, ihren Strauß auszufechten. Zwei oder drei von Pinkíns Nachbarn waren zugegen und trennten die Streithähne. Und daraus könnten wir schließen, dass sie keine großen Hoffnungen in Pinkíns Siegeschancen setzten.

Vielleicht war es so am besten. Es gab keinen Sieger. Aber es gab auch keinen Besiegten. Pinkín konnte behaupten, gekämpft zu haben. Das tat er, und er hatte seine eigene Version der Geschichte. »Wenn sie uns in Ruhe gelassen hätten, wäre ich bald mit ihm fertig gewesen. Er dachte, er könnte mich mit gesenktem Kopf angreifen – das größte Risiko, das man eingehen kann. Ich hab ihm einen Uppercut verpasst, und ihr könnt mir glauben, damit war er erledigt. Er taumelte und schwankte. Er zitterte wie Espenlaub. Ich wollte ihm gerade mit einem Schlag in die Magengrube den Rest geben. Aber in diesem Moment wurden meine Hände von hinten gepackt, und ich wurde festgehalten. Und sowie er eine Möglichkeit zur Flucht sah, schnappte er sich Gewehr und Zielscheibe und nahm die Beine in die Hand. Er rannte und rannte, bis die Schlucht von Glengesh hinter ihm lag. Ich wette mit euch, dass er sich mit seinem gezinkten alten Gewehr nie wieder hier bei uns blicken lässt.«

## II

Pinkín redete den ganzen Winter lang über Kämpfe. Einige Nachbarn fanden, seine Frau Nabla Wore müsse ihn zur Vernunft bringen, ihm klarmachen, egal, welche Fähigkeiten er auch besitzen mochte, ein Kämpfer sei er nicht. Andere meinten, Nabla Wore sei genauso schlimm wie Pinkín, angeblich hatte sie gesagt, sie sei froh darüber, dass die Nachbarn ihn und Smiglum getrennt hätten, denn Pinkín neige zu Jähzorn und könne in seiner Wut durchaus einen Gegner töten. Aber die, die das sagten, kannten nicht alle Tatsachen. Sie wussten nicht, dass Pinkín ein Geizhals war und dass seine Frau ihm nur ab und zu einen Shilling entlocken konnte, wenn sie das Spiel mitmachte und vorgab, ihn für einen harten Kämpfer zu halten.

Seine Schwiegermutter lebte bei ihnen im Haus. Sie machte sich keine Illusionen über Pinkíns Fähigkeiten, und das stellte sie eines Tages klar. Das kam so. Es war im Frühling, und die ersten Kartoffeln keimten im Boden. Und dann trat die Quelle vieler Fehden in den Rosses in Aktion – die Henne mit ihrer Brut. So eine Henne mit ihrer Brut kann auf einem Feld mit eben gekeimten Kartoffeln unbeschreibliches Unheil anrichten. Das ist ja auch nur natürlich: Sehr oft hat die Henne mit dem Gelege ein Dutzend hungriger Schnäbel zu füttern. Eines Tages kam ein Nachbar an Pinkíns Tür und beschwerte sich erbost über die Verwüstung, die Nabla Wores Hühner bei seinen Frühkartoffeln angerichtet hatten. Pinkíns Schwiegermutter hatte die Tür geöffnet. Auf beiden Seiten gerieten die Gemüter in Wallung.

»Wenn ihr eure Hühner nicht von meinen Kartoffeln weghaltet«, sagte der Mann, »dann werde ich allen eigenhändig den Hals umdrehen.«

»Donal«, sagte die Schwiegermutter, »man merkt sofort, dass wir keinen Mann in der Familie haben, der die Sache mit dir klären könnte. Wenn wir einen hätten, würdest du hier nicht herumschreien wie ein wütender Löwe. Ach, es ist ein Elend für die Hilflosen.«

Pinkín war mit Esel und Karren im Moor am Werk. Als er nach Hause kam, wurde ihm die Sache mit dem Huhn und den Kartoffeln des Nachbarn erzählt. Später steckte ihm eine klatschsüchtige Person, was seine Schwiegermutter gesagt hatte: Wenn wir nur einen Mann in der Familie hätten, der das mit dir klären könnte. Was natürlich bedeutete: »Wir haben hier etwas, das Hosen trägt, aber mehr haben wir nicht. Wir haben keinen Mann, den man als Mann bezeichnen könnte. Wir haben nur Pinkín.«

Pinkín sprang auf. »Ich gehe sofort zu ihm«, sagte er. »Zuerst werde ich für allen Schaden bezahlen, den das Huhn in seinen Kartoffeln angerichtet hat. Dann werde ich ihn zusammenschlagen, weil er zu meinem Haus gekommen ist, als er wusste, dass ich nicht daheim war und dass er es dann nur mit Frauen zu tun haben würde.«

»Warte lieber, bis dein Zorn sich ein bisschen gelegt hat«, sagte seine Frau. »Du weißt doch, wie jähzornig du sein kannst. Am Ende tust du dann etwas, das du hinterher bereust. Setz dich erst mal hin und rauche eine Pfeife.«

»Ich werde mich nicht hinsetzen«, sagte Pinkín, »ich geh jetzt zu dem Nachbarn und zermatsch ihm seine fette Visage auf seiner Türschwelle.«

»Ich flehe dich an!«, rief seine Frau und schlang die Arme um ihn.

»Lass mich los, Frau!«, sagte Pinkín.

Nabla Wore packte noch fester zu. Pinkíns Rippen schmerzten bereits von der Muskelkraft der Gattin. »Na gut«, keuchte er, »vielleicht hast du recht.«

»Natürlich habe ich recht«, sagte seine Frau und ließ ihn los. »Ich kenne doch dein teuflisches Temperament.«

Später sagte Pinkín zu den Nachbarn, er sei froh, auf den Rat seiner Frau gehört zu haben. »Ich hätte dem Mann am Ende Gott weiß was angetan«, sagte er. »Und das hätte ich dann sehr bereut. Aber so bin ich eben. Ich drehe einfach durch, wenn ich in Wut gerate. Und solange die Wut vorhält, könnte ich einen anderen halb totschlagen. Nur gut, dass meine Frau so vernünftig ist. Wenn sie nicht so geduldig wäre und mir so kluge Ratschläge erteilte, weiß Gott, wozu ich manchmal fähig wäre.«

Natürlich lachten die Nachbarn und verspotteten ihn, sowie er ihnen den Rücken kehrte.

»Wie gütig von Gott, ihm eine vernünftige Frau zu geben, die ihn berät und ihn zurückhält, sonst hätte er Donal Andy am Ende umgebracht.«

»Es war eher gütig von Gott, ihm eine starke Frau zu geben. Sie hat die Arme um ihn gelegt und ihn in den Schraubstock genommen, bis er um Atem rang und sich fast nicht mehr auf den Beinen halten konnte (das hat die Schwiegermutter mir erzählt). Sonst wäre er zu Donal Andy gelaufen. Und wir wissen doch, was dann passiert wäre: Donal Andy hätte ihn übers Knie gelegt und tüchtig vermöbelt.«

»Schade, dass sie ihn nicht losgelassen hat. Er wäre vielleicht zehn Meter weit gelaufen. Dann wäre er ganz plötzlich abgekühlt und hätte kehrtgemacht. Und er hätte gesagt, es wäre doch der Gipfel der Torheit gewesen, Donal Andys Blut zu vergießen, bloß weil ein Huhn ein bisschen im Kartoffelfeld herumgescharrt hatte.«

Natürlich wurde das alles Pinkín hinterbracht (denn auf der Welt wird es immer Unruhestifter geben). Er fühlte sich unbeschreiblich gedemütigt. Seine Ehre war besudelt. Und nichts könnte sie wiederherstellen als eine Tat von ungewöhnlicher Tapferkeit.

## III

Der Große Ned aus dem Tal maß mehr als eins achtzig und war breit und kräftig gebaut. Er war ein starker, aber auch ein friedlicher Mann, solange er in Ruhe gelassen wurde. Man könnte von ihm sagen, dass er über die Kräfte eines Riesen verfügte, diese aber nicht wie ein Riese einsetzte, solange er nicht dazu gezwungen wäre. So mancher hatte Ned aus keinem anderen Grund angegriffen, als um nachher sagen zu können, er habe mit dem großen Mann gekämpft. Denn Ned war nicht gefährlich. Dass die Strafe dem Vergehen entsprechen sollte, gehörte nicht zu seinen Grundsätzen. Nach seiner Überzeugung sollte die Strafe den Fähigkeiten des Gegners entsprechen. Und sehr oft beruhte der gute Ruf eines Kämpfers auf dem Umfang der Prügel, die zu verpassen Ned für angebracht gehalten hatte. Aus diesem Grund war Ned nicht gefährlich. Wenn er auf der Stirn des Ersten, der ihn angriff, eine achtzehn Zentimeter lange Wunde hinterlassen oder dem Mann den Kiefer zerschmettert hätte, wäre er vielleicht für den Rest seines Lebens in Ruhe gelassen worden. Aber so war der Große Ned nicht. Wenn man ihn angriff, bekam man so viel Strafe, wie man seiner Ansicht nach ertragen konnte, mehr aber nicht.

Was ich jetzt erzählen werde, mag seltsam klingen. Aber seltsame Dinge passieren, das war schon von Anbeginn der Zeiten so. Pinkín beschloss, mit dem Großen Ned aus dem Tal zu kämpfen.

Es war eine Verzweiflungstat. Aber Pinkín war ja auch verzweifelt. Seit der Sache mit der Bruthenne hatte der arme Pinkín unsäglich gelitten. Die Nachbarn hatten Gemeinheiten über ihn erzählt. Und was seine Schwiegermutter gesagt hatte, nagte grausam an seiner Leber, wann immer er daran dachte: »Donal, man merkt sofort, dass wir keinen Mann in der Familie haben, der die Sache mit dir klären könnte.« Das war ein grausamer Schlag gewesen. Es war eine furchtbar schmerzliche Erniedrigung. Nichts könnte seine Ehre wiederherstellen als eine Tat von unbestreitbarer Tapferkeit.

Als ihm erst der Gedanke gekommen war, gegen den Großen Ned anzutreten, konnte er sich die Sache nicht mehr aus dem Kopf schlagen. Er saß zu Hause am Kaminfeuer und schloss die Augen. Dann sah er alles vor sich. Am nächsten Markttag in Dungloe würde er vor den Großen Ned hintreten und ihn schlagen. Es würde kein langer Kampf werden. Aber das spielte keine Rolle. Noch ehe vierundzwanzig Stunden verstrichen wären, würde von Gweedore bis nach Gweebarra darüber geredet werden. Niemand würde sagen: »Der Große Ned hat Pinkín besiegt.« Nein, in Pinkíns Vorstellung würden die Gespräche so verlaufen:

»Ich habe gehört, dass Pinkín und der Große Ned heute in Dungloe auf dem Markt aneinandergeraten sind.«

»Wirklich? Aber weshalb denn?«

»Na ja, die genauen Einzelheiten kann ich dir nicht erzählen. Es ging um den Kauf einer Kuh, und offenbar hat sich der Große Ned eingeschaltet und mehr geboten. Das muss natürlich nicht stimmen. Aber jedenfalls, sie haben sich geprügelt, das weiß ich genau.«

Dann stellte Pinkín sich seine eigenen Kommentare vor und ging sie immer wieder durch. »Das ist mir doch verdammt egal. Dass er groß und stark ist, gibt ihm noch lange nicht das Recht, sich so einfach über andere hinwegzusetzen. Wahrscheinlich hat er gedacht, er brauchte mich nur mal scheel anzuschauen, und schon würde ich es mit der Angst zu tun bekommen und weglaufen. Aber ich habe ihm die Stirn geboten und mit ihm gekämpft, solange ich durchhalten konnte. Und um ganz ehrlich zu sein, er war auch schon ziemlich erschöpft … Wenn alle sich so verhielten wie ich, würde der Große Ned andere nicht dauernd überfahren.«

# IV

Der Sommermarkt kam – und er war damals das größte Fest in den Rosses. Die meisten Menschen aus zwei Pfarreien hatten sich an diesem Tag in Dungloe eingefunden. Der Große Ned aus dem Tal war dort. Und Pinkín. Sie begegneten einander einige Male auf der Straße – der eine ging in die eine Richtung, der andere kam ihm entgegen. Der Große Ned sah Pinkín nicht, aber Pinkín sah den Großen Ned.

Der Große Ned aus dem Tal ist wirklich gewaltig, dachte Pinkín. Wie groß er ist! In seinem ganzen Leben war er noch nicht so groß wie heute. Ich hoffe, er verpasst mir keinen zu harten Schlag. Schon einmal Anstupsen würde mir die Haut vom Gesicht schälen. Ich könnte mir ein Pflaster daraufkleben. Und dann würden alle sagen: »Ich habe Pinkín mit einem Pflaster auf der Stirn gesehen.« Und jemand würde antworten: »Das kann ich mir vorstellen. Er und der Große Ned aus dem Tal sind aneinandergeraten. Und eins kann ich dir sagen. Pinkín ist ein echter Schläger. So muss es doch sein. Denn nur ein echter Schläger würde schließlich mit dem Großen Ned Streit anfangen.«

Pinkín begegnete dem Großen Ned ein weiteres Mal. Ned wurde immer größer und sah immer gefährlicher aus.

Pinkín ging in Brennans Kneipe und trank ein Glas Whiskey. Das half ihm nicht. Er bat um ein zweites Glas. Das kippte er ganz schnell. Er brach in Zittern aus und verspürte ein Brennen in Hals und Brust. Er verließ die Kneipe und ging hinüber zum Viehmarkt. Auf dem Weg zurück trank er noch einen. Aber sein Mut hob sich dadurch kein bisschen.

Er setzte sich auf das Brückengeländer und versuchte nachzudenken. Sollte er das Abenteuer aufgeben und sich nicht weiter um den Großen Ned kümmern? Das wäre vielleicht das Beste. Aber dann, wie einen stählernen Dolch in seinem Herzen, spürte er die grausame Rede seiner Schwiegermutter: »Donal, man merkt sofort, dass wir keinen Mann in der Familie haben, der die Sache mit dir klären könnte.« Sein Name und seine Ehre waren befleckt, und diese Schande konnte nur durch Blut getilgt werden ... Er würde sich dieser schrecklichen Prüfung unterziehen müssen. Doch ach, wenn sie nur schon vorbei wäre! Wenn er nur in die Kneipe zurückgehen könnte, diesmal zusammen mit ein oder zwei Nachbarn – und einem Pflaster im Gesicht!

Er ging wieder die Straße hoch. Der Große Ned stand mit dem Rücken zu einer Bank vor dem Hotel. Er schien auf jemanden zu warten, denn er schaute zur Brücke hinunter. Wir wissen nicht, woran er in diesem Augenblick dachte. Aber wir können sicher sein, dass er nicht eine einzige Sekunde auf den Gedanken kam, dass Pinkín ihn gleich angreifen würde.

Jetzt oder nie, dachte Pinkín. Er ging um den Großen Ned herum und kletterte hinter ihm auf die Bank. Neds Rücken ist ja so groß wie ein Currach, dachte er. Und sein Hals so dick wie ein Baumstamm! Pinkín sprang auf die Schultern des Riesen und fing an, dessen Nacken mit seinen Fäusten zu bearbeiten.

Einige Sekunden lang wirkte der Große Ned völlig verwirrt. Er konnte nicht begreifen, was da passierte oder was ihm fehlte. War ihm eine Ader geplatzt? Verlor er gerade den Verstand? Oder wurde er vom Himmel her von einer unsichtbaren und unbekannten Macht angegriffen? Er riss den Mund auf wie ein aus dem Schlaf erwachter Hund. Dann kam er zu sich. Er streckte die Hand nach hinten aus, fasste Pinkín am Bein, zog ihn sich über die Schulter und warf ihn auf den Boden. Pinkín landete am ganzen Leib unversehrt auf seinem Hinterteil. Und da blieb er sitzen, als ob er am Boden angeklebt wäre.

Der Große Ned aus dem Tal schaute hinunter auf seinen Angreifer und identifizierte ihn. Er sagte nicht ein einziges Wort. Er spuckte auf Pinkín. Dann wandte er sich ab und wanderte mit den Händen in den Hosentaschen die Straße hinunter.

Pinkín rappelte sich auf und versteckte sich irgendwo, bis er sich ungesehen von seinen Nachbarn, die ebenfalls den Markt besuchten, aus dem Dorf schleichen könnte.

An diesem Abend, als sich die Dämmerung senkte, wurde er gesehen, wie er zur Schlucht der Schwarzen Kühe ging, mit hängendem Kopf und schweren Schritten – der Inbegriff von Kummer und Verzweiflung.

# Bei Sonnenuntergang

## I

Am Samstag nach meiner ersten Woche als Lehrer in Cleenderry wanderte ich am Strand entlang. Ich fragte mich, wie die Menschen wohl sein mochten. Waren sie freundlich? Würde ich mich bei ihnen zu Hause fühlen, wenn ich sie erst besser kennengelernt hätte? Würden sie aufregende Geschichten über ihren generationenlangen Kampf gegen das Meer erzählen können? Gab es unter ihnen einen *Seanchaí*?

Ich hatte inzwischen den Anleger erreicht. Ein alter Mann flickte dort ein Netz. »Guten Tag, Meister«, sagte er. »Willkommen in diesem Teil des Landes.«

Ich brachte ihn dazu, vom Meer zu erzählen. »Ja, es war ein hartes Leben, manchmal gefährlich. Aber wir waren es gewohnt und hätten nicht gedacht, dass es ein anderes für uns geben könnte. Doch die Zeiten ändern sich. Vor Kurzem haben einige der jungen Leute sich in den Kopf gesetzt, wegzugehen. In zwanzig Jahren werden Sie nicht mehr hier sein, Meister. Es wird hier keine Kinder geben. Und also keine Schule. Der Rest der Geschichte wird schnell erzählt sein.«

»Sagen Sie – und wie heißen Sie übrigens?«

»Michael Gallagher«, antwortete der Mann. »Ich werde Mickey Neddy genannt.«

»Also, sagen Sie mir, Mickey«, bat ich, »wenn Sie noch einmal jung sein könnten, würden Sie dann dieses Leben noch einmal führen?«

»Das allerdings, Meister, wenn ich nur an mich selbst zu denken brauchte. Ich habe das Meer geliebt, und ich liebe es noch. Ich liebe diesen Ort. Ich glaube, es gibt auf der ganzen Welt keinen anderen, der sich damit vergleichen lässt. Aber wenn ich an die Frau denke und die Qualen, die sie in all den Jahren gelitten hat. Wir waren zum Fischen draußen, und dann kam plötzlich ein Sturm auf. Wir suchten auf der nächsten Insel Zuflucht und mussten vielleicht die ganze Nacht dort verbringen. Und die armen Frauen zu Hause versuchten, die Kinder zu trösten, versuchten, ihnen Hoffnung zu machen, obwohl sie selbst doch keine hatten. Erst, als ich alt war und mit dem Fischen aufgehört hatte (dieses Netz gehört einem der Söhne), hat sie mir alles erzählt. Es war grausam, eine Frau so leiden zu lassen in den Jahren, in denen sie doch jedes kleine Vergnügen hätte auskosten müssen. – Ach, Meister«, fügte er dann hinzu. »Ich habe schon etliche schreckliche Tage und Nächte erlebt. Und auch Tage, die mir große Freude gebracht haben. Die Currach-Rennen waren immer ein wunderbarer Spaß. Ich habe vier Mal hintereinander gewonnen, und dabei bin ich gegen die Besten aus den drei Pfarreien angetreten. Beim vierten Mal musste ich einfach alles geben, um die Krone zu behalten. Da war ein junger Mann – einer von den Buckies von Inishmacdurn –, der mich an jenem Tag wirklich fast eingeholt hätte. Die anderen Boote waren auf der letzten Strecke Hunderte von Metern hinter mir. Der junge Buckie und ich lagen Kopf an Kopf, bis wir vielleicht noch hundert Meter von der Zielstange entfernt waren. Dann legte ich jedes Gramm Kraft, das ich noch hatte, in die Ruderschläge und war zwei Längen voraus. Er gab sich genauso viel Mühe. Aber ich behielt meinen kleinen Vorsprung bei und kam als Erster durchs Ziel.

An dem Tag wurde in Cleenderry gewaltig gefeiert. Aber obwohl ich gesiegt hatte, sah ich keinen Grund zur Freude. Ich hatte so ein Gefühl, dass das Ende meiner Herrschaft gekommen war. Einem anderen ging es genauso, und zwar dem Schwarzen Hughdie O'Donnell. Den sehe ich übrigens da unten auf den Felsen bei Portnamoe, ihn und seine Frau. Der arme Hughdie, der konnte wirklich erzählen, bis er alt wurde. Jetzt ist er verwirrt. Aber das ist eine andere Geschichte. Wo war ich? Bei den Currach-Rennen.«

## II

»Einige Wochen nach meinem Sieg«, fuhr der alte Mann fort, »begegnete mir der Schwarze Hughdie, und wir kamen ins Gespräch über das Rennen. Hughdie konnte ich jederzeit mein Herz ausschütten. Wir waren immer enge Freunde.

›Hughdie‹, sagte ich, ›ich fürchte, Cleenderry wird im nächsten Jahr seine Krone verlieren.‹

›Das glaube ich auch‹, sagt Hughdie. ›Aber ich wollte das nicht als Erster sagen. Dieser junge Buckie‹, sagt er, ›ist erst neunzehn. Du hast ihn in deinem wunderbaren Endspurt überholen können‹, sagt er, ›und du hast diesen kleinen Vorsprung bis zum Ende beibehalten. Aber ich fürchte, im nächsten Jahr wirst du ihn nicht mehr schlagen.‹

›Hör mal, Hughdie‹, sag ich. ›Würdest du im nächsten Jahr

gegen ihn antreten? Ich fand immer schon, dass du ein ebenso guter Currach-Mann bist wie ich. Vielleicht bist du sogar ein ganz klein wenig besser. Wie wäre es, wenn wir uns gegenseitig bei jeder Art von Wetter auf die Probe stellten?‹, sag ich. ›Mit dem Wind, gegen den Wind, bei Wind von der Seite, mit der Tide und gegen die Tide?‹

Wir kamen überein. Bei jeder sich bietenden Gelegenheit traten wir gegeneinander an. Und das können Sie mir glauben, Meister, ich habe jedes Mal absolut mein Bestes gegeben. Ich wollte im folgenden August den Sieg nach Cleenderry holen, aber ich wollte auch der Mann sein, der ihn holte. Doch am Ende wurde deutlich, dass der Schwarze Hughdie mir überlegen war. Ich war ein paar Tage lang ein bisschen traurig. Aber Gott sei Dank bin ich dann darüber hinweggekommen.

Nun gut, der fünfzehnte August rückte näher, und schon Wochen vorher war das Currach-Rennen das Hauptgesprächsthema in den drei Pfarreien. Hier in Cleenderry sagten einige Freunde und Verwandte immer wieder, ich sei ein besserer Currach-Mann als der Schwarze Hughdie und beim bevorstehenden Rennen die einzige Hoffnung für unser Dorf. Aber ich beachtete sie nicht.

Dann kam endlich der Tag. Es gab vierzehn Teilnehmer beim Currach-Rennen, und sie kamen aus so weit auseinanderliegenden Orten wie Bloody Foreland und Rosbeg. Wir machten uns bereit und nahmen unsere Plätze ein. Ein Schuss wurde abgegeben, und wir ruderten los. Nach einiger Zeit fielen zwölf Teilnehmer zurück – weit zurück –, und der Schwarze Hughdie und der junge Buckie lagen vorn und Seite an Seite. Am Ende legte der Junge den Endspurt hin. Aber gleichzeitig strengte sich der Schwarze Hughdie ein letztes

Mal an. Er pflügte an dem jungen Buckie vorbei und schlug ihn mit an die zwanzig Metern.

Wir drängten uns alle um ihn zusammen, als er an Land kam. Wir wollten ihn zu dem Zelt tragen, in dem zur Feier des Tages die Bar eingerichtet war. ›Nein‹, sagte er. ›Ich gehe zu Fuß. Und du gehst mit mir‹, sagte er zu dem jungen Buckie und nahm ihn bei der Hand.

Später, als wir alle einen tranken, nahm der Schwarze Hughdie zum zweiten Mal die Hand des jungen Mannes. ›Du schaffst es schon noch, mein Junge‹, sagte er, ›und zwar schon bald. In drei Jahren wird es kein Mann zwischen Fanad und Glen Head mehr mit dir aufnehmen können. Das kannst du mir glauben‹, sagte er.

›Das wird nicht passieren‹, sagte der Junge. ›Heute war meine letzte Chance, meine einzige Hoffnung. Im nächsten Herbst gehe ich nach Amerika‹, sagt er, und das tat er auch.«

»Großartige Geschichte, Mickey«, sagte ich. »Und Sie sagen also, das ist der Schwarze Hughdie O'Donnell da unten auf den Felsen?«

»Das ist er, mit seiner Frau.«

»Ich muss bei der ersten Gelegenheit mit ihm reden.«

»Manchmal ist er sehr interessant«, sagte Mickey. »Aber er ist verwirrt. Manchmal vergisst er, dass er alt ist, und dann plappert er drauflos. Redet darüber, was vor mehr als fünfzig Jahren passiert ist, als wäre es erst gestern gewesen. Einigen tut er sehr leid. Mir nicht. Aber seine Frau bedaure ich zutiefst. Der Armen bricht dabei wirklich das Herz. Obwohl das nicht richtig ist, sie sollte lieber an alles denken, was gut ist … Aber«, fügte er nach einer Weile hinzu, »ich weiß noch genau, wie es war, als der Schwarze Hughdie noch nicht verwirrt war. Ich erinnere mich an damals, als ein ganzes Haus voller Leute ihm einen ganzen langen Winterabend hindurch zuhörte. So hat er das Mädchen, das er dann geheiratet hat, zum ersten Mal beeindruckt. Er ist ab und zu auf eine Runde *airneál* in das Haus gekommen, in dem sie untergebracht war. Am ersten Abend war sie gerade in der Küche, als er eintrat. Danach kam sie immer, sowie sie seine Stimme hörte, aus ihrer kleinen Kammer und setzte sich zu den anderen in die Küche.

Sie müssen wissen, dass der Schwarze Hughdie alle verzaubern konnte, vor allem, wenn er von den Bildern erzählte, die er bei gutem Wetter im Sommer bei Sonnenuntergang am Himmel sah. Anfangs dachte ich, er habe das alles nur erfunden. Aber eines Abends waren er und ich gerade gleichzeitig auf der Anhöhe. Es war kurz vor Sonnenuntergang, und er sagte, ich solle durch die zerrissenen Wolken blicken. Zuerst sah ich dort nichts. Dann aber konnte ich alles sehen, wovon er sprach.

Übrigens, Meister«, sagte nun Mickey, »Sie sind doch ein gebildeter Mann und können mir das vielleicht erklären. In einem Sommer setzte ich einen Engländer über, der im Hotel in Portnoo wohnte. Er sagte, was wir sähen, werde von dem Licht verursacht, das auf dem Dunst der Wolken spielt. Er war ein ungeheuer gebildeter Mann, das sagten alle. Professor in einem College in London. Als ich nach Hause kam, schaute ich eines Abends beim Schwarzen Hughdie vorbei und erzählte ihm, was der Professor aus London gesagt hatte. ›Ich nenne es lieber die Insel der Seligen‹, sagt Hughdie. ›Diese Dummköpfe‹, sagte seine Frau. ›Kein Wunder, dass sie uns nicht regieren können, auch wenn sie es seit sieben Jahrhunderten versuchen.‹

Aber ich schweife ab, Meister. Dieses Mädchen hatte also

ein Auge auf den Schwarzen Hughdie geworfen. Und auch er mochte sie gern. Aber er dachte, sie sei von ihm so weit entfernt wie die Sterne. Er hätte nie zu hoffen gewagt, dass sie ihn heiraten würde. Doch der Tag des Currach-Rennens öffnete für ihn das Tor zum Himmel, wie er immer sagte. Im folgenden Frühling wurde geheiratet. Sie sehen also, Meister, der Schwarze Hughdie hat an jenem Tag nicht nur das Currach-Rennen gewonnen, sondern auch die Hand einer schönen Frau.«

»Das ist eine großartige Geschichte, Mickey«, sagte ich. »Einfach eine großartige Geschichte. Aber Sie haben etwas über das Haus gesagt, in dem sie untergebracht war. Stammt sie nicht aus Cleenderry?«

»Nein, sie stammt aus Dublin«, antwortete der alte Mann. »Sie war Lehrerin. Sie hat vierzig Jahre lang hier in Cleenderry unterrichtet. Nicht dort, wo Sie jetzt sind. Das alte Schulhaus lag hinter der Anhöhe, am Weg nach Moycross.«

## III

»Ich bin sicher, sie wird Sie bald zu sich einladen«, fuhr der alte Mann fort. »Und ich hoffe, Sie werden die beiden so oft besuchen, wie Sie können. Es wird ihr guttun, mit Ihnen zu reden. Die Arme ist so traurig. Ich habe in meinem ganzen Leben kein traurigeres Gesicht gesehen.«

»Hat sie denn einen Grund zu einer so tiefen Trauer?«, fragte ich und dachte, sie habe vielleicht Kinder gehabt und einige davon verloren. Vielleicht, dachte ich, hatte sie nur ein Kind, nur ein einziges Kind, und das sei einer tödlichen Krankheit erlegen. Dass es sie am einen Tag angelächelt habe und dann wenige Tage darauf in ihren Armen gestorben sei. Ich erzählte dem alten Mickey, was mir da durch den Kopf gegangen war.

»Sie hatte neun Kinder«, sagte der alte Mann. »Und alle leben noch. Ihre Eltern waren durchaus nicht einverstanden mit ihrer Heirat. Sie konnten nicht begreifen, warum sie sich in der Wildnis von Donegal begraben und zu allem Überfluss auch noch einen Fischer heiraten wollte. Aber sie war ein Einzelkind. Und bei ihrem Tod hinterließen sie ihr alles, was sie besaßen. Sie hat gut für ihre Kinder gesorgt. Hat sie allesamt aufs College gehen lassen. Sie sind schon seit vielen Jahren nicht mehr hier. Alle sind verheiratet, ein oder zwei von ihren Enkelkindern ebenfalls. Sie hatte alles, was man sich im Leben wünschen kann, ehe ihr dann dieses Kreuz auferlegt wurde. Aber ich nehme an, Meister, das widerfährt uns allen irgendwann. Wenn nicht auf die eine Weise, dann auf eine andere.

Aber, mein Gott«, sagte er dann, »es hat eine Zeit gegeben, da war sie nicht so traurig und verhärmt, und es ist noch nicht viele Jahre her. Und in ihren jungen Jahren, da konnte sie wirklich singen! Auf dem Weg zur Schule fing sie an Sommermorgen oft an zu singen. Und man hätte es für den Gesang der Lerche in der Morgendämmerung halten können, so fröhlich war es. Wie die alten Leute vor langer Zeit sagten, wenn man in einer Stunde sterben müsste und es wüsste, würde man ihr beim Singen zuhören wollen. Und sie kannte so schöne Lieder, *My Lagan Love*, *Bantry Bay* und *The Kerry Dancing*. Vor allem *The Kerry Dancing*.

Ich kann Ihnen eine Geschichte erzählen, Meister«, sagte der alte Mann, als wolle er nun das Thema wechseln.

»Dann los, Mickey, Sie kennen so wunderbare Geschichten«, erwiderte ich. Denn inzwischen hatte ich entdeckt, dass er seine eigene Methode besaß, Orte und Geschehnisse zusammenzubringen, und dass er, obwohl er bisweilen von seinem eigentlichen Thema abschweifte, auch seine Methoden hatte, um darauf zurückzukommen.

»Ich war in diesem Sommer beim Lachsfischen«, fing er an, »auf Shamey Mores Boot, ich und vier andere. An einem Abend wollten wir um sechs Uhr los, gerade beim Gezeitenwechsel. Ungefähr eine Stunde ehe wir aufbrechen wollten, kam ich auf die Idee, im Currach loszufahren und kurz einen Blick auf die Hummerkörbe zu werfen, die ich beim Grauen Felsen ausgelegt hatte. Ich glaubte, ich hätte mehr als genug Zeit, bis zu unserem Aufbruch hin und zurück zu rudern. Stattdessen kam ich mehr als anderthalb Stunden zu spät. Die anderen standen an der Helling und warteten auf mich.

›Wo zum Henker hast du dich denn rumgetrieben?‹, fragte Shamey More mit einem Blick wie ein Tiger. Ich hatte noch nie bei irgendwem einen solchen Zorn gesehen.

›Ich war beim Grauen Felsen, um nach meinen Hummerkörben zu sehen‹, sagte ich. ›Und dann hatte ich plötzlich schreckliches Seitenstechen. Ich musste in die Bucht fahren und lag da anderthalb Stunden. Ich dachte‹, sag ich, ›mein letztes Stündlein hat geschlagen.‹

Sofort wurde Shamey Mores Miene sanft. ›Dann geh nach Hause und leg dich ins Bett‹, sagt er.

›Nein‹, sag ich. ›Jetzt geht es mir wieder gut.‹

Alle redeten mir zu, nach Hause zu gehen, aber das wollte ich nicht. Also gingen wir an Bord und fuhren los. Inzwischen konnten wir vor dem Horizont die weißen Segel von fast zwei Dutzend Booten sehen.

›Es ist zu spät, um so weit rauszufahren, wie wir eigentlich wollten‹, sagte Shamey More später. ›Wenn es dunkel wird‹, sagt er, ›dann werfen wir die Netze gleich vor der Landzunge aus.‹

Uns blieb nichts anderes übrig, deshalb machten wir es so. Kurz vor Anbruch der Morgendämmerung holten wir die Netze ein. Und was sagen Sie jetzt, Meister! Es war der größte Lachsfang, der seit Jahren in Rosbeg getätigt worden war. Und die Boote, die viele Meilen weit hinausgefahren waren, die kamen allesamt ohne einen einzigen Fischschwanz zurück!«

»Und was war die Wahrheit?«, fragte ich.

»Die Wahrheit war, Meister«, antwortete er, »dass ich gar kein Seitenstechen hatte. Ich wollte nach den Hummerkörben sehen und hatte Zeit genug. Mrs O'Donnell saß mit vier oder fünf von ihren Kindern im Gras. Als ich das Rote Kliff erreicht hatte, fing sie an, *The Kerry Dancing* zu singen. Ich legte das Ruder quer über das Currach und stützte die Ellbogen darauf. Und ich war wie verzaubert. Ehrlich, Meister, ich dachte, ich könnte die jungen Leute sehen, wie sie sich an einem Sommerabend im Tal trafen. Sie sang ein Lied nach dem anderen und endete wieder mit *The Kerry Dancing*. Diesen Abend werde ich niemals vergessen, Meister, nie und nimmer.«

»Ob wir sie wohl überreden könnten, jetzt dieses Lied zu singen?«, fragte ich.

»Manchmal singt sie ein paar Zeilen der letzten Strophe«, erwiderte er. »Aber ihre Stimme ist alt und schwach, und wo es früher Freude und Frohsinn gab, sind jetzt nur noch Kummer und Traurigkeit. Eigentlich finde ich, dass sie für eine gebildete Frau nicht so richtig vernünftig ist. Man sollte doch denken, dass ihr der Gedanke kommt, dass alles viel schlimmer sein könnte. Was, wenn der Schwarze Hughdie ein Invalide wäre, der sein Bett nicht vergessen kann, oder was, wenn er an Krebs sterben müsste und keine Heilung möglich wäre. Oder wenn er tot wäre und sie allein hier unten, dann hätte sie Grund zu Trauer und Tränen. Das habe ich ihr eines Tages im vergangenen Jahr gesagt (wir haben uns immer gut verstanden, müssen Sie wissen). Aber das hatte keinen Zweck … Doch sehen Sie nur! Jetzt kommen sie in unsere Richtung!«

Die anderen hatten den Anleger erreicht. Die alte Frau reichte mir als Erstem die Hand. »Seien Sie willkommen in unserem Dorf«, sagte sie. »Ich hoffe, Sie werden hier glücklich sein.«

Dann hieß der alte Mann mich willkommen. Danach sprach er über alles Mögliche. Fischte ich gern? Wurde auch aus meinem Landesteil so viel ausgewandert? Was wusste ich über den Landkrieg in Gweedore? Er redete mehr als zehn Minuten lang sehr verständig über mehrere Themen. Und ich konnte absolut nicht begreifen, wieso Mickey Neddy behauptet hatte, dieser Mann sei verwirrt.

Die alte Frau saß jetzt unten auf der Treppe zum Brackwasser und starrte hinaus auf das offene Meer. Ab und zu schaute ich aus dem Augenwinkel zu ihr hinüber, und ich hatte wirklich in meinem ganzen Leben kein traurigeres Gesicht gesehen. Endlich stand sie auf und sagte etwas zu mir. »Haben Sie morgen Abend schon etwas Besonderes vor, Meister?«, fragte sie mich.

»Nein, Mrs O'Donnell«, antwortete ich.

»Würden Sie dann zum Tee zu uns kommen? Sagen wir um sechs?«

Ich freute mich sehr über diese Einladung. Ich wollte gern

mit der alten Frau sprechen. Vielleicht, dachte ich, so alt sie auch ist und so jung und unerfahren ich auch sein mag, könnte ich sie doch ein wenig beeinflussen.

## IV

Gegen halb sechs am Sonntagnachmittag kam ich zum Haus des Schwarzen Hughdie. Der alte Mann schlief in einem Sessel in der Ecke beim Kamin. Die alte Frau zeigte auf das Sofa. Sie nahm mir gegenüber Platz, und wir kamen ins Gespräch.

»Wie lange sind Sie jetzt schon hier, Mrs O'Donnell?«, fragte ich.

»Im nächsten Januar werden es vierundfünfzig Jahre«, antwortete sie. »Ich werde niemals den Tag vergessen, an dem ich gekommen bin. Die Reise dauerte zwei Tage. Am ersten Tag von Dublin nach Strabane. Am zweiten Tag habe ich die alte Bahn von Strabane nach Fintown genommen. Und von Fintown hierher die Postkutsche. Das allein hat fast drei Stunden gedauert. Ich werde diese Fahrt nie vergessen. Die verschneiten Berge und auf allen Seiten meilenweit ödes Moorland. Ich war bis ins Knochenmark erfroren. Und können Sie sich vorstellen, was ich dabei dachte, Meister? Ich war fest entschlossen, am nächsten Tag wieder nach Hause zu fahren.

Aber ich kam hier an. Ich suchte den Chorherrn Brennan auf, der für die Schule zuständig war, der Herr sei seiner Seele gnädig, und das Erste, was ich zu ihm sagte, war, dass ich am nächsten Morgen unverzüglich nach Dublin zurückkehren würde. ›Na ja, Miss Tracey‹, sagte er, ›in gewisser Hinsicht kann ich Ihnen da nur schwer einen Vorwurf machen, schließlich sind Sie in Dublin geboren und dort aufgewachsen. Aber‹, fügte er hinzu, ›jetzt stecke ich in einer ziemlichen Klemme. Ich bin gar nicht auf die Idee gekommen, dass Sie vielleicht nicht bleiben würden. Sonst hätte ich mich für eine der anderen Bewerberinnen entschieden. Und da finde ich es doch berechtigt, wenn ich Sie inständig bitte, für drei Monate hierzubleiben.‹ Alles in allem fand ich diese Bitte gar nicht unbillig. Also stimmte ich zu. Die drei Monate waren noch nicht zu Ende, als ich Cleenderry schon lieb gewonnen hatte. Später lernte ich Hughdie O'Donnell kennen. Und nach einiger Zeit heirateten wir dann. Seither war ich nur selten zu Besuch in Dublin. Und damit ist auch Schluss, seit meine Eltern nicht mehr leben. –

Wir bekommen hier nicht viel Besuch«, sagte sie, als ob sie das Thema wechseln wollte. »Natürlich ist es noch früh im Jahr. Ich habe gehört, im Hotel wohnen jetzt nur zwei ältere Geistliche und ein junges Paar auf Hochzeitsreise.«

»Das junge Paar habe ich gestern auf den Felsen gesehen«, sagte ich. »Ihr Lachen war noch eine Meile entfernt zu hören.«

»Das Lachen wird ihnen bald vergehen«, sagte sie. »Die armen Kindchen, sie haben doch keine Ahnung, was ihnen bevorsteht.«

Die Einstellung der alten Frau gefiel mir nicht. Ich fand, sie dürfe nicht vergessen, dass sie auch allerlei Grund zur Dankbarkeit hatte. Warum sollte sie zu dem Schluss kommen, dass der Menschheit auf Erden nur trostloses Elend beschieden sei, weil ihr Mann in seinem Alter ab und zu in Verwirrung geriet? Das hätte ich ihr gern gesagt, aber es war schwer, es auszusprechen. Sie sah so traurig aus. Ihre Stimme klang so traurig. Ich würde das Thema behutsam zur Sprache bringen müssen. Ungeheuer behutsam.

»Die Landschaft hier ist wunderschön«, meinte ich.

»Das stimmt«, sie seufzte. »Aber man braucht Zeit, um das Himmlische daran zu sehen. Ich weiß noch, wie mir das zum ersten Mal passiert ist. Früher an dem Tag hatte es in der Bucht eine Regatta gegeben. Cleenderry hatte das Currach-Rennen gewonnen, und der Jubel kannte keine Grenzen. Hughdie und ich standen auf der Anhöhe. ›Sieh dir die Wolken über dem Sonnenuntergang an‹, sagte er. Das tat ich. Zuerst konnte ich nichts Wunderbares entdecken. Dann, ganz plötzlich, ging es mir auf. Ich sah – aber warum soll ich versuchen, zu beschreiben, was ich nicht werde beschreiben können? Ist es ein Wunder, dass dieser Anblick die Insel der Seligen genannt worden ist? Ach, wenn ich es nur noch einmal so sehen könnte wie an jenem Abend! Aber das kann ich nicht. Dieses Geschenk ist mir nicht gewährt worden.«

Nun erwachte der alte Mann und setzte sich in seinem Sessel auf. Sein Gesicht strahlte vor Glück. In seinen Augen war Freude zu sehen. Und ohne mich oder seine Frau anzusprechen, fing er an zu reden. »Gestern Abend war es unbeschreiblich schön«, sagte er. Und er lieferte einen Strom der bildreichsten und fantastischsten Sprache, die ich jemals gehört hatte, und beschrieb den Anblick, der ihm bei Sonnenuntergang am Vorabend zuteilgeworden war.

»Gestern war ein wunderbarer Tag für mich«, fügte er hinzu. »Daran werde ich mich erinnern, bis ich sterbe. Und ich weiß, auch Margaret wird sich daran erinnern. Gestern war zudem ein wunderbarer Tag für Cleenderry. Es war ein wirklich harter Kampf. Dieser Junge von Inishmacdurn hat es in sich, er hat es wirklich in sich. Rudert mit kurzen, raschen Schlägen, wenn er zum Endspurt ansetzt. Seine Schläge sind mir schon voriges Jahr aufgefallen, und ich habe sie monatelang geübt. Als wir noch zweihundert Meter von der Zielstange entfernt waren, wusste ich, dass ich ihn geschlagen hatte. Im nächsten Jahr wird er nicht wieder mitmachen, er geht im Herbst nach Amerika. Einige sagen, dass er nach fünf Jahren zurückkommen wird. Wenn er das tut und wenn er beim Wettrudern wieder antritt, wird er mich besiegen. Und wenn es so weit ist, dann hoffe ich, dass ich ein Mann sein und ihm viele weitere Siege dieser Art wünschen werde. Ich meine, ich will ihm nicht nur die Hand schütteln und ihm gratulieren. Ich habe Männer erlebt, die das getan haben, während gleichzeitig ihre Herzen vor Neid und Missgunst loderten. Nein, ich hoffe, ich werde jemanden bewundern und ehren können, der besser ist als ich. Das ist das Beste, was man tun kann. Und ich habe das Beispiel von Mickey Neddy. Voriges Jahr wusste Mickey, dass ich den jungen Buckie zum letzten Mal besiegen könnte. Er kam zu mir und wollte, dass wir gegeneinander antraten. Das taten wir, und zwar bei jeder Art von Wetter. ›Hughdie‹, sagte er zu mir, ›du bist der Bessere. Du wirst im nächsten August die Krone von Cleenderry verteidigen.‹ Genau das hat er gesagt … Es gibt Männer – und einige davon hier im Dorf –, die lieber den Fremden siegen sehen würden, wenn sie es schon selbst nicht können. Aber nicht Mickey Neddy. Gestern Abend war er der glücklichste Mann in Cleenderry.«

Er verstummte. Nach einigen Minuten steckte er sich die Pfeife an. Dann fing er an, vernünftig zu sprechen. Der Augenblick der Verwirrung war vorüber, und er spielte nicht weiter darauf an, was er uns erzählt hatte.

Wir nahmen am Teetisch Platz. Der alte Mann war in ungeheuer redseliger Stimmung. Er sprach über den Niedergang der Fischerei. »Die großen Boote sind der eine Grund«, sagte er. »Die großen Boote, die weit draußen auf dem Meer unterwegs sind und die Schwärme daran hindern, in Landnähe zu kommen. Wir hier können uns solche teuren Boote und Ausrüstung nicht leisten. Andererseits sind einige von unseren jungen Leuten jetzt unzufrieden. Sie denken an Auswanderung, vor allem die Mädchen. Das ist immer ein sicheres Anzeichen dafür, dass in einer Gegend der Verfall eingesetzt hat – wenn die jungen Frauen gehen. Das sehe ich auch für Cleenderry kommen. Und es ist zu traurig. Denn es ist schön hier. Sogar Fremden gefällt es auf die Dauer.

Dieses Mädel hier, als sie vor dreiundfünfzig Jahren herkam, konnte sie nicht begreifen, wie jemand an einem solchen Ort leben konnte. Als sie von Fintown aus auf dem Außensitz einer alten Postkutsche durch die trostlosen Moore fuhr, war sie fest entschlossen, gleich am nächsten Tag nach Dublin zurückzukehren. Aber nach dem ersten Sommer wäre sie um keinen Preis der Welt wieder weggegangen. Stimmt das nicht, Margaret?«

»Das stimmt«, sagte die alte Frau mit schwacher Stimme, und mehr sagte sie nicht.

»Ich glaube, ich geb der Kuh was zu trinken«, sagte der alte Mann und stand auf. »Dann könnt ihr zwei euch in Ruhe unterhalten. Ihr habt euch sicher eine Menge zu sagen, was Leute wie ich ohnehin nicht verstehen könnten.«

Ich habe zwei Dinge zu sagen, dachte ich, wenn ich genug Mut dazu aufbringen kann. Und es wird nicht um Unterricht oder Lehrpläne gehen. Ich hoffe, ich bringe es auf irgendeine Weise heraus, dass sie keinen Grund zu Trauer oder Kummer hat. Dass ihr Gatte noch immer ein feiner, aufmerksamer und umgänglicher Mann sei und dass eine gelegentliche Gedächtnisverwirrung bei einem alten Menschen keinen Grund zur Besorgnis darstelle. Wie sollte ich sie dazu bringen, mir zuzuhören? Was wäre die beste Herangehensweise? Würde ich an ihre weibliche Eitelkeit appellieren? Ja, das würde ich.

»Mrs O'Donnell«, begann ich, als wir das Haus für uns hatten. »Ich glaube, Sie haben eine wunderbare Gesangsstimme.«

»Wer hat Ihnen das erzählt?«

»Mickey Neddy.«

»Das sieht ihm ähnlich. Mickey war immer schon so großherzig.«

»Er hat mir erzählt, dass er vor langer Zeit eines Abends wie verzaubert in seinem Currach saß und zuhörte, wie Sie *The Kerry Dancing* sangen.«

»Diese Geschichte habe ich auch gehört. Das war der Abend des wunderbar reichen Fischfangs«, sagte sie in einem schwachen Versuch, zu lächeln. »Es war eins meiner Lieblingslieder, als ich jung war. Ich glaube auch, dass ich es gar nicht schlecht gesungen habe. Das wurde mir jedenfalls in Dublin gesagt, und die Leute in Dublin haben ein gutes Gehör für Musik.«

»Also, Mrs O'Donnell. Eine Bitte. Würden Sie *The Kerry Dancing* für mich singen?«

»Es tut mir sehr, sehr leid, Meister, Ihnen diese Bitte abschlagen zu müssen. Ich könnte dieses Lied jetzt nicht singen. Es würde mir das Herz brechen«, fuhr sie fort und wechselte das Thema.

»So funktioniert sein Gehirn also«, sagte sie und meinte damit ihren Mann. »Er könnte heute einen Roman lesen und

Ihnen morgen die ganze Geschichte bis ins Detail erzählen. Aber bei Dingen, die lange zurückliegen, gerät er durcheinander. Er hat Ihnen eben von einer Regatta erzählt, einem Currach-Rennen, an dem er teilgenommen hat, und von den Bildern, die er und ich im Sonnenuntergang am Himmel gesehen haben. Das alles stimmte in allen Einzelheiten. Aber er dachte, es sei gestern passiert. Zweiundfünfzig Jahre sind, ohne dass er es merkte, aus dem Bild verschwunden. Für ihn war das alles gestern. Solange dieser Zauber vorhielt, erlebte er diesen strahlenden Tag seiner Jugend noch einmal ... Er hat vielleicht jetzt für eine Woche oder noch länger keinen solchen Anfall mehr. Oft liegt es daran, wie sein Geist angeregt wird, durch das, was er sieht oder hört, vor allem, wenn er nur halb wach ist. Aber ihm ist das egal. Er versucht sich nie zu erklären, bittet nachher nie um Entschuldigung.«

»Warum sollte er um Entschuldigung bitten? Wenn jemand Kopfschmerzen oder anderweitige Schmerzen hat, warum sollte man dafür von ihm eine Entschuldigung erwarten? Und warum sollte Ihr lieber Mann sich für eine gelegentliche Gedächtnisverwirrung entschuldigen müssen?«

»So habe ich das nicht gemeint«, erwiderte sie, und nun traten ihr Tränen in die Augen. »Nein«, erklärte sie, »was ich gemeint habe, ist, dass es ihm egal ist. Er ist glücklich. So glücklich, wie jemand in diesem Alter nur sein kann.«

Dann begann sie zu weinen. Die Tränen strömten ihr über die Wangen. Ihr ganzer Leib bebte vor Bewegung.

Mir blieb nichts anderes übrig, fand ich, als sie sich ausweinen zu lassen und dann, wenn sie sich beruhigt hätte, zu versuchen, vernünftig mit ihr zu sprechen. Denn verflixt noch mal, an ihrem Mann war doch wirklich nicht viel auszusetzen. Ein Gedächtnisschwund, der nur einige Minuten vorhielt, und das nicht häufiger als einmal die Woche. Ich kannte alte Frauen, die darüber lachen würden.

»Hören Sie mir bitte zu, liebe Mrs O'Donnell«, fing ich an, als ich dachte, sie habe sich ausreichend beruhigt, um mir zuzuhören. »Ich würde Ihnen gern einen Rat geben, einen Rat, der Ihnen guttun wird.«

»Ich weiß Ihre guten Absichten durchaus zu schätzen, Meister«, erwiderte sie. »Aber Sie sind zu jung, um mir irgendwelche Ratschläge zu erteilen. Fünfzig Jahre zu jung. Sie verstehen das Alter nicht. Sie verstehen den Grund meines Kummers nicht. Das weiß ich ... Wenn ich an die Vergangenheit denke, die Vergangenheit, die für mich für immer verloren ist. Und wenn ich Hughdie in einem seiner verwirrten Augenblicke erlebe, da spüre ich, wie mir das Herz gefriert ... Vielleicht bin ich eine kleinliche, elende Seele, der leider die Tugend der Schicksalsergebenheit fehlt. Vielleicht irre ich, wenn ich finde, dass ich genauso viel Recht auf Glück bis zum Schluss wie alle anderen habe ... Es heißt, wahre Liebe solle vor allem das Glück des Gegenübers anstreben. Aber so weit habe ich es noch nicht gebracht. Wenn ich sehe, wie er in der Verwirrung versinkt und ein halbes Jahrhundert ausschaltet, wenn ich sehe, wie er heute noch einmal eine Szene erlebt, die fünfzig Jahre zurückliegt, und wenn ich seine Augen vor Freude leuchten sehe, dann beneide ich ihn. Und es macht mich unbeschreiblich traurig, dass ich nicht so sein kann wie er. Ich bin traurig, und ich weine stundenlang, weil mir die Gabe fehlt, wieder jung werden zu können, und sei es nur für wenige Minuten, einmal pro Woche. Ach, ich wünschte so sehr, ich hätte Hughdies Gabe. Die Gabe, noch einmal zurückzuholen

Eine dieser Freudenstunden,
vergangen, ach, wie die Jugend, zu schnell.«

# Maifest-Zauber

## I

In meiner Jugend gab es in den Rosses noch ein *Geas* zum Maifest. Dinneen definiert *Geas* als ein feierliches Gebot vor allem magischer Natur, dessen Verletzung zu großem Unglück bis hin zum Tod führen konnte.

In der Zeit, über die ich schreibe, wäre kein Mann aus den Rosses auf die Idee gekommen, am Maifest aufs Meer hinauszufahren. Das Wetter konnte noch so schön und die See noch so ruhig sein, immer blieb die Gefahr. Und wollte einer der jungen Männer dagegen aufbegehren und sagte, das alles sei blöder Aberglaube aus den Tagen der Großväter und sollte in aufgeklärten Zeiten wie heute endlich ignoriert werden, so erzählte man ihm eine Geschichte. Das war die Geschichte des Billy More von der Insel Inishglaise, der am Tag des Maifests zum Festland übersetzen wollte. Es war ein windstiller Tag, das Meer so friedlich wie ein Ententeich. Billy beschloss also, zum Festland zu fahren. Während er mit seinen Vorbereitungen beschäftigt war, kamen viele Inselbewohner hinunter zum Strand. Sie beschworen ihn – manche gar mit Tränen in den Augen –, das *Geas* zu ehren und nicht hinauszufahren. Billy lachte sie aus. Er war fest entschlossen, diesem albernen Aberglauben ein Ende zu bereiten. Schon in wenigen Jahren, so sagte er, würde jedermann am Maifest genauso zur See fahren wie an jedem anderen Tag im Jahr, gutes Wetter vorausgesetzt. Er ließ sein Currach zu Wasser, kniete sich in den Bug und stieß sich von der Küste ab. Die Bewohner der Insel standen da und schauten ihm nach. Er kam bis zur Hälfte der Meerenge, ohne dass etwas passiert wäre. Bald hatte er drei Viertel der Strecke hinter sich. War das *Geas* am Ende wirklich nur alberner Aberglaube? Aber dann traf ihn aus dem Nichts eine Sturmböe und brachte sein gebrechliches Gefährt zum Kentern. Selbstverständlich ertrank er auf der Stelle.

Diese und ähnliche Geschichten wurden jedem erzählt, der sagte, er glaube nicht an das *Geas* zum Maifest.

Carry Villy hatte seine ganz persönlichen Eigenarten. Schon seit frühester Kindheit wollte er immer im Mittelpunkt stehen. Er wollte anders sein als die anderen Jungen in seinem Alter. Er gab vor, nicht an die alten Legenden zu glauben. Die Insel der Seligen, die man an klaren Tagen am westlichen Horizont über dem Rand des Ozeans erkennen konnte, sei, so sagte er, nicht mehr und nicht weniger als das Spiel der Sonnenstrahlen in bestimmten Wolkengebilden bei Abenddämmerung. In Tormore gab es eine Klippe, auf der dem Volksmund nach noch nie ein in den Wind geäußerter Wunsch abgeschlagen worden war. Das sei zwar richtig, meinte Carry, aber nur insofern, als noch nie jemand da hinaus auf diese gefährliche Klippe geklettert sei. Und was die drei Felsen vor Arranmore anging, der Legende nach Druiden, die Columcille einst zu Stein verwandelt hatte, sei das ja wohl die albernste Narretei, die man sich überhaupt vorstellen könne. Und so verhielt es sich ihm zufolge auch mit allen anderen *Geasa*.

Folglich war damit zu rechnen, dass sich auch das *Geas* zum Maifest Carrys Verdammung nicht würde entziehen können. Wieder und wieder sagte er, das Ganze sei blanker Unsinn. Wieder und wieder wurde ihm von den Tragödien erzählt, denen all jene anheimgefallen waren, die dagegen verstoßen hatten. Alles reiner Zufall, sagte Carry ein ums andere Mal. So etwas konnte einem jeden Tag passieren.

»Du hast gut reden«, sagte der alte Murchadh Antoin eines Tages. »Reden ist leicht. Nichts leichter als das. Ich bin über vierundachtzig Jahre alt und habe in meinem Leben schon so viel Gerede gehört. Seit vier Generationen höre ich die jungen Männer sagen, das Maifest-*Geas* sei nur alberner Aberglaube. Aber mehr ist daraus nie geworden. Keiner von ihnen hat es je gewagt, an diesem Tag aufs Meer hinauszufahren.«

Carry fasste das natürlich als Herausforderung auf. Ihm blieb auch kaum etwas anderes übrig. Er musste seinen propagierten Ansichten Taten folgen lassen oder aber von jetzt an zu einer ganzen Menge Themen den Mund halten. Was er keineswegs vorhatte. Er wollte, dass man weiterhin über ihn redete. Er wollte bekannt sein. In einer späteren Generation wäre er sicher ein erfolgreicher Politiker geworden. In den Tagen unserer Geschichte aber gab es diese Möglichkeit für ihn leider nicht.

Murchadh Antoins Worte brannten sich tief in sein Gehirn. Er musste dem *Geas* trotzen oder aber schweigen. Es war bereits Mitte April. Carry traf seine Entscheidung. Gutes Wetter vorausgesetzt, würde er am Tag des Maifests sein Currach besteigen und hinüber nach Illanala fahren.

## II

Sally O'Donnell war ein bildhübsches junges Mädchen. Gleich zwei Männer wollten sie heiraten. Der eine war der Große Murty McGrenra, zugegeben der stattlichste junge Mann in der ganzen Pfarre. Er war ein fähiger Seefahrer und ging oft Risiken ein, denen kein anderer Mann sich ausgesetzt hätte. An Körperkraft und Können im Umgang mit dem Currach konnte ihm in diesen Tagen niemand das Wasser reichen. Oft wurde er in einem Atemzug mit Oweneen Harlais genannt, dem genialsten Currach-Mann der letzten Generationen.

Würde Sally O'Donnell ihn ehelichen? Sicherlich sprach einiges für ihn. Vor allem, dass Sally ihn gernhatte. Außerdem hielten ihre Großeltern viel von ihm. Sollte Sally ihn heiraten, könnten die beiden ins Haus des greisen Paars einziehen und es so, über kurz oder lang, ihr Eigen nennen. Und das war eine Überlegung, die kein junges Paar, das an Heirat dachte, leichthin abtun konnte.

Der zweite Freier war Shamey McGarrigle. Shamey war ein fleißiger junger Mann mit vorzüglichen Manieren. Darüber hinaus war er von sanftmütiger Natur.

Wie würde sich Sally am Ende entscheiden? Beide Anwärter um ihre Hand hatten sehr gute Argumente, die für sie sprachen. Welcher der beiden würde der Glückliche sein? Wer von ihnen hatte sich den festeren Platz in Sallys Herz erobert? Niemand wusste es. Tatsächlich wusste selbst Sally es nicht so genau. Sie wollte noch warten. Vielleicht würde die Zeit eine gute Eigenschaft in einem von ihnen ans Licht bringen, die dem anderen abging, oder bei einem der beiden einen Makel offenbaren, von dem der andere frei war.

Sally war mütterlicherseits eine Cousine ersten Grades von Carry Villy. Noch immer war Carry entschlossen, bei halbwegs gutem Wetter am Maifest mit dem Currach in See zu stechen. Die Worte des alten Murchadh Antoin schwelten in seiner Brust. Er musste das *Geas* missachten und allen beweisen, dass es sich wirklich nur um albernen Aberglauben handelte, oder aber den Rest seines Lebens mit gesenktem Haupt und leisen Tönen zubringen. Natürlich durfte er niemandem etwas von seinem Vorhaben erzählen. Vor allem seiner Cousine gegenüber musste er es geheim halten, denn Sally hätte es vielleicht ihrem Vater erzählt, und Carry Villy wusste nur zu gut, was Manus O'Donnell dazu sagen würde: »Dieser kleine aufgeblasene Schnösel. Ich konnte zehnmal so gut mit dem Currach umgehen, wie er es kann oder je können wird. Ich habe Dinge getan, die er niemals hinkriegen würde, und wenn er tausend Jahre alt wird. Trotzdem würde ich nicht im Traum daran denken, mich am Maifest aufs Wasser zu begeben.«

Manus O'Donnell war tatsächlich ein erstklassiger Currach-Mann gewesen und oft Risiken eingegangen, denen sich nur die wenigsten Männer ausgesetzt hätten. Seine arme Frau hatte manchen Schrecken ertragen müssen, wenn wieder einmal die Nacht hereinbrach, Meer und Himmel ein finsteres Antlitz zeigten und sie ihren Mann, der zum Fischen ausgefahren war, nirgends entdecken konnte. Aber das war ihr Leben, und so musste es gelebt werden. Bis Manus schließlich doch ein Unfall ereilte. Eines Tages kletterte er in Gola eine Klippe hinauf, um einen Baumstamm zu lösen, der von einer mächtigen Welle an Land gespült worden war und sich zwischen den Felsen verkeilt hatte. An diesem Tag brach Manus sich ein Bein. Für den Rest seines Lebens humpelte er auf einen Stock gestützt umher, kümmerte sich um seine spärlichen Feldfrüchte, so gut er konnte, und fuhr natürlich nie wieder aufs Meer hinaus. Mit dem Ende der Fischerei bekam die Familie den bitteren Griff der Armut zu spüren. Aber sie hatten gütige Nachbarn, und tief in ihrem Herzen war Manus' Frau sehr froh. Man hatte ihr gesagt, sein Sturz habe nur um Haaresbreite kein tödliches Ende genommen. Wenige Zentimeter weiter links oder rechts, und er hätte sich zweifellos den Schädel eingeschlagen.

## III

Der Tag des Maifests brach an, leuchtend und frisch. Carry Villy war früh auf den Beinen. Er trat vor die Tür und schaute sich ausgiebig um. Ohne eine Wolke weit und breit stand die Sonne über dem Gipfel des Errigal, zähflüssig wälzte sich der Morgennebel die Bergflanken hinauf.

Carry sah in die Gegenrichtung. Das Meer lag flach wie eine Glasscheibe da. Nicht einmal der schmale weiße Saum war zu sehen, den man selbst bei gutem Wetter drüben am Großen Strand ausmachen konnte. Das Ächzen der Sandbank war kaum zu hören, es konnte also fast keine Dünung geben. Carry malte sich aus, der Tag sei für ihn allein angebrochen. Wenn es je einen Tag gegeben hatte, um das Maifest-*Geas* zu brechen, dann diesen hier. Er würde weiter seine

Reden schwingen können, ab heute allerdings mit der Autorität einer vollbrachten Tat. Was würde der mürrische alte Murchadh Antoin sagen? Was konnte er noch sagen, wenn Carry stolz verkündete: »Ich habe ja immer gesagt, dass das *Geas* zum Maifest bloß alberner Aberglaube ist. Und jetzt habe ich es bewiesen.«

Carry fuhr mit seinem Currach aufs offene Wasser hinaus und nahm Kurs auf Illanala, eine unbewohnte Insel etwa zwei Kilometer vor der Küste. Auf dem Weg in die Bucht wurde das Currach entdeckt. Wer in aller Welt konnte das sein? Wer war dieser Wahnsinnige, der das Maifest-*Geas* missachtete? Schnell wurde bekannt, dass es sich um Carry Villy handelte. Die Menschen sammelten sich in Gruppen auf den Anhöhen entlang der Küste. Sie spürten die Tragödie im Himmel über den Rosses hängen. Carry hatte sich *Bealtaine* widersetzt, ihr Machtwort ignoriert, ihre Anordnung verhöhnt. *Bealtaine* würde ihn bestrafen!

Carry Villy erreichte Illanala und ging an Land. Er stieg auf den Hügel in der Mitte der Insel, sammelte dort einen Haufen trockener Farnbüschel und zündete sie an. Die Bewohner der umliegenden Inseln von der Landzunge bis hinüber nach Crohy würden die Rauchfahne sehen und wissen, dass hier jemand am Maifest aufs Meer gefahren war. Später würden sie erfahren, um wen es sich handelte. Die altmodischen Käuze würden ihre Nasen rümpfen, die jungen Leute aber – und gerade die wollte Carry befreien und aufklären – würden ihn als tapferen Mann preisen, als klugen Mann gar.

Einige Zeit später ging Carry hinunter zum Ufer und trat die Heimreise an. Das Wetter war unverändert, nur im Nordwesten hing ein trüber Streifen über dem Horizont. Das Meer hingegen war glatt wie nie, und kein Lüftchen regte sich.

Carry hatte die Bucht zur Hälfte durchquert, als er ein Grollen wie von fernem Donner hörte. Schnell wurde es lauter und lauter. Carry sah sich um. Ein weißer Streifen kroch aus Richtung der drei Felsen hinter ihm her. Er wusste, was das bedeutete.

Carry verfiel nicht in Panik. Der Wind würde ihn genau in die Bucht treiben, aus der er am Morgen aufgebrochen war. Da er aber keinen Ballast an Bord hatte, musste er das Currach mit dem Bug in den Sturm drehen und sich mit dem Heck voran auf die Küste zutreiben lassen. Was natürlich hieß, er würde nicht sehen können, wohin er fuhr. Zweifellos aber würde er früher oder später auf die Küste treffen, wo sicher Männer am Strand warteten, die ihm bei der Landung helfen konnten. Welch unrühmliches Ende für seine Heldentat. Aber das kümmerte ihn nicht länger, solange er nur überlebte!

Knapp dreihundert Meter abseits der Stelle, an der ihn der Sturm wahrscheinlich auf die Küste treiben würde, lag der Lacknarone. Der Lacknarone ist ein großer Felsen mit einer flachen Oberfläche von mehreren Metern Durchmesser. Bei Ebbe ist er von der Küste aus zu sehen. Bei Flut liegt er bis zu zwei Meter unter Wasser.

Der Sturm blies das Currach geradewegs auf diesen Felsen zu. Die Männer am Strand brüllten dem einsamen Seemann verzweifelt zu, der sie gegen den Wind natürlich nicht hören konnte. Schließlich wurde er mit Macht auf den Felsen geworfen.

Er versuchte noch, sich am Currach festzuklammern, aber es entschlüpfte seinen Fingern und wurde weiter in Richtung Küste geweht. Da hockte er nun auf dem Felsen, der schon von den ersten Wellen überspült wurde. Das Wasser stieg.

Niemand hätte gegen die Wucht des Sturms herausfahren können, um ihn zu retten. Sein Tod war unausweichlich.

Shamey McGarrigle stand mit Dutzenden anderen Männern am Strand. Ein Stück abseits der Menge sah er Murty McGrenra stehen. Shamey rannte auf ihn zu. »Murty«, fragte er, »kannst du nichts unternehmen?«

»Nichts«, gab Murty traurig zurück. »Wenn ich etwas tun könnte, würde ich nicht hier stehen. Kein Sterblicher könnte sich durch diesen Sturm nach draußen kämpfen. Du lieber Himmel, was hat den armen Jungen bloß geritten?«

In dem Moment hörten sie einen spitzen, durchdringenden Schrei. Eindeutig der Schrei einer Frau. Als sie sich umschauten, sahen sie Sally O'Donnell die Sandbank hinunterrennen. Neben den beiden Männern blieb sie stehen. »Murty«, flehte sie mit herzzerreißender Stimme, »kannst du nichts unternehmen?«

»Wenn ich etwas tun könnte, würde ich nicht hier stehen«, stieß Murty erstickt hervor.

Sally wandte sich nicht an Shamey McGarrigle. Sie sah ihn nicht einmal an. Stattdessen machte sie kehrt und rannte laut schreiend den Strand entlang.

Und dann ereignete sich einer jener Vorfälle, die sehr oft unerklärlich bleiben, weil sie jenseits der Grenzen von Vernunft und Logik liegen. Plötzlich war Shamey McGarrigle auf und davon. Er rannte zu einer kleinen Bucht in der Nähe, wo ein Currach am Strand lag, wuchtete das Boot hoch, trug es zur Wasserkante, stieß es ab und sprang hinein. Alles starrte ihn an.

Shamey hielt sich unter der Landzunge, die hinaus ins Meer ragte, bis er keine hundert Meter vom Lacknarone entfernt war. Dann legte er all seine Kraft in einen Versuch, den

Felsen zu erreichen. Er wusste, von der Leeseite aus würde er den Mann nicht retten können. Er musste den Felsen windwärts umrunden und versuchen, irgendwie zwischen zwei Wellen durchzukommen.

Es gelang ihm, die dem Sturm ausgelieferte Seite vom Lacknarone zu erreichen. Aber genau in dem Moment rollte ein gewaltiger Berg aus Wasser auf ihn zu. Er hob Shameys Currach in die Luft und trug es auf den Felsen. Carry wäre fortgespült worden, hätte er nicht die Geistesgegenwart gezeigt, sich flach auf den Boden zu werfen und an einer kleinen Unebenheit im Gestein festzukrallen.

Shamey hielt das Dollbord seines Currach fest umschlungen. Als die Welle verebbte, legte er das Boot auf die Seite und ließ das eingedrungene Wasser ablaufen. Die beiden stiegen ein. Der Rest des Unterfangens gestaltete sich vergleichsweise einfach. Da der zweite Mann im Heck als Ballast diente, konnte Shamey den Bug des Currach auf die Küste gerichtet halten.

Sobald sie gelandet waren, lief Sally O'Donnell auf Shamey zu und streckte beide Hände nach ihm aus. Er legte den Arm um sie und küsste sie liebevoll auf die Wange. Murty McGrenra kam ihnen entgegen und umfasste Shameys Hände mit den seinen. »Shamey McGarrigle«, sagte er, »seit dem längst vergangenen Tag, an dem Oweneen Harlais die Besatzung aus Rannafast von den Klippen vor Owey gerettet hat, ist keinem Mann aus den Rosses eine solche Tat geglückt. Dein Name wird für immer mit dem dieses großen Helden verbunden sein, und beide Geschichten soll man sich für viele Generationen an jedem Herdfeuer der Rosses erzählen.«

Nachdem er das gesagt hatte, drehte er sich um und ließ Shamey mit Sally allein. Es war eine große Geste von einem

Mann, der in der Liebe ein Rivale gewesen, dann aber vor dieser Tat zurückgescheut war, der sein Nebenbuhler ins Auge geblickt und erfolgreich die Stirn geboten hatte.

## IV

Noch am Abend dieses hektischen Tages begab sich Shamey zu Sallys Elternhaus. Die alte Dame küsste ihm die Hand und brach in Tränen aus. Der alte Manus O'Donnell saß auf einem tiefen Stuhl beim Kamin, den Gehstock neben sich. Sally saß ihm gegenüber und strickte. Zwei oder drei Männer aus der Nachbarschaft ergänzten die kleine Runde.

»Das war ein echtes Glanzstück«, hub Manus O'Donnell an. »Seit den Tagen von Oweneen Harlais hat man so etwas nicht gesehen. Aber wenn ich an diesen arroganten kleinen Affen denke, der sich überlegt hat, das *Geas* zum Maifest zu brechen. Es heißt zwar, dass auch früher schon *Geasa* gebrochen wurden, aber immer nur von großen Männern. Cú Chulainn hat ein *Geas* gebrochen. Und Goll Mac Móirne ebenfalls. Und Fionn. Und Diarmaid. Aber, wie schon Shaneen Nelleen sagte: ›Der kleine Paddy Bonner, der sich nie geschlagen hat.‹ Der kleine Carry Villy, der nie richtig mit dem Paddel umgehen konnte und es auch nie können wird.«

Shamey wollte das Gespräch in andere Bahnen lenken, schließlich war Sallys Mutter anwesend und »der kleine Carry Villy« ihr eigen Fleisch und Blut – der Sohn ihres Bruders. »Der arme Junge hat wenig Verstand. Und ich habe Mitleid mit ihm, nicht nur wegen des großen Schreckens.«

»Da muss ein ziemlicher Sog raus in Richtung Lacknarone gewesen sein, gegen den Sturm«, sagte einer der Nachbarn.

»Es war schon recht anstrengend«, sagte Shamey. »Auf den letzten hundert Metern musste ich wirklich alles aufbieten, was ich je gelernt habe.«

»Hattest du Angst?«, fragte ein anderer Nachbar.

»Na ja, nein, eigentlich nicht«, sagte Shamey. »Ein Mann war in Lebensgefahr. Und so schnell, wie die Flut hereinkam, hätte er keine Stunde mehr gehabt. Ehrlich gesagt habe ich keine Zeit damit verbracht, meine Chancen abzuwägen. Mein Herz hat mich zum Handeln veranlasst, also habe ich gehandelt. Mehr nicht.«

»Auch nicht, als dich diese Riesenwelle auf den Felsen geschleudert hat?«

»Darauf war ich nicht vorbereitet«, gab Shamey zurück, »aber ich war geistesgegenwärtig genug, mich am Currach festzuhalten. Der Rest war einfach. Eigentlich nicht der Rede wert.«

»Darüber wird man noch reden, wenn du schon lange tot bist«, sagte Manus O'Donnell. »Und warum auch nicht? Du bist ein Mann durch und durch, bis in die Fingerspitzen. Nicht weniger als das.«

An diesem Abend war Shamey sehr froh. Er hatte eine wundersame Heldentat vollbracht. Man würde sich in den Rosses noch lange an seinen Namen erinnern. Und dann gab es da natürlich noch das kleine Geheimnis, das er mit sich herumtrug. Er hatte seine eigenen Pläne. In der Liebe und im Krieg ist alles erlaubt. Sobald er geheiratet hatte, würden sich gewisse Details wie von selbst zurechtrücken.

Der Sommer verging, der Herbst und auch der Winter, und noch immer schien Sally nicht den geringsten Drang zu verspüren, sich zwischen den beiden Männern zu entscheiden, die sie ehelichen wollten. Man hätte glauben mögen, Shameys Heldentat am Maifest würde den Ausschlag zu seinen Gunsten geben. Aber Sally hatte ganz offensichtlich nicht vor, sich von dieser Überlegung beeinflussen zu lassen. Nie schien sie weiter von einer Entscheidung entfernt gewesen zu sein.

Im folgenden Frühling verkündete Sally ihren Entschluss, nach Amerika zu gehen. Nacheinander traten die beiden Buhler an sie heran und hielten ein letztes Mal um ihre Hand an. Zu Murty McGrenra sagte sie, dass sie ihn schätze und bewundere. Dass er ihr sicher ein guter Ehemann sein würde, die Liebe aber leider eine Herzensangelegenheit sei und sich nicht durch Entscheidungen des Kopfes regulieren lasse. Es tue ihr leid, überaus leid sogar, aber so sei es nun mal. Zu Shamey sagte sie nichts über ihren Kopf oder ihr Herz. Sie sagte nur, sie habe beschlossen, sich niemals in den Rosses niederzulassen oder dort zu heiraten. Und, so fügte sie mit einer glitzernden Träne im Augenwinkel hinzu, es tue ihr leid, dass dem so sei.

## V

Als ich aus Amerika zurückkehrte, war ein alter Mann namens Murty McGrenra noch immer am Leben, umgeben von einigen Kindern und Enkeln. Irgendwann kamen wir auf Shamey McGarrigle zu sprechen. Murty war so wohlwollend wie eh und je. »Das war ein großer Mann«, sagte er. »Sein Name wird in den Rosses noch Generationen überdauern. Damals, als er Carry Villy gerettet hat, das war eine echte Leistung. Er hat nach einer Eingebung gehandelt, wie sie nur Helden kriegen. Ich war dabei, stand unten am Strand und hab den armen Teufel drüben auf dem Felsen gesehen, schon halb versteckt unter den Wogen der steigenden Flut. Ich hab mich ganz elend gefühlt, hatte aber alles im Kopf durchgerechnet und war mir sicher, der arme Kerl könne nicht mehr gerettet werden und dass es glatter Selbstmord wäre, es trotzdem zu versuchen. Nur Shamey hat offenbar nichts durchgerechnet. Als hätte ihn ein Lichtstrahl aus dem Himmel getroffen, ist er plötzlich losgerannt.«

»Lebt er noch?«, fragte ich.

»Das tut er, aber nicht mehr hier in den Rosses.«

»Wo ist er dann?«

»Oben in Cloghernagore – das ist noch hinter Fintown. Er hat ein Mädchen von da oben geheiratet, ein paar Jahre nachdem du weg bist. Mittlerweile ist er Witwer; seine Frau ist vor zwei Jahren gestorben.«

»Dann muss ich ihn da oben besuchen.«

»Er wird sich freuen, dich zu sehen. Ab und an treffe ich ihn mal auf dem Jahrmarkt in Dungloe. Er erkundigt sich immer, ob es etwas Neues von dir gibt.«

In der folgenden Woche begab ich mich nach Cloghernagore. Ich fragte herum, wo Shamey McGarrigle wohne, und wurde schnell zu seinem Haus geschickt. Er saß neben der Tür auf einer Steinbank und besserte ein Pferdegeschirr aus.

Als ich näher kam, sah er auf, schien mich aber nicht zu erkennen. Also sagte ich, wer ich war. »Wie schön, dich hier zu sehen, Jimmy«, sagte er und ergriff meine Hand. »Das war sehr nett von dir, den ganzen Weg aus den Rosses herzukommen, um mich zu besuchen. Ich freue mich immer, jemanden aus den Rosses zu sehen. Mein Herz weilt noch in der alten Heimat. Ein wundersamer Einfluss, den dieses wilde Landstück am Meer auf seine Kinder ausübt. Wir müssen es verlassen, und doch ruft es uns ein Leben lang nach, wieder zurückzukommen.«

»Den Ruf habe ich auch oft gehört«, antwortete ich. »Selbst an der Küste des fernen Pazifiks noch.«

Am nächsten Tag machte er sich auf in die Heide, um ein verirrtes Schaf zu suchen, und natürlich begleitete ich ihn. Als wir eine Anhöhe mit gutem Blick über den Loch Finn erreichten, setzte er sich auf einen Stein, und ich setzte mich neben ihn. »Seltsam, sehr seltsam, Jimmy«, sagte er. »Oft, wenn ich so durch die Heide wandere, setze ich mich wie jetzt auf einen Stein, und dann sehe und höre ich Dinge. Ich sehe die Küste der Rosses und die Landzunge und die Inseln. Ich höre die Wellen am Weißen Strand und das Raunen der fernen Sandbank. Manchmal sehe ich mich selbst in einem Currach auf dem Weg hinaus in die Fischgründe. Und all das nicht wie im Traum. Träume sind ganz oft ausschweifende Angelegenheiten, die vorne und hinten nicht stimmen. Was ich sehe und höre, ist echt. Und wenn der Zauber verfliegt, bin ich jedes Mal traurig.«

»Es wundert mich, dass du die Rosses verlassen hast«, sagte ich vorsichtig.

Er starrte mich ein paar Sekunden stumm an, dann erst antwortete er. »Ich habe nie jemandem verraten, warum ich gegangen bin. Aber ich will es dir jetzt erzählen. Irgendwann muss man sich solche Sachen einmal von der Seele schaffen. Ich habe die Rosses verlassen, weil ich Angst hatte, weiter dort zu leben.«

»Angst wovor?«

»Angst vor dem Meer.«

»Du und Angst vor dem Meer? Du, der eine Tat von solchem Können und solcher Tapferkeit vollbracht hat, dass noch unsere Urenkel darüber reden werden? Ich meine natürlich, wie du Carry Villy gerettet hast.«

»Du warst an dem Tag auch da, glaube ich.«

»Ja, ich stand oben auf der Düne und habe alles gesehen.«

»Tja«, sagte Shamey, »das war der Tag, der mich vor Angst aus den Rosses verjagt hat. Ich konnte nicht länger an einem Ort wohnen, wo man seinen Lebensunterhalt zur Hälfte mit Fischerei bestreitet. An dem Tag habe ich mich der See widersetzt. Sie hat mich verschont, mir aber einen solchen Schrecken eingejagt, dass ich vor ihr davongelaufen bin und mich hier oben in den Bergen versteckt habe. Ich kann es kaum in Worte fassen. Mitten in den Sturm hinauszufahren, war nicht das Problem, aber als mein Currach auf den Lacknarone geworfen wurde und sich überschlagen hat, als ich den armen Teufel gesehen habe, wie er da verzweifelt kauerte, um nicht mitgerissen zu werden, da habe ich so einen Schreck gekriegt, dass ich ihn bis heute spüre. Natürlich habe ich am gleichen Abend behauptet, mich gar nicht gefürchtet zu haben. Ich wollte in den Augen der Frau, die ich liebte, als Held dastehen. Und selbstverständlich konnte ich meine Prahlerei auch später nicht runterschlucken und ihr die Wahrheit sagen.«

»Ich glaube, ich weiß, welches Mädchen du meinst«, unterbrach ich ihn. »Sally O'Donnell.«

»Sally O'Donnell«, sagte er und nickte. »Im nächsten Frühling ist sie nach Amerika gegangen. Drei Jahre später hat sie geheiratet. Auch sie ist jetzt Witwe. Mir wurde gesagt, es gebe Gerüchte, sie wolle diesen Sommer vielleicht auf Besuch zurückkommen.«

Eine Zeit lang verstummte er. Dann fuhr er fort: »Wenn sie zurückkommt, muss ich von meinem Berg steigen und sie sehen ... Ich frage mich ... Aber nein. Die Zeit hat alle Jahre zwischen uns in Kreide verzeichnet, und wir können die Ziffern nicht auswischen.

Hmm. Um auf das Maifest vor vielen Jahren zurückzukommen«, sagte er dann. »Da waren Dutzende Leute am Ufer. Ich stand neben Murty McGrenra am Fuß der Klippe und starrte durch die Gischt auf die arme Kreatur draußen auf dem Felsen. Ich habe Murty gefragt, ob er nicht etwas tun könne. Er schüttelte verzweifelt den Kopf. Damit war für mich die Sache klar. Wenn Murty schon nichts tun konnte, dann auch niemand sonst. Aber dann hörte ich den spitzen Schrei einer Frau. Es war Sally. Sie rannte zu uns und rief: ›Murty, kannst du nichts unternehmen?‹

›Wenn ich etwas tun könnte, würde ich nicht hier stehen, Sally‹, sagte er. Ich sah die Tränen in seinen Augen. Sally wandte sich von uns ab und schrie immer noch. Mich sah sie nicht einmal an. Ich konnte spüren, dass ich in ihren Augen kein richtiger Mann war. Ohne nachzudenken, bin ich zur Bucht gerannt und mit dem nächsten Currach losgefahren. Den Rest hast du ja selbst gesehen.

Am Abend haben mich dann im Haus von Sallys Vater alle in den höchsten Tönen gelobt. Mindestens ein Mann hat mich gefragt, ob ich keine Angst gehabt hätte. Überhaupt keine, antwortete ich. Ich wollte für Sally weiter wie ein Held aussehen. Aber ich wusste, ich würde das nicht lange aufrechterhalten können. Mit jedem Tag, der verging, wuchs meine Furcht vor der See nur noch weiter. Ich mied sie so gut wie möglich. Fuhr nur noch bei bestem Wetter zum Fischen raus, und selbst dann niemals allein. Schließlich ist Sally nach Amerika gegangen … Tja. Menschen müssen leben, und das geht nicht, wenn sie nur von Vergangenem träumen. Bald darauf bin ich hier hoch gezogen. Und damit endet meine Geschichte.«

## VI

Die folgende Woche verbrachte ich wieder bei Verwandten in den Rosses. Eines Tages ging ich hinunter zur Küste und sah aus einiger Entfernung zwei Frauen. Eine ging bis dicht an den Rand der Klippe, die andere rief ihr hinterher.

»Mensch, Joan! Willst du dir den Hals brechen? Auf dem Weg kommst du nicht runter zum Strand.«

»Wo lang denn dann, Mama?«, fragte die andere.

»Einmal um den großen Felsen links von dir, da siehst du dann die Stufen.«

Ich wusste also nicht nur, dass es sich um Mutter und Tochter handelte, sondern auch, dass die Mutter nicht zum ersten Mal hier war, denn sie kannte den verschlungenen Weg, den Pfad und Stufen zum Strand hinunter nahmen.

Als ich die alte Frau erreichte, begrüßte sie mich.

»Sie scheinen schon einmal hier gewesen zu sein«, sagte ich.

»Hier gewesen! Ich bin genau hier geboren worden und aufgewachsen. Sehen Sie das lange, strohgedeckte Haus oben auf der Böschung?«

»Sally!«

»Ich bin die einstige Sally. Und das Mädchen, das gerade zum Strand hinunterläuft, ist meine Tochter. Ich weiß aber nicht, wer Sie sind.«

»Das glaube ich gern«, sagte ich und erzählte es ihr.

»Nein, Jimmy Elimy!«, sagte sie. »Das freut mich aber.«

Wir ließen uns auf einem Stein nieder und kamen ins Gespräch. »Aus unserer Generation sind nicht mehr viele übrig«, setzte sie an. »Trotzdem bin ich froh, dass ich noch einmal zurückkommen konnte, um die wenigen Überlebenden wiederzusehen. Gestern habe ich den Großen Murty McGrenra besucht. Er ist sehr alt geworden. Murty war ein feiner Kerl. Er hatte immer eine gewisse Größe an sich. Ich weiß noch genau, wie großzügig er damals Shamey McGarrigle gelobt hat, an dem Tag vor langer Zeit, als Shamey Carry Villy vom Lacknarone gerettet hat … Kommt Shamey eigentlich hin und wieder noch in den Rosses vorbei?«

»Selten. Manchmal trifft ihn jemand in Dungloe auf dem Jahrmarkt. Ich habe letzte Woche drei Tage bei ihm verbracht.«

»Na, so was! Wie ich hörte, ist seine Frau vor ein paar Jahren gestorben. Wie geht es ihm denn?«

»Er macht einen ausgezeichneten Eindruck.«

»Ich würde ihn gern wiedersehen. Ich muss mich sogar mit ihm treffen, auch wenn ich fürchte, dass es kaum mehr als das Treffen zweier Geister wird … Es wird dich überraschen, Jimmy, aber ich hatte fest vor, ihn zu heiraten. Bis er Carry Villy gerettet hat. Sein Benehmen danach hat uns auseinandergebracht.«

»Ich gebe zu, das verwirrt mich«, sagte ich.

»Kann ich verstehen«, gab sie zurück. »Aber ich hatte

Angst vor dem Meer, und auch allen Grund dazu. Du erinnerst dich sicher an meinen Vater. Immer wieder ist er Risiken eingegangen, vor denen die meisten Männer zurückgescheut wären, und meine Mutter lebte in ständiger Furcht. Immer wieder hat er alles riskiert, bis er irgendwann die Klippe heruntergestürzt ist und sich das Bein gebrochen hat. Insgeheim war meine Mutter aus tiefstem Herzen froh über den Unfall. Wir hatten es danach wirklich nicht leicht. Aber wir sind durchgekommen. Wir hatten großartige Nachbarn – die besten auf der ganzen Welt.

Und eine Nacht werd' ich nie vergessen. Ich war damals um die zwölf. Es war Oktober, und mein Vater fuhr zum Fischen raus bis zum Ballyconnell-Riff. In der Abenddämmerung setzten plötzlich schwere Böen ein, die fast vier Stunden andauerten. Es gelang meinem Vater, vor ihnen zu fliehen und auf Umpin an Land zu gehen, wo er natürlich bleiben musste, bis der Sturm vorüber war. Und was für ein Wind! Das ganze Haus zitterte, sogar die Wände. Zwischendurch erstarb der Sturm kurz zu einem Flüstern, und als man gerade dachte, es wäre vorbei, traf der nächste Windstoß das Haus und ließ es abermals erbeben.

Keiner von uns konnte zu Bett gehen. Irgendwann nach Mitternacht legten sich die jüngeren Kinder einfach auf den Boden und schliefen ein. Meine Mutter weinte und betete abwechselnd. Auf dem Kaminsims stand ein Bild – ein billiger Druck, den meine Eltern an einem Missionsstand auf dem Markt gekauft hatten. Ein Bildnis Jesu, der auf dem Wasser wandelt. Die Wellen, die wild auf die Boote der Jünger einstürmen, verebben bei Seiner Ankunft und liegen still da. Ich werde nie den Gesichtsausdruck meiner Mutter vergessen, mit dem sie immer wieder zu diesem Bild aufgeschaut hat.

Nach fast vier Stunden flaute der Sturm ab. Sein Ausgang aber blieb ungewiss. Ich half meiner Mutter, die Kleinen ins Bett zu bringen. Dann saßen wir stumm vor der Asche des heruntergebrannten Feuers. Etwa eine Stunde vor Sonnenaufgang hörten wir Schritte auf dem Weg, der zum Haus führt. Ich rannte zur Tür und zog den Riegel zur Seite. Mein Vater trat ein. Meine Mutter stand auf, stolperte auf ihn zu und brach in seinen Armen zusammen.

Ich habe diese Nacht nie vergessen. Und später, als ich erwachsen war, habe ich mir geschworen, niemals einen Mann zu heiraten, der solche Risiken eingeht, wie mein Vater es getan hat. Vielleicht würde ich mich in so einen Mann verlieben. Aber die lebhafte Erinnerung an diese schreckliche Nacht würde mich immer davon abhalten, ihn zu heiraten.

Ja, und das bringt mich zu dem Tag, an dem mein armer, närrischer Vetter auf den Gedanken kam, sich einen Namen zu machen, indem er das Maifest-*Geas* missachtete. Du warst ja selbst dort am Wasser, Jimmy. Ich sehe dich da stehen, wie man jemanden im Traum vor sich sieht. Ich kam den Strand hinuntergerannt und sah den armen Carry auf dem Lacknarone, von Wellen schon halb begraben. Murty McGrenra und Shamey McGarrigle standen zusammen ein Stück abseits der Menge. Ich bin zu ihnen gelaufen und habe Murty gefragt, ob er denn nichts tun könne. Er sagte, kein Mann könne dagegen etwas ausrichten. Also hab ich mich abgewandt. Mit Shamey habe ich nicht gesprochen. Ich habe ihn nicht einmal angeguckt … Und wenn ich schon dabei bin, kann ich auch gleich die ganze Wahrheit erzählen. Ich wollte nicht, dass er dieses Risiko eingeht, egal, was passiert.

Den Rest hast du selbst gesehen. Wie Shamey losgerannt und mit einem Currach rausgefahren ist. Wie er gegen Wind und Wellen gekämpft und den armen Carry Villy von seinem Felsen gerettet hat. Es war großartig, auch wenn es mir Angst eingejagt hat. Trotzdem war ich mir sicher, er hätte aus einem selbstlosen Impuls heraus gehandelt, aus einer Art Eingebung, und würde ein solches Wagnis nie wieder freiwillig eingehen. Aber am selben Abend kam er in unser Haus. Was er geleistet hatte, tat er als spannendes Abenteuer ab und wollte nicht weiter darüber reden. Und dann bekam ich es wirklich mit der Angst zu tun, als ihn jemand fragte, ob er sich denn nicht gefürchtet habe. ›Überhaupt nicht‹, war seine Antwort. Da begriff ich, dass er die Gefahr gar nicht erkannt hatte, dass er die See nie begriffen hatte, obwohl er sozusagen in ihrem Schoß aufgewachsen war. Aus diesem Unwissen heraus würde er wieder und wieder solche Wagnisse eingehen, um sich am Ende darin zu verlieren. Und selbst wenn er aus jeder Gefahr unbeschadet hervorginge, konnte ich mich mit dem Gedanken an solche Schrecken, wie meine Mutter sie in der Nacht hatte durchleiden müssen, als sich mein Vater vor dem Sturm auf Umpin geflüchtet hatte, nicht versöhnen.

Also beschloss ich, nach Amerika zu gehen. Niemand außer mir weiß, wie schwer mir diese Entscheidung gefallen ist.«

Sie verstummte und blickte übers Meer in die Ferne. Nach einiger Zeit fuhr sie fort: »Ich sehe es als meine Aufgabe, Shamey noch einmal zu sehen, bevor ich in die Staaten zurückkehre. Vielleicht glaubt er noch immer, ich sei nach Amerika gegangen, weil meine Zuneigung zu ihm nicht groß genug war. Ich will ihm sagen, was uns wirklich entzweit hat – die Angst vor der See auf meiner, das Sehnen nach ihr auf seiner Seite.«

Ich, der ich nun beide Seiten der Geschichte kannte, fragte mich, ob man denn nichts unternehmen könnte, um die Fehler und Missverständnisse der Vergangenheit zu beheben. Dann aber führte ich mir vor Augen, was sie beide gesagt hatten. Shamey ein paar Tage zuvor: »Ich frage mich … Aber nein. Die Zeit hat alle Jahre zwischen uns in Kreide verzeichnet, und wir können die Ziffern nicht auswischen.« Und jetzt Sally: »Ich muss mich mit ihm treffen, auch wenn ich fürchte, dass es kaum mehr als das Treffen zweier Geister wird.«

Und so schwieg ich.

# Ein Hundeleben

## I

Während meiner Jugend gab es in fast jedem Haus in den Rosses einen Hund. Die Leute hatten eine Menge Geschichten über Hunde zu erzählen. Die Hunde waren ein nahezu ebenso fester Bestandteil der Folklore wie bei den Fianna in der altirischen Literatur. Da gab es die Geschichte von dem Hund, der den ganzen Tag auf die Kinder aufpasste und sie von Klippen, Gebirgsbächen und anderen gefährlichen Orten fernhielt. Die Geschichte von dem Hund, der allein in den Hügeln verschwand, um zehn Schafe einzufangen. Lange Zeit konnte er nur neun finden. Er suchte und suchte viele Stunden, bis er das zehnte entdeckte. Und die Geschichte von dem Hund, der per Schiff aus den Rosses in Donegal bis nach Sligo gebracht wurde und den ganzen Weg zu Fuß zurückkam.

Die Besitzer solcher Hunde waren natürlich sehr stolz. Die beste Eigenschaft aber, die ein Hund haben konnte, war, ein guter Kämpfer zu sein. Ein Hund mochte für keine Aufgabe in Haus und Hof zu gebrauchen sein. Er konnte der dämlichste Köter sein, der je gelebt hatte, solange er nur ein Kämpfer war. Dann waren ihm alle anderen Mängel verziehen – vor allem von den Mannsbildern. Die Frauen waren da weniger duldsam. Wenn ein Hund ihnen Ärger machte oder auf die Nerven ging, beschwerten sich die Frauen manchmal bitterlich: »Dieser Hund bricht mir noch das Herz. Heute Morgen hat er meine Legehenne und all ihre kleinen Küken in hellen Aufruhr versetzt. Gestern hat er die Kuh mitten ins Kartoffelbeet gescheucht. Zwei ganze Reihen sind völlig hin. Wie kann ein einziger Hund einem solchen Kummer bereiten?«

»Ach ja«, sagten die Männer dann, »in mancher Hinsicht ist er nicht ganz bei Trost. Aber er hat auch seine guten Seiten. Immerhin hat er durchaus etwas vorzuweisen. Sieh dir nur den Stumpf da an, wo sein linkes Ohr sein sollte. Das Ohr hat er vor zwei Jahren in Mullaghderg verloren – an dem Tag hat er allen gezeigt, wer König der Hunde in den Rosses ist.«

Zu der Zeit, in der unsere Geschichte ansetzt, hielt Johnny McGinty aus Crawbawn den wildesten Hund in der ganzen Pfarre – einen Hund namens Rover. Wie die meisten siegreichen Sportler musste sich auch Rover jeden Zentimeter seines Wegs an die Spitze erkämpfen, und es war ein entbehrungsreicher Weg. Am Ende aber triumphierte er und herrschte für eine Weile unangefochten.

Der Rote Hughdie Ward aus der gleichen Gegend besaß einen Hund, der zu Beginn von Rovers Siegeszug eine erdrückende Niederlage erlitten hatte. Der Rote Hughdie war ein junger Mann und fühlte sich durch die Niederlage seines Hundes auch selbst erniedrigt. Er wollte Rache um jeden Preis. Aber wie sollte er das anstellen? Sein Hund würde nie wieder zu alter Form zurückfinden; er traute sich nicht näher als eine Meile an Rover heran. So blieb Hughdie nichts anderes übrig, als sich einen neuen Hund zuzulegen.

Als der Rote Hughdie im folgenden Winter von einer harten Arbeitssaison in Schottland zurückkam, hatte er einen

Welpen von etwa zwei Monaten dabei, den er bei einem Züchter in Kilmarnock erstanden hatte. Er gehörte zu einer Rasse von Kampfhunden, und man erzählte sich, Hughdie habe mehr als die Hälfte seines Saisonverdienstes für ihn ausgegeben. Er nannte ihn Cameron.

Cameron wuchs rasch heran und schien ein großer, starker Hund werden zu wollen. Die Männer aus dem Umland redeten oft über ihn. Ja, groß und stark würde er auf jeden Fall werden, aber auch ein Kämpfer?

»Ein Hund braucht mehr als bloß Kraft«, sagte Jimmy Elimy eines Tages. »Um ein guter Kämpfer zu werden, muss er auch drahtig sein. Er muss entschlossen sein. In gewisser Weise muss er wie ein Mann sein, das heißt, er muss sich vor der Schmach der Niederlage fürchten.«

Cameron schritt schneller zur Tat, als man vermutet hätte. Er war kaum ein Jahr alt. Und so passierte es: Ein paar Männer gruben am Weißen Strand nach Sand-Aalen. Unter ihnen auch Johnny McGintys Sohn, ein Bursche von zwölf Jahren, der Rover dabeihatte. Es waren noch ein paar andere Hunde in der Nähe, die Seemöwen nachstellten, ziellos bellten und wild im Kreis rannten. Aber keiner von ihnen traute sich an Rover heran. Sie alle hatten Angst vor ihm.

Zu gegebener Zeit griff auch der Rote Hughdie Ward nach Eimer und Spaten und machte sich auf den Weg zum Weißen Strand. Cameron folgte ihm. Mehr als einmal schrie Hughdie den Hund an, er solle zu Hause warten. Jedes Mal machte Cameron kehrt, blieb dann aber stehen und schlich erneut seinem Herrn hinterher. Hughdie wollte mit dem ersten großen Test noch warten. Er ist zu jung, sagte er sich immer wieder. Wenn er Johnny McGintys Rover heute schon angeht, kriegt er vielleicht einen Schrecken, von dem er sich nie wieder erholt. Ich sollte besser umkehren. Das scheint der einzige Weg zu sein.

Genau in dem Moment stimmte Cameron ein wildes Knurren an und rannte hinunter zum Strand. Die Haare im Nacken und am Rücken standen aufrecht wie die Stacheln eines Igels. Rover hörte das Knurren und wusste, was es zu bedeuten hatte. Er schien sofort zu begreifen, dass es sich um eine unverhohlene Herausforderung seiner Vorherrschaft handelte. Jetzt oder nie, lautete die Devise. Solch eine Frage durfte nicht unbeantwortet bleiben. Für zwei Könige war unter den Hunden in den Rosses kein Platz.

Rover rannte dem nahenden Feind entgegen, und natürlich waren ihm sämtliche Männer auf den Fersen. So etwas durfte man sich nicht entgehen lassen.

Die beiden Kontrahenten kamen sofort zur Sache und zielten auf die Kehle des Gegenübers. Rover ging zu Boden, kam aber schnell wieder auf die Beine und nahm Reißaus. Cameron setzte nach, konnte aber nicht aufholen. Cameron mochte den Kampf gewonnen haben, das Rennen aber hatte Rover für sich entschieden.

Johnny McGinty konnte nicht akzeptieren, dass sein berühmter Hund binnen weniger Sekunden besiegt worden war. Er hatte eine überaus einleuchtende Erklärung für die ganze Angelegenheit. Als Rover sah, wie all die Männer mit Spaten hinter ihm herrannten, und er seinen Herrn nirgendwo entdecken konnte, hatte er es mit der Angst zu tun bekommen und war davongelaufen. Aber schon bald würde sich die nächste Gelegenheit ergeben. Tatsächlich arrangierte Johnny McGinty auf der Stelle für den kommenden Sonntagnachmittag einen ordentlichen Kampf auf der Ebene von Magheramore.

Nur sollte dieser Kampf nie stattfinden; damit hatte es sich bereits Samstagnacht erledigt. Da nämlich kam der Rote Hughdie zufällig in Begleitung von Cameron an McGintys Haus vorbei. Just in dem Moment knurrte Cameron aus unerfindlichen Gründen, wie Hunde es manchmal zu tun pflegen. Im Haus hatte Rover vor dem Herdfeuer geschlummert, den Kopf auf die Vorderpfoten gelegt. Sowie er das Knurren von draußen hörte, erkannte er es wieder. Panisch sprang er auf und rannte von einer Ecke der Küche in die andere. Schließlich kroch er unter das Bett im Alkoven und heulte kläglich in einem fort. Noch mehrmals in jener Nacht setzte sein Heulen erneut ein, als träumte er, Camerons Zähne an seiner Kehle zu spüren. Er war geschlagen. Er war am Ende. Er lebte jeden Tag, jede Stunde in Furcht vor dem, der ihn besiegt hatte.

## II

Der Rote Hughdie war entzückt. Wochenlang redete er über nichts als Camerons großen Sieg. Aber so konnte es nicht ewig weitergehen. Camerons großer Sieg war nicht das einzige Thema, das ihn gerade bewegte. Es war an der Zeit, dass er sich eine Frau suchte, und seine Mutter erwähnte, sie wolle ihn mit einer gewissen Sara Gallagher aus Derrymore zusammenbringen. Sara war keine wirkliche Schönheit, wie Mrs Ward bereitwillig zugab. Aber richtig hässlich war sie auch nicht. Außerdem hatte sie Aussicht auf eine ansehnliche Mitgift – mindestens vierzig Pfund. Mrs Ward war eine vernünftige und tatkräftige Frau. Sie hatte Nachforschungen angestellt und nützliche Informationen eingeholt. Sie stand kurz davor, die Vorbereitungsphase ihrer Verhandlungen einzuläuten, als ihr und allen anderen Bewohnern der Rosses aus heiterem Himmel eine aufsehenerregende Neuigkeit zu Ohren kam. Johnny McGinty erwartete eine Erbschaft aus Amerika. Er hatte ein Schreiben von einem Anwalt aus Letterkenny bekommen. Schnell hatten alle Nachbarn den Brief gelesen. An seiner Echtheit bestand kein Zweifel.

Johnny McGinty hatte einen Bruder namens Dan, der vierzig Jahre zuvor nach Amerika ausgewandert war. Er hatte nie geheiratet. Manche Leute behaupteten, er besäße Berge von Geld, weil er jeden Cent sparte, den er verdiente, wie es hieß. Er starb, ohne ein Testament gemacht zu haben, und jetzt war man wohl dabei, seine nächsten Verwandten ausfindig zu machen, anhand einiger weniger Briefe in seinen Habseligkeiten und der Aussagen von ein paar Leuten, die ihn in Amerika gekannt hatten.

»Kein Zweifel, das war Dan«, sagte Johnny McGinty seiner Frau und dem Rest der Familie. »Der Herr sei seiner Seele gnädig«, fügte er etwas versöhnlicher hinzu. »Aber er war es auf jeden Fall. Überhaupt keine Frage. Dan McGinty aus dem County Donegal. In genau dem Jahr nach Amerika gefahren. Hatte zwei Brüder: Johnny und James. Drei Schwestern: Mary, Bridget und Delia. Das ist das Einzige, was nicht stimmt – in unserer Familie gab es nur zwei Mädchen, Mary und Bridget. (Wenn ich daran denke, dass sie jetzt außer mir alle tot sind, wird mir ganz traurig zumute.) Eine Delia gab es bei uns nicht. Aber das tut nichts zur Sache. In Amerika konnten sie den Namen Bridget noch nie leiden. Viele der hiesigen Bridgets haben sich in Delia umbenannt, als sie rüber sind. So ist das eben. Und einigen amerikanischen Nachbarn gegenüber hat Dan eine seiner Schwestern wohl Bridget genannt. Später dann nur noch Delia. Also dachten die Leute, es gebe zwei, obwohl es nur eine war ... Eine Adresse steht hier natürlich nicht. Nur County Donegal. Kein Landgut, keine Pfarre, kein Postamt. Aber auch das heißt nichts. Diese Menge an Überschneidungen würde man in tausend Jahren nicht bei zwei Familien finden.«

So war man sich in den Rosses einig, Johnny McGinty sei der Mann, nach dem die Anwälte gesucht hatten. Auch für Hughdie Wards Mutter gab es daran keinen Zweifel. Folglich änderte sie ihre Zielsetzung. Sie beschloss, Johnny McGintys Tochter Fanny sei die richtige Braut für ihren Sohn. Und wenn diese Nachricht mal nicht gerade zur rechten Zeit gekommen war, sagte sie sich. Ein paar Tage später, und alles wäre verloren gewesen. Denn hätte sie die Verbindung mit Sara Gallagher einmal offiziell in die Wege geleitet, wäre es kaum möglich gewesen, einen Rückzieher zu machen – vorausgesetzt, Sara und ihre Eltern hätten der Partie zugestimmt.

Mrs Ward legte sich einen Schlachtplan zurecht. In den kommenden Monaten sollte die Hochzeit mit keinem Wort erwähnt werden. Noch blieb mehr als genug Zeit, um alles einzufädeln. In jenen Tagen brauchte ein Brief bis nach Amerika gute drei Wochen. Weitere drei Wochen für eine Antwort. Bei den langen Transportwegen und der berüchtigten »Urteilsverschleppung« in solchen Angelegenheiten konnte es durchaus fast ein ganzes Jahr dauern, bis über die Erbschaft endgültig entschieden war.

Mrs Ward plante also, dass ihr Sohn ein häufiger Gast im Haus von Johnny McGinty werden sollte. Er würde der Tochter höflich, der Mutter angemessen schmeichelnd und dem Vater ehrerbietig begegnen. Darüber hinaus sollte er

McGinty hin und wieder hilfreich zur Hand gehen, wenn es ans Torfstechen oder die Heumahd oder an andere Arbeiten ging, die ein Mann allein nur schwer bewältigen kann.

Je mehr Zeit verging, desto mehr stellte Johnny McGinty jedoch seine eigenen Überlegungen an. Der Rote Hughdie Ward war ein fleißiger Arbeiter. Über kurz oder lang würde er einen gut geführten kleinen Hof sein Eigen nennen. Unter normalen Umständen hätte McGinty ihm seine Tochter mit Freuden zur Frau gegeben. Die erwartete Erbschaft jedoch ließ alles in neuem Licht erscheinen und wollte sorgsam bedacht sein. Die geerbte Summe konnte durchaus beträchtlich sein. Irgendjemand hatte einmal erwähnt, sein verblichener Bruder habe Geld in sogenannten Fonds angelegt – was immer das sein mochte. Am Ende könnte die Mitgift seiner Tochter zwei- oder gar dreihundert Pfund betragen. In dem Fall würde er nicht im Traum daran denken, sie Hughdie Ward oder einem anderen Mann seines Stands zu geben. Er würde sie mit einem der reichen Ladenbesitzer aus Dungloe verheiraten.

Aber das war nicht alles. Es gab noch eine weitere Figur in diesem Drama, deren Schicksal Johnny McGinty zu entscheiden gedachte. Und diese Figur war Cameron. Seit jenem »Tag am Weißen Strand« hatte Johnny mit der Erniedrigung leben müssen. Wie oft hatte er in der Vergangenheit stolz die Taten seines Hundes Rover gerühmt. Und jetzt sieh sich einer diesen Hund an! Er war so ängstlich, dass er sich ohne seinen Herrn keine hundert Meter mehr vom Haus entfernte. Jede Nacht fuhr er mehrmals aus dem Schlaf auf und jaulte wie eine verlorene Seele. Mochte die anstehende Erbschaft nun groß oder klein ausfallen – eine Sache konnte sie auf jeden Fall bewerkstelligen, wenn er es richtig anstellte: Sie konnte Camerons Schicksal besiegeln. Wie aber sollte er vorgehen?

Die Inspiration stellte sich rascher ein, als er erwartet hätte. Eines Tages stieß er auf dem Weg nach Ardbane auf einen Hund, der gerade ein Schaf angriff. Er schrie aus voller Kehle, und der Hund rannte davon. Johnny hatte ihn sofort erkannt – ein großer schwarzer Hund mit weißer Brust und lockigem Schwanz. Er gehörte Paddy Frank. Als Johnny den Schauplatz des Angriffs erreichte, stellte er fest, dass das Schaf ihm selbst gehörte. Es lag keuchend in der Heide, das Blut spritzte aus tiefen Wunden in seiner Kehle.

Unter diesen Umständen musste Johnny McGinty nichts weiter tun, als zu Paddy Frank zu gehen und ihm von dem Vorfall zu erzählen, dessen Wahrheitsgehalt problemlos bewiesen werden konnte. Paddy würde ihm den Wert des Schafs auszahlen und seinen Hund erschießen. So war es Brauch. Aber Johnny sah die Gelegenheit gekommen, Cameron loszuwerden, und leider machte er vollen Gebrauch von ihr.

Ein paar Abende später fand sich Hughdie Ward planmäßig im Hause McGinty ein.

»Letzten Dienstag ist eins meiner Schafe getötet worden«, sagte der Hausherr. »Und zwar von einem Hund.«

»Von wessen Hund?«, fragte Hughdie leicht beunruhigt.

»Von deinem Hund.«

»Cameron?«

»Cameron.«

»Hast du gesehen, wie er es gerissen hat?«

»Nein, aber aus zuverlässiger Quelle erfahren.«

»Welche Quelle?«

»Kann ich dir nicht sagen. Aber du solltest den Hund besser töten. So will es das Gesetz. Natürlich will ich dich nicht vor Gericht zerren, Hughdie. Aber wenn ich nicht darauf bestehe, muss es eines schönen Tages jemand anders tun. Da kannst du dir sicher sein. Wenn ein Hund einmal auf den Geschmack von Blut gekommen ist, kann ihn nichts mehr davon kurieren. Du könntest ihn halb totschlagen, es würde nichts bringen. Wenn ihn diese Raserei überkommt, kann er am Ende bis zu sechs Schafe pro Tag reißen. Und zwar rein aus der wahnsinnigen Lust am Töten.«

»Was, sagtest du, war das Schaf wert?«, fragte der Rote Hughdie. Er spürte seine Zunge wie ausgedörrt am Gaumen kleben.

»Reden wir nicht darüber«, sagte Johnny. »Ich sage dir das nur um deinetwillen. Danach kannst du tun, was du für richtig hältst.«

»Ich habe große Probleme damit, meinen Hund zu töten«, sagte Hughdie, »solange nicht die Person, die gesehen hat, wie er dein Schaf tötet, zu mir kommt und es mir bestätigt.«

»Wie du meinst«, sagte McGinty. »Wie gesagt, ich will nur dein Bestes.«

Zufällig hörte auch die Tochter Fanny dieses Gespräch. Anders als ihr Vater war sie weder niederträchtig noch boshaft. Sie wusste nichts von dem finsteren Plan, den er ausgeheckt hatte. Deshalb fand sie Hughdies Reaktion durchaus unangemessen. Landete die Sache vor Gericht, würde man ihn sowieso dazu zwingen, den Hund zu beseitigen. Er musste dafür sogar vor Gericht kommen. Cameron hatte Blut geleckt, und nichts würde ihn je wieder davon abbringen!

Hughdie verabschiedete sich bald darauf. Er ließ sich eine Ausrede einfallen, um verschwinden zu können. Als er sich zum Gehen wandte, begleitete ihn das Mädchen den Weg hinunter bis zur Straße.

»Hughdie, ich finde wirklich, du solltest den Hund beseitigen«, sagte sie eindringlich.

»Aber warum will dein Vater mir nicht sagen, wer sein Informant ist?«, fragte Hughdie.

»Vielleicht würde es zu bösem Blut zwischen Nachbarn führen«, gab Fanny zurück. »Du kannst dir sicher sein, mein Vater hätte das nicht gesagt, wenn er nicht überzeugt davon wäre. Zu unser aller Wohl ist es bestimmt das Beste, wenn du den Hund loswirst.«

Hughdie hatte fieberhaft nachgedacht. Es würde ihm sehr schwer-, wirklich unglaublich schwerfallen, Cameron zu beseitigen, noch dazu bei dieser dürftigen Beweislage. Wenn er sich aber weigerte, lief er Gefahr, seine Heiratspläne zu ruinieren. Und in dem Fall war er weder von romantischen noch von sentimentalen Beweggründen getrieben. Insgeheim hätte er es sogar vorgezogen, Sara Gallagher aus Derrymore zu heiraten. Aber die Habsucht hatte ihn fest im Griff. Eine Mitgift von zweihundert Pfund ... Fünfhundert? ... Tausend? Eine solche Summe würde ihn und eine zukünftige Frau und Familie für den Rest des Lebens gut versorgen, ohne dass er je wieder nach Schottland fahren müsste, um als Erntehelfer ein paar Pfund zusammenzukratzen.

»In Ordnung«, willigte er ein. »Morgen gehe ich mit dem Hund raus und erschieße ihn.«

## III

Als er nach Hause kam, war außer seiner Mutter niemand zugegen. Er ließ sich neben dem Kamin nieder und rauchte stumm seine Pfeife.

»Du siehst aus wie ein Mann, der sich Sorgen macht«, sagte die Mutter.

Er erzählte ihr die ganze Geschichte.

»Vielleicht hat sich Johnny McGinty dieses Hirngespinst nur ausgedacht«, sagte die Mutter. »Das traue ich ihm durchaus zu. Im Herzen kocht er vor Wut seit dem Tag, an dem Cameron ihn und seinen Rover zum Schweigen gebracht hat. Leider hilft uns das jetzt nicht. Aber ein Hund ist ja schließlich nur ein Hund.«

»Wenn man seinen Hund aber doch liebt, Mutter!«

»Ich weiß, ich weiß. Aber da gibt es etwas anderes, das man noch mehr lieben sollte als jeden Hund – einen Sack voll Geld am Hochzeitstag. Genug, um dich bis ans Ende deiner Tage behaglich und angenehm leben zu lassen. Morgen gehst du mit dem Hund raus und erschießt ihn. Aber kein Wort darüber zu deinem Vater oder sonst irgendwem, der es ihm erzählen könnte.«

»Wieso nicht, Mutter?«

»Weil dein Vater in gewissen Dingen nicht besonders gescheit ist. Das war er noch nie. Er hat nie verstanden, was für ihn das Beste wäre. Am Ende bekommt er noch einen Anfall, läuft schnurstracks zu Johnny McGinty und sagt: ›Na schön, Johnny, dann bring den Fall bitte vor Gericht und lass deinen geheimnisvollen Augenzeugen die Hand auf die Bibel legen, damit er schwört, gesehen zu haben, wie mein Hund dein Schaf gerissen hat.‹ So etwas wäre deinem Vater durchaus zuzutrauen, wenn ihm danach ist.«

»Aber wie soll ich den Hund denn töten, ohne dass er etwas davon erfährt?«, fragte Hughdie.

»Nichts leichter als das«, gab seine Mutter zurück. »Du brichst morgen früh auf, um in den Bergen Hasen zu jagen. Dafür nimmst du natürlich den Hund mit. Sobald du eine verlassene Ecke erreichst, am Fuß des Grugan, zum Beispiel, erschießt du ihn. Später kommst du dann allein nach Hause und fragst, ob denn Cameron noch nicht angekommen sei. Er wäre dir in den Bergen davongerannt. Wir sprechen dann weiter über ihn und tun die nächste Woche über so, als rechneten wir jederzeit mit seiner Rückkehr. Aber natürlich kommt er nie zurück. Ist in den Bergen davongelaufen und hat sich verirrt. Nicht der erste Hund, dem so etwas passiert!«

Am nächsten Morgen nahm Hughdie seine alte Schrotflinte vom Haken und steckte sich eine Handvoll Patronen in die Tasche. Seine Mutter machte ihm ein Sandwich, dann zog er aus in die Berge. Er gab sich keine Mühe, Hasen nachzustellen. Die Hinrichtung hinauszuzögern, würde nur seine Seelenqualen verlängern. Je länger der Hund um ihn herumtollte und hüpfte und fröhlich bellte, desto schwerer würde es, ihn zu erschießen.

Sie erreichten schließlich eine grasbedeckte Senke. Hughdie setzte sich auf einen Felsen, kippte den Lauf seiner Waffe nach vorn und lud zwei Patronen in den Verschluss. Dann rollte er ein wenig Gras zu einem Ball und warf ihn ein Stück weit weg, damit Cameron ihn holen sollte. Aber der Hund wollte nicht lange genug an einem Fleck bleiben, als dass

Hughdie richtig auf ihn hätte anlegen können, und es wäre allzu entsetzlich gewesen, ihn bloß anzuschießen und verwundet davonkommen zu lassen.

Hughdie legte sich die Waffe übers Knie und sah hinauf in den Himmel. Der Hund rannte zu ihm. Als wäre die Flinte ein Stock, hob er sie hoch und begann, mit dem Hund zu spielen, wie er es schon so oft getan hatte. Ein paar Mal pikte er ihn sanft mit der Mündung in die Brust. Cameron hatte großen Spaß an diesem Spiel. Er amüsierte sich prächtig ... Irgendwann drückte Hughdie den Abzug. Krachend fiel ein Schuss. Der Hund drehte sich einmal um die eigene Achse und noch einmal. Dann fiel er hin. Wie er da im Gras lag, warf er Hughdie einen letzten Blick zu. Es war vorbei.

Hughdie sah auf den toten Hund hinab. Grundgütiger! Dieser letzte Blick! Er spürte, wie ihm Tränen in die Augen schossen und die Wangen hinunterliefen. Er hatte diese schreckliche Tat für die Aussicht auf eine Handvoll Geld verübt. Wäre Cameron jetzt nur wieder am Leben, nicht für alles Geld in Amerika würde er ihn erschießen.

Mit schweren Schritten und schweren Herzens kehrte er gegen Abend nach Hause zurück. Es folgten die Fragen und Antworten, auf die man sich vorher geeinigt hatte. War Cameron denn noch nicht heimgekommen? Nein. Seit wann wurde er vermisst? Zuletzt hatte Hughdie gesehen, wie er eine Anhöhe des Grugan hinaufjagte, einem Hasen hinterher ... Am nächsten Tag würde er sicher zurückkommen ... Hunde wurden ja manchmal von allen möglichen Dingen abgelenkt. Und so weiter.

Aber natürlich kam Cameron nie mehr zurück.

# IV

Vier oder fünf Monate vergingen. Dann brachte der Postbote eines Tages einen Brief für Johnny McGinty. Sie erkannten den Umschlag sofort, da sie schon mehrere dieser Sorte erhalten hatten. Der Brief kam von dem Anwalt in Letterkenny.

Johnny McGinty war des Lesens nicht mächtig. Auch seine Frau nicht. Sie würden darauf warten müssen, dass ihre Tochter von der Arbeit nach Hause kam, um zu erfahren, wie viel Geld sie erwartete ... Oder sollten sie eins der Nachbarskinder herbitten? Nein. Die Sache musste in der Familie bleiben, bis sie wussten, um welchen Betrag es sich handelte. Also begannen sie zu raten, womit sie wohl rechnen könnten.

»Vielleicht an die fünfhundert Pfund«, wagte sich Mrs McGinty vor.

»Vielleicht sogar tausend«, sagte ihr Mann. »Oder noch mehr. Er hat nicht nur so gut wie jeden Penny gespart, den er je verdient hat, sondern auch Geld in Fonds gehabt. In Shaskinarone lebt ein Mann, Anthony der Arzt, der hat mit Fonds ein Vermögen gemacht.«

»Nach allem, was man so hört«, sagte seine Frau, »war er ein feiner Kerl. Natürlich habe ich ihn nie kennengelernt. Aber ich habe gehört, wie Leute, die ihn aus Amerika kannten, über ihn gesprochen haben.«

»Ein feiner Kerl durch und durch«, sagte Johnny McGinty. Würde die Tochter denn niemals nach Hause kommen?

Endlich tauchte sie doch noch auf und bekam, ehe sie sich auch nur den Schal ausziehen konnte, den Brief in die Hand gedrückt.

»Letterkenny«, sagte sie nach einem Blick auf die Briefmarke.

»Schnell, mach ihn auf und lies ihn uns vor.«

Das Mädchen öffnete den Brief und begann zu lesen. Was aber hatte ihr Stirnrunzeln zu bedeuten?

»Alles ein Reinfall«, sagte sie schließlich mit belegter Stimme. »Keine Erbschaft für uns.« Schwer ließ sie sich auf den nächsten Stuhl fallen.

Es war ein grausamer Brief. Er begann mit einer Danksagung für ihre freundliche Hilfe bei der Ermittlung der nächsten Angehörigen des verblichenen Dan McGinty. Besagter Mr McGinty sei jedoch auf einem Hof bei Cashelard in der Pfarre Kilbarron nahe Ballyshannon geboren worden. Die Namen der Familie lauteten Dan, John, James, Mary, Bridget und Delia. Die überlebenden Angehörigen seien John, wohnhaft weiterhin in Cashelard bei Ballyshannon, und Delia, wohnhaft in New York in den Vereinigten Staaten. Die von Delia vorgelegten Beweise, darunter Pässe und Auszüge aus dem Taufbuch der Pfarre in Ballyshannon, hätten die Identität der Familie ohne jeden Zweifel bewiesen, und so weiter.

»Verflucht sei diese Delia«, sagte Johnny McGinty. »Sie hat alles ruiniert … Ich bin entsetzt.«

»Geschieht uns ganz recht«, fauchte Mrs McGinty. »Das haben wir davon, dass wir irgendetwas von ihm erwartet haben. Seit dem Tag, an dem er Irland verlassen hat, hat keiner seiner Angehörigen auch nur einen Dollar von ihm bekommen. Er hat nicht ein Mal geschrieben, um zu fragen, ob es uns überhaupt noch gibt. Wenn er noch am Leben ist, sitzt er längst im Armenhaus. Und falls er tot ist, können wir uns sicher sein, dass er als Bettler gestorben ist.«

»Wir müssen diese schreckliche Nachricht für uns behalten«, sagte Johnny McGinty. »Die Nachbarn wären hocherfreut, zu hören, was uns widerfahren ist.«

»Wir können das nicht geheim halten, Vater«, sagte seine Tochter. »Nächste Woche steht die ganze Geschichte im *Donegal Eagle*. Ich habe da schon öfter Artikel über solche Ereignisse gelesen. Sie werden einen Bericht bringen, wie man die Angehörigen von Dan McGinty aus Cashelard bei Ballyshannon ausfindig gemacht hat. Da werden sämtliche Namen und Einzelheiten stehen. Wir würden uns bloß zum Gespött machen, wenn wir versuchen, das geheim zu halten.«

Die Nachricht verbreitete sich wie ein Lauffeuer in den gesamten Rosses. Gehässige Menschen sagten allerhand böse Dinge über Johnny McGinty und seine Frau. Wohlwollende Menschen hatten Mitleid mit ihrer Tochter, die, so sagte man, ein vernünftiges Mädchen sei und sich keinen arroganten Allüren hingegeben habe, als die Erbschaft noch eine Gewissheit zu sein schien. Hughdie Wards Mutter hielt sich aus solchen Diskussionen heraus. Sie hatte eine Partie gespielt und verloren. Jetzt war es an der Zeit, sich auf die zweite Partie vorzubereiten. Sofort eröffnete Susan Ward erneut die Kampagne, ihren Sohn mit Sara Gallagher aus Derrymore zu verheiraten.

Die Verhandlungen wurden zu einem erfolgreichen Abschluss geführt. Hughdie sollte vom Land seines Vaters die Hälfte bekommen. Sara würde vierzig Pfund als Mitgift beisteuern.

Am Abend vor der Hochzeit saß Hughdie mit seiner Mutter zu Hause, rauchte stumm seine Pfeife und starrte ins Feuer. Die Mutter verwickelte ihn in ein Gespräch. Er stimmte ihren Bemerkungen weder zu, noch wies er sie zurück, gab lediglich von Zeit zu Zeit ein nichtssagendes Murmeln von sich wie ein Mann, der im Halbschlaf dämmert.

»Wieso bist du am Vorabend deiner Hochzeit nicht aufgekratzt und fröhlich?«, setzte die Mutter an. »Denk doch nur, was du für ein Glück hast. Dem Herrgott sei's gedankt, dass du Fanny McGinty nicht bloß wegen dieser Feenerbschaft geheiratet hast. Sonst hättest du sie jetzt ohne einen müden Penny am Hals. Du wärst das Gespött der ganzen Pfarre. Überleg dir mal, was für entsetzliche Sachen die Leute über dich sagen würden. Mary Feggy Tammy würde sagen, dass die McGintys aus Ballyshannon dir bestimmt aus lauter Mitleid ein paar Pfund schicken werden. Die alte Shoogey Brennan würde sagen, dass deren Delia im tiefsten Kreis der Hölle schmoren solle dafür, dass sie überhaupt jemals geboren wurde. An all das solltest du denken, mein Sohn, und dich stattdessen freuen.«

»Wie fröhlich er mich angebellt und so von der Seite zu mir aufgesehen hat, als wir durch Glenfadda spaziert sind.«

»Wirst du wohl dein verrücktes Geschwätz drangeben und auf deine Mutter hören? Du hast ein gutes Mädchen bekommen und eine hübsche Summe obendrein. Ich gebe zu, eine Schönheit ist sie nicht, aber Fanny McGinty auch nicht. Abgesehen davon, wer will schon eine Schönheit? Was hat man von hübschen kleinen Püppchen, die weder im Haus noch auf dem Feld etwas taugen?«

»Und wie er dachte, ich würde bloß mit ihm spielen, als ich ihm die Mündung der Flinte gegen die Brust gedrückt habe.«

»Muss ich dir schon wieder sagen, du sollst dein irres Gerede einstellen und auf mich hören? Dem Himmel sei Dank, dass du solches Glück hattest. Mit ihrer Mitgift wirst du euch ein anständiges kleines Haus bauen können. Und du bekommst nicht nur die Hälfte vom Land, sondern auch noch unsere gute rote Kuh. Ab morgen hast du eine Frau, die gescheit und sparsam ist und zwei ausgezeichnete Hände hat. Sie kann Wolle kratzen und spinnen und stricken. Und bei der Ernte führt sie die Sichel so gekonnt wie jeder Mann. Ein Juwel von einer Frau wartet da auf dich. Also schüttle den Trübsinn ab und dank dem Himmel für so viel Glück.«

»Und wie er ein letztes Mal zu mir aufgesehen hat, als er sterbend im Gras lag.«

# Selbst der beste Plan

## I

Es war mein erster Besuch in Clochglas am anderen Ende der Rosses, weit weg von dem Ort, an dem ich geboren und aufgewachsen war. Die Aussicht von dort war atemberaubend. Von einer kleinen Anhöhe an der Spitze der Landzunge aus sieht man, auf der einen Seite, den weiten Atlantik und die Inseln und Landspitzen von Tory bis zu den Felsen von Rossowen und auf der anderen Seite die ganze Bergkette vom Muckish bis zum Croaghgorm. An diesem besonderen Tag aber war es nicht die Aussicht, die meine Aufmerksamkeit auf sich zog. Nein, es war ein kleines Landhaus, wie ich es in den Rosses noch nie zuvor gesehen hatte. Es stand in südlicher Ausrichtung an einem geschützten Fleck. Rosen und Geißblatt rankten sich um die Gitter vor Tür und Fenstern. Vor dem Haus lag ein wundervoller Garten mit ordentlich gepflasterten Wegen und Steingärten und einer Vielzahl an Stauden und Blumen.

Ich war von meinem Fahrrad gestiegen, stand da und bewunderte diese seltene Vermählung von naturgegebener Schönheit und menschlicher Schaffenskraft. Das Ganze kam mir wie der ideale Ort zum Leben vor, und so dachte ich auf der Stelle, dieses Haus könne nur einem jener reichen Engländer gehören, die einen solchen Fleck auf einer ihrer Rundreisen entdecken und beschließen, sich dort niederzulassen.

Ich wollte mich schon abwenden, als eine alte Frau hinter einem Busch hervorkam und einen der Wege einschlug, die zu dem Tor führten, das sich zur Straße hin öffnete. Die Frau trug Lederhandschuhe bis zu den Ellbogen und hielt eine kleine Grabgabel. Sie war alt, welk und runzlig, ihr Haar weiß wie Schnee. Aber trotz ihres offensichtlichen Alters waren die Spuren einstiger Schönheit noch in ihrem Gesicht verblieben.

Ich legte mir eine Begrüßung zurecht, wurde aber davor bewahrt, das Gespräch eröffnen zu müssen. Die alte Dame sprach zuerst. »Bewundern Sie meine Blumen?«, fragte sie.

»Sie sind wahrlich zu bewundern«, antwortete ich. »Ich wusste nicht, dass es in den Rosses einen so märchenhaften Blumengarten gibt.«

Die alte Dame war gesprächiger Laune. »Als ich vor über fünfzig Jahren herkam, war der heutige Garten eine einzige Wildnis. Die Aussicht hatte mich angezogen. Ich habe das Land gekauft und das Haus errichten lassen. Dann wollte ich einen Garten mit Stauden und Blumen anlegen. Die Idee dazu hatte ich von Bildern aus verschiedenen Illustrierten, vor allem Bilder von Landhäusern an der Französischen Riviera ... Machen Sie ruhig das Tor auf und kommen Sie herein, wenn Sie möchten.«

Ich betrat den Garten.

»Sie fragen sich bestimmt, wie ich das fertiggebracht habe.«

»Ja, Madam, der Gedanke kam mir in der Tat. Bestimmt haben Sie dem Garten alles andere untergeordnet.«

»Das stimmt. Nach ein paar Jahren wurde es immer interessanter. Angefangen habe ich damit, um der Langeweile des Lebens zu entfliehen. Um aus dem Zustand leerer Gleichgültigkeit auszubrechen, der einen beherrscht, wenn sich ein Traum in Luft auflöst.«

Sie schien den Pfad zum Auftakt einer längeren Geschichte beschritten zu haben. Aber sie verfolgte ihn nicht weiter, sondern lenkte das Gespräch wieder auf den Garten. »Natürlich«, sagte sie, »hätte ich das nicht allein geschafft. Ich hatte weder Ahnung noch Erfahrung in solchen Dingen, dafür aber das Glück, mir die Dienste eines alten Gärtners zu sichern, der sein halbes Leben auf dem Glenveagh-Anwesen gearbeitet hatte. Er war es, der den Garten mit seinen gepflasterten Wegen und Steingärten geplant und angelegt hat. Er hat all die Rosen und Reben und die meisten Stauden gepflanzt. Natürlich wuchs mit der Zeit auch mein Interesse, und ich habe einiges von ihm gelernt. Ich experimentiere viel mit Stauden und Blumen, die nach Meinung vieler Experten in dieser Erde eigentlich nicht gedeihen sollten. Und sehr oft bin ich doch erfolgreich. Nehmen Sie diese hier, zum Beispiel«, sagte sie und deutete auf eine bestimmte Blume. »Die *Gladiolus Cinquecentus*. Ich habe sie aus dem Botanischen Garten von Dublin. Mehrere Experten haben mir versichert, dass sie hier nicht wachsen wird. Dass all das Salz in der Seeluft sie umbringt. Ich habe es trotzdem versucht. Und jetzt blüht sie hier.«

Sie fuhr fort, das Wesen und die Besonderheiten verschiedener Stauden und Blumen hervorzuheben, was mich peinlich berührte, denn damals wie heute ist mein Wissensschatz in Botanik und Blumenzucht so gut wie nicht vorhanden. Zum Glück wurde ich schnell von meiner Scham befreit. Eine adrett gekleidete Magd trat aus dem Landhaus und kam auf uns zu. Sie bat um Verzeihung und sagte, das Mittagessen sei angerichtet. Mir fiel auf, dass sie ihre Herrin in der dritten Person anredete. Später in meinem Leben stieß ich im Zuge ausgiebiger Lektüre auf weitere Fälle solcher Anrede, besonders in der feinen Gesellschaft Frankreichs. Zu jenem Zeitpunkt aber war es mir neu, und ich konnte es nicht begreifen.

Die alte Dame zog ihre Lederhandschuhe aus und entschuldigte sich. Dann fügte sie noch hinzu, ich könne, wann immer ich hier vorbeikäme, gern den Garten betreten und so lange bleiben, wie es mir zusagte. Natürlich dankte ich ihr für die freundliche Einladung, hatte aber nicht im Geringsten vor, noch einmal zurückzukehren. Wie bereits erwähnt, hatte ich keine Ahnung von Blumen oder Stauden. Sie interessierten mich auch nicht. Vielmehr hätte mich die Lebensgeschichte der alten Dame interessiert, aber bis auf die flüchtige Andeutung verflossener Träume hatte sie nichts weiter gesagt. Das hastige Umschwenken auf Stauden und Blumen hatte deutlich gemacht, dass sie ihre Geheimnisse für sich behalten wollte. Zumindest würde sie kaum mit mir darüber reden.

## II

Ich schlug mir die Sache aus dem Kopf und widmete meine Aufmerksamkeit einem anderen Individuum, das, wie mir im Laufe der letzten Jahre immer wieder in den Sinn gekommen war, bestimmt eine Geschichte zu erzählen hatte. Es war ein alter Mann aus den Rosses, von dem es hieß, er habe viel von der Welt gesehen. Zwei Mal war er in Amerika gewesen – drei Jahre als junger Mann und später noch einmal für mehr als ein Vierteljahrhundert. Als ich ihn zum ersten Mal sah, ging er schon arg gebeugt und war doch groß und breitschultrig. Er hieß Mickey Mulligan und stammte aus Rinamona in den Lower Rosses.

Er hauste allein in einer armseligen Hütte und war der größte Geizhals, den man je gesehen hatte. Den örtlichen Geschichten zufolge hatte er sich dieses Verhalten nicht etwa selbst angeeignet. Vielmehr waren die Mulligans schon seit Generationen als Geizhälse berüchtigt.

Solange sein Körper es zuließ, bestellte er die kleinen Parzellen Land, die ihm gehörten. Außerdem hielt er eine Kuh und gelegentlich ein Kalb dazu. Angeblich hatte er jede Menge Geld. Einige Nachbarn – von jener Sorte, die den umfassenden Nutzen von Schlüssellöchern kennen – behaupteten, er halte unter einer bestimmten Bodenplatte im Haus einen ganzen Topf voller Goldmünzen versteckt. Nachts, nachdem er die Tür verriegelt und die Fenster verrammelt habe, ergehe er sich gern darin, seinen Schatz auf dem Esstisch auszubreiten und im Schein einer flackernden Kerze stundenlang zu betrachten. Manch andere, deren Wort ich für glaubhafter halte, bestanden darauf, dass er nur wenig Geld im Haus aufbewahrte. Schließlich wusste jeder, dass er bei der Bank in Cloghansuarach ein Konto besaß. Und die Posthalterin im Dorf nannte zwar keine genauen Zahlen, gab aber zu verstehen, er habe eine beachtliche Summe auf seinem Sparkonto angehäuft.

Wenn er also eine Menge Geld besaß – und es bestand aller Grund zu der Annahme –, warum gab er dann nichts davon aus? Wieso hatte er die jämmerliche Hütte, in der er lebte, nicht gemütlicher und ein wenig ansehnlicher eingerichtet? Er hätte sich ein solides, bequemes Bett mit passender Bettwäsche für die verschiedenen Jahreszeiten zulegen können.

Er könnte sich wenigstens einen einzigen bequemen Stuhl kaufen. Er könnte sich vor Wintereinbruch mit einem reichlichen Vorrat an gutem Torf eindecken, statt seinen schäbigen Kochtopf mit feuchten Klumpen und zerstückeltem Strandgut zu befeuern.

Auch vor der Hütte hätte er, wenn er denn ein paar Pfund zur Hand nehmen wollte, mehrere Verbesserungen vornehmen können, die den Ort beinahe zu einem Heim machen würden. Man könnte die verstopften Abflüsse reinigen. Einen kleinen Rasen anlegen. Ohne zu tief in die Tasche zu greifen, könnte der alte Mulligan eine Menge bewerkstelligen, um seine elende Behausung etwas respektabler und wohnlicher zu machen. Kein vernünftiger Mensch hätte von ihm erwartet, sein ganzes Erspartes für ein Märchenhaus mit Märchengarten auszugeben, wie ich es vor Kurzem in Clochglas gesehen hatte. Aber ein bisschen was hätte er sich schon gönnen können.

Auch stellte sich die Frage, weshalb Mickey Mulligan in jungen Jahren nicht geheiratet hatte. Zu diesem Thema gab es verschiedene Meinungen. Manche sagten, er sei einfach zu geizig, um sein irdisches Hab und Gut mit einer Frau zu teilen. Shoogey Brennan bestand darauf, dass Mickeys Stern als junger Mann einmal hell geleuchtet habe, um dann plötzlich zu erlöschen und ihn in Düsternis zu stürzen.

Ich besuchte ihn mehrfach, konnte ihm aber nichts entlocken. Schließlich hatte ich das Gefühl, er verabscheue meine Besuche. Also beschloss ich, ihn nicht weiter zu belästigen.

Für jemanden auf der Suche nach guten Geschichten war es sehr ärgerlich, binnen kaum zwei Wochen gleich zwei Mal in einer Sackgasse zu landen – erst bei der alten Dame mit dem bezaubernden Garten und Landhaus, dann bei diesem elenden alten Pfennigfuchser. Mein Gefühl sagte mir aber in beiden Fällen, dass keine Aussicht auf Erfolg bestehe. Wollte ich je an die eine oder die andere oder gar beide Geschichten kommen, musste ich mich bei meinen Nachforschungen auf andere Quellen verlegen.

## III

Andy Divir war ein Mann aus den Rosses, der in einer Gegend namens Shallogan am Ufer des Loch Finn wohnte. Wie hatte es ihn dort hinauf verschlagen? Er hatte den Umweg über Amerika genommen. Als junger Mann verließ er die heimatlichen Rosses und wanderte in die Staaten aus. Dort lernte er ein Mädchen aus Shallogan kennen. Sie heirateten, und im folgenden Jahr wurden sie von den Eltern des Mädchens eingeladen, nach Irland zurückzukehren und sich auf dem gebirgigen Hof am Finn niederzulassen, der ihnen gehören sollte, sobald das alte Paar nicht mehr war. Zwar gab es auf dem Gelände kaum urbares Land, dafür war es für die Schafzucht wie geschaffen, und so nahm das junge Paar das Angebot mit Freuden an.

Aus Andy Divirs Sicht hatte das Arrangement allerdings einen kleinen Haken: Das Grundstück würde seiner Frau gehören, da sie es von ihren Eltern erbte. Was zur Folge haben könnte, dass seine Frau ihren Willen deutlicher durchsetzen würde, als es Andy unter anderen Umständen lieb gewesen wäre. Dafür war es ein gutes Zuhause. Und wenn er kleine Opfer bringen musste, konnte er sich wenigstens mit dem Gedanken trösten, dass er auf diesem Besitz in der Lage war, in durchaus komfortablen Verhältnissen eine Familie zu gründen.

Zu gegebener Zeit stellten sich Kinder ein. Einen nach dem anderen bekamen sie vier Söhne. Und es waren wohlgeratene Burschen. Trotzdem wurde Mrs Divir immer missmutiger. Sie sehnte sich nach einer Tochter. Sie betete um eine Tochter. Sie hatte ihre eigenen Pläne, wie sie sie großziehen, sie kleiden, sie ausbilden wollte.

Endlich ging ihr Wunsch in Erfüllung. Sie bekam das fünfte Kind, und diesmal war es eine Tochter. Alle Frauen in der Gegend waren sich einig, es sei ein hübsches Baby. Sobald sie einmal herangewachsen wäre, würde sich im Umkreis von sieben Pfarreien keine Frau mit ihrer Schönheit messen können.

Als Erstes musste Mrs Divir ihrem Kind einen passenden Namen geben. Sie hatte in jungen Jahren eine Menge Liebesgeschichten gelesen und an einigen Namen besonderen Gefallen gefunden. Als ihre Kleine geboren war, wägte sie mehrere dieser Namen gründlich im Geiste ab. Sie überlegte, verwarf, traf eine Entscheidung, verwarf abermals. Am Ende entschied sie sich für Florence.

Andy Divir hielt wenig von diesem Vorhaben. Erstens war der Name seltsam, er hatte ihn noch nie gehört. Vor allem aber lehnte er ihn ab, weil damit ein heiliger Brauch der Rosses gebrochen würde – die erstgeborene Tochter wurde grundsätzlich nach ihrer Großmutter väterlicherseits benannt. Andy Divirs Mutter hieß Biddy, deshalb sollte auch seine älteste Tochter Biddy heißen. Aber natürlich wollte, konnte sich die Mutter des Kindes darauf nicht einlassen. Divir als Familienname war schlimm genug. Ihr Töchterchen aber Biddy

Divir zu nennen, war eine Gräueltat, wie sie die Mutter niemals zulassen konnte.

Andy Divir musste nachgeben. Mit der ihr eigenen ruhigen Art und ohne viele Worte gab seine Frau ihm zu verstehen, dass es im Gegenzug für so ein annehmliches Heim wohl das Mindeste sei, die Wahl des Namens der Tochter ihr zu überlassen.

So wurde das Kind ordnungsgemäß auf den Namen Florence getauft. Florence Divir! Zwar klang Andys Frau der Nachname immer noch »etwas grobschlächtig«, aber da war nichts zu machen. Der Name Florence war für sich genommen bereits etwas Besonderes, was immer auf ihn folgen mochte.

## IV

Florence wuchs heran. Sie war unverkennbar eine Schönheit. In der Schule stellte sie sich als aufgeweckt und intelligent heraus. Sie war der ganze Stolz ihrer Eltern, selbst an den Namen hatte sich ihr Vater gewöhnt. Er hatte das Gefühl, seinem Klang hafte ein Hauch von Eleganz und Würde an. Tatsächlich war es doch ein wesentlich passenderer Name als Biddy, sagte er sich, selbst wenn seine Mutter so geheißen hatte.

Im Alter von vierzehn Jahren verließ Florence die Volksschule. »Sie hat jetzt bestimmt eine Menge Bildung«, sagte ihr Vater. »Ich wünschte, ich wäre halb so gebildet gewesen, als ich von zu Hause weggegangen bin.«

»Für heutige Verhältnisse ist es vergleichsweise wenig Bildung«, erwiderte die Mutter. »Die Zeiten haben sich geändert. Die Umstände sind viel komplizierter geworden. Es ist viel schwieriger, Erfolg zu haben.«

Mehr wurde bei dieser Gelegenheit nicht dazu gesagt. Gerade genug, um das Eis zu brechen. Bald würde sie erneut zuschlagen.

Wenig später verkündete sie ihren Plan. Sie sollten ihre Tochter am besten für ein paar Jahre auf die Klosterschule in Assaroe schicken. Andy Divir machte vor Staunen große Augen und betrachtete seine Frau. Wie war sie bloß auf diese alberne Idee gekommen?

»Wie viel würde das kosten?«, fragte er, sobald er die Sprache wiedergefunden hatte.

Mrs Divir gab vor, sich im Kopfrechnen zu üben. Aber sie tat nur so. Längst hatte sie alles genau durchgerechnet.

»So viel«, antwortete sie.

»So viel!«, sagte ihr Gatte und keuchte.

»Aber da ist alles drin. Verpflegung, Schulgeld, Bücher, Uniform, Musik und ein kleines Taschengeld.«

»Aber das können wir uns nicht leisten, liebe Gemahlin. Du weißt, wir haben bei diesem Schneesturm im März fast die Hälfte unserer Schafe verloren. Wir werden Jahre brauchen, um uns davon zu erholen.«

»Wir müssen bloß meinem Bruder Patrick in Amerika schreiben. Er hat jede Menge Geld.«

»Sicher wissen wir, dass er eine Menge Geld verdient hat, vor allem, seit er in den Pelzhandel eingestiegen ist. Aber er hat es auf die harte Tour verdient. Ich glaube kaum, dass er sich gern davon trennt. Und vielleicht hält er auch nichts davon, Mädchen vom Land auf Klosterschulen zu schicken.«

»Hör mir zu, Andy«, sagte Mrs Divir. »Ich habe das Geld,

um den Aufenthalt an der Schule für Florence zu bezahlen. Jeden Penny. Alles, was ich in den vier Jahren in Amerika gespart habe, plus der Lotteriegewinn aus dem Jahr, bevor wir zurückgekehrt sind. Damit sollte das Thema erledigt sein.«

Und das war es. Einmal mehr wusste Andy Divir, wie seine Frau dachte. Sie hatte ihn nach Hause gebracht und den Hof ihres Vaters in seine Hände gelegt. Da konnte sie im Gegenzug wenigstens das Privileg erwarten, ihr privates Erspartes für die Erziehung ihrer Tochter auszugeben.

An jenem Abend träumte Mrs Divir vor sich hin. Sie sah ihre erwachsene Tochter vor sich, gebildet und formvollendet. Sie konnte Klavier spielen. Sang beim Jahreskonzert in Letterkenny mit.

Als sie später dasaß und die Schulbücher ihrer Tochter aufräumte, schlug sie das Lesebuch der letzten Klasse auf und blätterte ein wenig darin. Da stach ihr ein Gedicht von einer Dame namens Aubrey de Vere ins Auge. Wie der Blitz traf sie plötzlich eine Eingebung. De Vere! De Vere! Das musste einfach die ursprüngliche Form von Divir sein. Florence de Vere! Drei oder vier Mal sagte sie sich den Namen leise vor. Eine ungeheure Verbesserung gegenüber Florence Divir.

Noch war ihr die wahre Bedeutung des Gütesiegels nicht klar, das diese neue Form des Namens mit sich brachte. Sie wusste nicht, dass der Zusatz *de* von berühmten Franzosen wie beispielsweise Balzac eingefügt worden war. Auch konnte sie nicht ahnen, dass in ihrer Heimat der Tag kommen würde, an dem das Entfernen des *de* aus einem Namen wiederum ein ganz eigenes Gütesiegel von ähnlicher Tragweite darstellte. So beschloss sie an Ort und Stelle und ohne die Hilfe von Ahnenforschung oder Heraldik, dass ihre Tochter fortan Florence de Vere heißen sollte.

Ihr Gatte war von dieser Idee reichlich verblüfft. Er konnte seine Herkunft über sieben Generationen bis zum Schwarzen Jack Divir zurückverfolgen, dem berühmten Schmuggler aus Inishmacdurn. Aber es half alles nichts. Der Name Divir klang grobschlächtig. Und welch zweifelhafte Zier wäre auch der Name eines Schmugglers für eine begabte junge Dame gewesen, die eine anständige Erziehung genießen sollte?

## V

Zu gegebener Zeit begab sich Florence de Vere – wir wollen einwilligen, sie so zu nennen – zur Klosterschule in Assaroe. Das neue Umfeld, die Bekanntschaft mit Mädchen aus den Städten, vor allem aber ihr neuer Name, all das stieg ihr zu Kopf. Sie freundete sich mit einem gleichaltrigen Mädchen an, der Tochter eines Rechtsanwalts aus Ballyshannon. Das Mädchen aus Ballyshannon las sehr gern Liebesgeschichten. Regelmäßig schmuggelte sie neue Bücher ins Kloster, die sie heimlich verschlang und unter ihrer Matratze versteckte. Und natürlich an Florence verlieh.

Bei dem Mädchen aus Ballyshannon würde diese Art Lektüre nie einen bleibenden Eindruck hinterlassen. Sie war einfach gestrickt und recht einfallslos. Sie hatte den geistigen Zuschnitt und die Weltsicht einer Kleinstadt, wo der Groschen auf den Pfennig herabschaut. Wenn sie nach Ende der Schulzeit nach Hause zurückkehrte, würden weder sie noch ihre Mutter etwas anderes im Sinn haben, als ihr einen passenden Bräutigam aus der Groschen-Klasse zu suchen.

Bei Florence war das anders. Sie war überaus ansehnlich und schon von Geburt an mit einer blühenden Fantasie gesegnet gewesen, zusätzlich stimuliert von der wilden und rauen Erhabenheit der endlosen Hügel Donegals. Und auch ihr Name tat einiges zur Sache. Der Umstand, dass sie ohne Gottes schützende Hand nicht als Florence de Vere, sondern als Biddy Divir aufgewachsen sein könnte, ließ sie ohne Weiteres daran glauben, von einem anderen Schlag zu sein als ihre Schulkameradinnen.

Sie las also viel, und die Lektüre hinterließ bleibenden Eindruck. Oft träumte sie sich in die Rolle der Heldin einer dieser aufwühlenden Geschichten. Sie wird auf einer Burg gefangen gehalten. Ein Held kommt des Wegs, in voller Rüstung und prächtig ausstaffiert. Natürlich fordert er den Burgherrn, der sie gefangen hält, zum Duell und obsiegt. Florence und ihr Retter heiraten.

In gewisser Hinsicht hatte Florence de Vere während ihrer Jahre auf der Klosterschule große Ähnlichkeit mit der berüchtigten Emma Rouault – jedoch mit folgendem Unterschied: Anders als die französische Demoiselle musste Florence bei ihren imaginären Eskapaden selbst vom strengsten Moralisten keinerlei Tadel fürchten. Florence ehelichte stets den Helden ihrer Geschichten und blieb ihm ein Leben lang treu.

In ihrem letzten Jahr auf der Klosterschule las Florence eine Geschichte, die sie besonders in ihren Bann schlug. Sie handelte von einem Mädchen, das ein gewaltiges Vermögen hatte, es aber vor allen Leuten geheim hielt. Sie war entschlossen, einen Mann zu finden, der sie um ihrer selbst willen liebte, obwohl sie scheinbar mittellos war. Es kam zur Hochzeit. Das Paar zog in die spärliche Hütte des Bräutigams. Sie waren arm, aber glücklich, denn sie liebten einander. Und dann präsentiert die Braut ihrem jungen Gemahl plötzlich den Beweis für ihr großes Vermögen.

Genau so wollte Florence es auch machen. Und es schien immer wahrscheinlicher, dass sie diesen Traum über kurz oder lang würde verwirklichen können. Ihr Onkel Patrick in Amerika war überaus reich. Er hatte nie geheiratet. Es bestand kaum ein Zweifel daran, dass er ihr den Großteil seines Vermögens hinterlassen würde. Außerdem war schon seit Längerem bekannt, dass es mit seiner Gesundheit nicht zum Besten stand. Florence verabscheute sich dafür, in Gedanken immer wieder zu diesem Aspekt der erwarteten Erbschaft zurückzukehren. Mehrfach sagte sie sich, sie hoffe inständig, ihr Onkel Patrick möge noch viele Jahre leben. Aber irgendwie hatte sie das Gefühl, dabei nicht ganz aufrichtig zu sein.

## VI

Nach fünf Jahren auf dem Internat in Assaroe kehrte Florence mit abgeschlossener Ausbildung nach Hause zurück. Sie war neunzehn Jahre alt und wahrlich attraktiv.

Es dauerte nicht lange, bis sie den ersten Heiratsantrag bekam. Er kam von einem – dem Hörensagen nach – recht wohlsituierten Ladenbesitzer aus Letterkenny. Er legte Beweise für seine Vermögenswerte vor und bat darum, man möge Florence eine bestimmte Summe als Mitgift zugestehen. Andy Divir fand seine Forderung überzogen und wollte ihn auf eine Menge Pfund weniger herunterhandeln. Mrs Divir rettete die Situation. Sie würde, so sagte sie, die Differenz zwischen der Forderung und dem Angebot aus eigener Tasche begleichen. Sie hatte nicht all ihre Rücklagen für die Ausbildung der Tochter ausgegeben.

Mrs Divir gefiel die Aussicht, ihre Tochter in eine Stadt zu verheiraten. In Letterkenny würde Florence im Rampenlicht stehen. Sie würde eine Menge Gelegenheiten finden, ihre Fertigkeiten unter Beweis zu stellen, ganz anders als auf diesem gebirgigen Hof am Loch Finn. Man stelle sich nur vor, wie diese begabte, formvollendete junge Dame zur Ablammsaison barfuß einen Haufen Binsen auf dem Rücken zu den Ställen schleppte! Sie würde wieder zu einer Florence Divir werden. Zu einer Biddy Divir gar, um Himmels willen!

Florence lehnte rundheraus ab. Ihr vermeintlicher Grund war einer, der sich kaum aus der Welt schaffen ließ. Sie konnte den Mann nicht leiden, so sagte sie zumindest. Der eigentliche Grund für ihre Ablehnung war allerdings, dass der Mann nach einer Mitgift verlangte.

Der nächste Antrag kam von einem Lehrer aus Ardard. Auch er wollte Geld. Er sagte, dass sie zwar bequem von seinem Gehalt leben könnten, er aber ein Haus bauen oder kaufen wollte, das seiner gesellschaftlichen Stellung gerecht würde.

Abermals lehnte Florence ab, abermals aus dem gleichen Grund. Sie mochte den Mann nicht, so sagte sie.

»Wie stellst du dir deine Zukunft denn vor, liebe Tochter?«, fragte ihr Vater. »Nur eins von euch Kindern kann den Hof erben – Michael, unser Ältester. Für den Rest von euch können wir nicht mehr tun, als euch, wenn ihr geht, so viel Geld mitzugeben, wie wir es uns eben leisten können.«

Auch von diesem Argument ließ sich Florence nicht erweichen. Sie würde keinen Mann heiraten, der zusätzlich zu ihrer Hand auch noch ein Geldgeschenk haben wollte.

Einige Wochen nach dem zweiten Antrag erreichte Florence ein Brief von ihrem Vetter zweiten Grades aus New York. »Dein Onkel Patrick ist tot«, so fing der Brief an. »Er ist letzten Samstag gestorben. Gott hab ihn selig … Nach den Gesetzen dieses Staates wird sein Testament erst vollstreckt, wenn er ein Jahr tot ist. Aber so viel will ich Dir verraten – und halte es unbedingt streng geheim: Auf Dich wartet eine rosige Zukunft …«

Florence war überglücklich. Die Vorstellung von dem Mädchen, das sich als mittellos ausgibt, bis sie einen Mann findet, der sie um ihrer selbst willen liebt, war Wirklichkeit geworden. Jetzt konnte sie jahrelang warten. Eines Tages würde dieser Mann ganz sicher kommen. Sie brauchte nicht mehr zu tun, als dieses Geheimnis sorgsam zu bewahren. Der Tag würde kommen, an dem ihre rosigen Träume wahr wurden.

## VII

Erntemarkt in Glenties. Das ist der wichtigste Tag des Jahres für diesen Teil des Landes. So wichtig wie, wenn nicht noch wichtiger als, der Sommermarkt von Dungloe für die Rosses.

Florence de Vere ging in Begleitung zweier Mädchen aus der Nachbarschaft zum Markt. Ihre Schönheit und der Kontrast zwischen ihrem Kleid und den handgestrickten Kleidern der Mädchen sorgten dafür, dass alle jungen Männer stehen blieben und ihr nachblickten.

Eine Menge Leute waren nach Glenties gekommen. Draußen in Mullineeran fand die Pferdemesse statt, näher zur Stadt hin der große Viehmarkt. In der Stadt selbst gab es die üblichen Attraktionen. Da stand der Mann mit dem Luftgewehr und bot an: »Drei Schuss für einen Penny, für jeden Treffer auf das Glöckchen drei Penny Gewinn.« Dann der Mann mit dem Roulettetisch, der aufzählte: Von »Eins zu eins auf Rot, eins zu zwei auf Schwarz« bis zu »Ein Shilling für Anker oder Krone«. Für viele Leute aber war die größte Attraktion an diesem Tag Felimy der Fiedler, der weithin als bester traditioneller Spielmann des Landes galt.

Felimy spielte mehrere Lieder – ein paar schnelle und ein paar langsame. Zwischendurch bückte er sich, um die Pennys aufzuheben, die sich zu seinen Füßen angesammelt hatten. Irgendwann trat ein junger Mann auf ihn zu und fragte, ob er nicht die *Fuchsjagd* spielen könne. Felimy konnte und spielte auch gleich das gewünschte Lied. Die Menge lauschte verzückt. Sie sahen vor sich, wie die Hundemeute zur wilden Hatz ansetzte. Der Fuchs rannte hierhin und dorthin und versuchte, seinen Todfeinden zu entrinnen. Am Ende glaubte das Publikum, die letzten verzweifelten Schreie im Angesicht des unausweichlichen Todes zu vernehmen, gefolgt von dem schwachen Keuchen, mit dem das Opfer sein Leben aushauchte.

Der junge Mann legte dem Spielmann eine Silbermünze in die Hand, dankte ihm und lobte seine Darbietung in den höchsten Tönen. Die Leute ringsum musterten ihn. Ein Fremder. Aber das war nicht weiter verwunderlich. Zu jener Zeit kamen die Leute aus einem Umkreis von bis zu fünfzehn Meilen zum Erntemarkt nach Glenties.

Auch Florence de Vere betrachtete den Fremden. Ein stattlicher Mann – ein Mann, in den sich jedes junge Mädchen nur zu leicht vergucken konnte. Er trug einen feinen Anzug nach neuestem amerikanischen Schnitt und dazu edle Lackschuhe.

Wie oft sich die Blicke von Florence und dem jungen Mann trafen, vermag ich nicht zu sagen. Auch weiß ich nicht, wie die beiden einander schließlich vorgestellt wurden. Ich weiß nur, dass sie, keine zwei Stunden nachdem Felimy der Fiedler seine *Fuchsjagd* angestimmt hatte, gemeinsam im Highland-Hotel saßen und Tee tranken.

Der junge Mann war überaus interessant. Er war, so erzählte er, erst vor ein paar Tagen aus Amerika zurückgekommen, nachdem er mehrere Jahre dort verbracht hatte. Da drüben in Amerika könne man eine Menge Geld verdienen. Trotzdem hatte er dort nicht allzu lange leben wollen. Amerika sei ein Land, in dem uneingeschränkter Materialismus alles beherrsche. Ein Land ohne Geschichte, ohne Traditionen, ohne Kultur. Nichts Verehrungswürdiges außer dem allmächtigen Dollar. Deswegen war er zurückgekehrt. Und deswegen wollte er nie wieder dorthin … »Wie oft«, schloss er, »wie viele Millionen Male könnte man den Broadway entlanggehen, ohne je einen Fiedler zu hören, der die *Fuchsjagd* anstimmt?«

In der folgenden Zeit besuchte der Fremde Florence des Öfteren zu Hause. Andy Divir stellte Nachforschungen an und war von seinem Werben wenig angetan. Acht oder neun Monate später verkündete der Fremde Florence seine unsterbliche Liebe und hielt um ihre Hand an. Florence freute sich über den Antrag. Sie wollte gern annehmen, allerdings unter einer Bedingung. »Du weißt«, sagte sie, »dass es hier – und sicher auch in der Gegend, aus der du stammst – Brauch ist, dass ein Mädchen zur Hochzeit von ihren Eltern eine Mitgift bekommt. Ich habe leider keine zu erwarten, nicht einen Penny. Durch die plötzlichen Mietnachzahlungen, die Überschwemmung unserer Weiden zwei Jahre in Folge und den Verlust vieler Lämmchen im Schneesturm letzten März haben meine Eltern nichts mehr zu geben. Deshalb muss mich der Mann, der mich heiraten will, nehmen, wie ich bin, mit nichts als den Kleidern, die ich am Leib trage.«

Der junge Mann legte die Hände des Mädchens in seine und sah sie liebevoll an. »Florence, Liebste«, sagte er entschlossen, »ich will nur dich, kein Geld. Ich biete dir an, meine kleine Hütte mit dir zu teilen, ganz wie sie ist. Gott wird uns segnen, denn wir gehen die Sache richtig an. Bitte, erwähne das Wort Mitgift mir gegenüber nie wieder.«

Am folgenden Tag erzählte Florence ihren Eltern von der Verlobung. Mit blankem Entsetzen starrte der Vater sie an. »Bist du verrückt geworden?«, ereiferte er sich. »Er ist ja durchaus ansehnlich, das muss ich dir lassen. Aber was hat er zu bieten? Ein Fleckchen *screabán* in den Rosses, das kaum eine Ziege ernähren könnte …«

Florence aber ließ sich nicht beirren, den Mann zu heiraten, den sie liebte und der sie ohne einen Penny zur Frau nehmen wollte. Und was die Zukunft anging, machte sie sich natürlich absolut keine Sorgen. Sie war sich des beachtlichen Vermögens sicher, das ihr aus dem Nachlass des Onkels zukommen würde, selbst wenn sie die genaue Summe nicht kannte. Diesen Umstand hatte sie gänzlich geheim gehalten, selbst vor ihren Eltern. Wenn es so weit war, würde sie sie mit dieser freudigen Neuigkeit überraschen … Sie erwartete eine eindeutige Mitteilung schon in wenigen Tagen!

Am Morgen des Vortags der Hochzeit brachte der Postbote Florence zwei Briefe. Einer der Umschläge sah irgendwie amtlich aus, auch war die Adresse mit Maschine geschrieben. Florence machte ihn auf. Er kam von einer großen Anwaltskanzlei aus New York – und welch himmlische Nachricht er enthielt! Dort stand, dass ihr laut dem Testament ihres Onkels Patrick Timony, verblichen an dem und dem Datum, nach Abzug der Erbschaftssteuer und Entrichtung aller anfallenden Bearbeitungskosten, als einziger Vermächtnisnehmerin des oben genannten Erblassers ein Restbetrag von 27 000 Dollar zustehe. Sie möge ihren Anwalt bitte umgehend instruieren, an wen die aufgeführte Summe in ihrem Namen überwiesen werden solle, sobald sich der Anwalt mit der Kanzlei ins Benehmen gesetzt habe.

Florence las den Brief drei Mal hintereinander. Ihr Herz wollte vor Glück zerspringen. Ihr Traum war Wirklichkeit geworden. 27 000 Dollar! Sie rechnete den Betrag nach dem aktuellen Wechselkurs grob in Pfund um. Genug, um ihnen bis an ihr Lebensende ein angenehmes Dasein zu ermöglichen. Wann sollte sie ihrem Gemahl die Neuigkeit verkünden? Auf dem Rückweg von der Kirche, direkt nach der Hochzeit? Sollte sie ein paar Tage oder Wochen oder gar Monate warten? Bis zu einem Tag, an dem sie kein Geld mehr hatten, um Essen oder Brennmaterial zu kaufen? Dann könnte sie – ganz wie die gute Fee im Märchen – ihrem Gatten einen Scheck über 27 000 Dollar präsentieren!

Als sie das Rechtsdokument langsam verkraftet hatte und sich die Wellen der Erregung allmählich legten, kam sie auf den Gedanken, den zweiten Brief zu lesen. Sie nahm ihn in die Hand und öffnete ihn. Sie las ihn einmal und dann noch einmal. Dann schloss sie sich in ihrem kleinen Schlafzimmer ein und weinte, bis sie völlig erschöpft war. Als sie das Zimmer schließlich mit roten Augen und tränenüberströmtem Gesicht verließ, waren ihre Eltern sehr betroffen. Sie konnten nicht begreifen, was in die Tochter gefahren sein könnte – am Vortag ihrer Hochzeit!

Die Mutter fing sich als Erste. »Hör zu, liebe Tochter«, riet sie ihr. »Wasch dein Gesicht und besonders die Augen mit kaltem Wasser. Dann leg dich hin und ruh dich ein wenig aus ... Du bist nicht das erste Mädchen, dem das am Tag vor der Hochzeit passiert. Du bist nur angespannt. Das geht jeder Frau so, mehr oder weniger. Ich kannte mal ein Mädchen, das hat zwei Tage durchgeweint. So sind wir eben gebaut. Noch bevor du morgen aus der Kirche kommst, hat sich das alles gelegt.«

Am Nachmittag kam der zukünftige Bräutigam vorbei. Er wohnte für ein paar Tage in Glenties. Er kam vorbei, um Florence und ihrer Familie mitzuteilen, die letzten Vorbereitungen seien getroffen worden. »Wir sollen um neun Uhr in der Kirche sein«, sagte er.

»Ich werde um neun Uhr nicht in der Kirche sein«, sagte Florence mit belegter Stimme.

»Ist dir neun Uhr zu früh?«, fragte der junge Mann. »Ich dachte, wir hätten uns auf neun geeinigt, also habe ich es so mit dem Priester vereinbart.«

»Du solltest die Vereinbarung besser aufheben.«

»Welche Uhrzeit wäre dir denn lieber?«

»Ich werde morgen überhaupt nicht heiraten, oder übermorgen, oder an sonst einem Tag.«

»In Gottes Namen, was ist denn los mit dir, Florence?«

»Was ist los mit mir? Mein großer Lebenstraum hat sich in Luft aufgelöst.«

»Florence, Liebste, willst du mir nicht um Himmels willen sagen, was passiert ist?«

»Das hier ist passiert«, gab sie zurück und händigte ihm den zweiten Brief aus, den sie am selben Morgen von ihrem Verwandten aus Amerika erhalten hatte:

> »... Mittlerweile sollte Dich wohl ein Brief von den Anwälten erreicht haben, die für den Nachlass Deines Onkels zuständig sind. Nach Abzug der Steuer und sonstiger Ausgaben beläuft sich die Summe auf rund 27000 Dollar. Lass mich Dir zu diesem großen Glücksfall gratulieren. Wie Du Dich vielleicht erinnerst, hatte ich vor einem Jahr bereits dahingehende Andeutungen gemacht. Mehr konnte ich damals nicht sagen. Die Höhe der Erbschaft war mir bekannt, da ich das Testament bezeugt habe. Der zweite Zeuge war ein Mann namens Mickey Mulligan aus den Rosses ... Mulligan hat New York etwa eine Woche später in Richtung Klondike verlassen. Kein Wunder. Nach allem, was mir zu Ohren kam, ist die Jagd nach dem schnellen Geld so etwas wie die Familiengrundlage ebenjenes Mulligan und seiner gesamten Sippe. Abermals möchte ich Dir, meiner lieben Florence, zu Deinem sagenhaften Vermögen gratulieren« usw.

Florence blieb noch ein Jahr bei ihren Eltern, während sie sich in Clochglas ein Haus bauen ließ. Am Ende dieses Jahres heiratete ihr ältester Bruder und brachte seine Braut mit nach Hause. Die restlichen Brüder wanderten aus.

Schließlich zog Florence mit einem Dienstmädchen in ihr hübsches kleines Landhaus und widmete den Rest ihres langen Lebens der Zucht von Blumen und Sträuchern.

Sobald sein Plan schiefgegangen war, ging Mickey Mulligan wieder nach Amerika. Ein Vierteljahrhundert später kehrte er in die Rosses zurück und brachte den Rest seiner Tage auf eine Weise zu, die seinem Wesen und seiner Veranlagung entsprach.

# Die blonde Mary

## I

Sie hatte blondes Haar und war, aus ebendiesem Grund, weithin nur als die blonde Mary bekannt. Das ist eine überaus dürftige Übersetzung von Máire Bhán, aber was soll ich machen? Wenn ich meine Geschichte überhaupt erzählen will, muss ich es in der Sprache der Menschen aus Irland tun.

Die blonde Mary war beeindruckend schön. Selbst ihre Rivalinnen mussten das eingestehen. Auch war sie sanft und liebenswürdig. Aber trotz ihrer Schönheit und ihres Gemüts verbrachte sie die lieblichste Phase im Leben einer jungen Frau – zwischen achtzehn und zwanzig –, ohne dass auch nur ein junger Mann in den Rosses erpicht zu sein schien, sie zu heiraten. Sie trug böses Blut in sich, wie die alten Frauen es ausgedrückt hätten. Ihre Mutter war aus Moorloch hergezogen, einem Bezirk in der Pfarre Kiltywag. Die Frauen aus Moorloch hatten seit vielen Generationen den Ruf, ihre Ehemänner zu gängeln, und waren daher auch als »Satansweiber« bekannt.

Man glaubte seit langer Zeit, dass eine Ehe zwischen einem Mann aus den Rosses und einem »Satansweib« nicht von Dauer sein könne. Die Männer aus den Rosses waren ein stolzer und zäher Menschenschlag, von Kindesbeinen an daran gewöhnt, sich gegen die ungezähmten Naturgewalten zu behaupten. Sie mussten Felsbrocken sprengen und Heide und Ginster ausgraben, um sich kleine Parzellen für die Aussaat zu erkämpfen. Sie mussten mit Wind und Wellen ringen, um sich und ihre Familien, wann immer möglich, mit einem spärlichen Vorrat an Fisch zu versorgen. »Kein Mann aus den Rosses würde zulassen, sich von einem dieser Satansweiber knechten und herumkommandieren zu lassen«, so hatten die alten Frauen immer gesagt. »Zum Teufel damit, unsere Männer sind Männer. Aber die Männer von drüben – die Männer aus Moorloch, sind die euch mal aufgefallen, am Markttag in Cloghansalach? Schlaksige, leblose *streachláns* in langärmligen Westen und Stulpen. Solche Männer können die Frauen dort natürlich mit Leichtigkeit herumkommandieren. Aber unseren könnte so etwas nicht passieren. Kein Mann aus den Rosses würde sich je eine Frau aus Moorloch suchen.«

Nur stellte sich diese Prophezeiung als falsch heraus. Ein Mann suchte sich doch eine Frau aus Moorloch, und dieser Mann hieß Fergal O'Boyle. Fergal war ein überaus populärer junger Mann in den heimatlichen Rosses. Er konnte tanzen und singen und die Geige spielen. Er war ein gern gesehener Gast bei Hochzeiten und Taufen und anderen festlichen Zusammenkünften. Neben all diesen Vorzügen zeichnete ihn auch eine beeindruckende Trinkfestigkeit aus. Er konnte die ganze Nacht in der Brennerei verbringen und war trotzdem pünktlich am nächsten Morgen für ein hartes Tagespensum zum Torfstechen zur Stelle. Er hielt es stets mit dem Dichter und bestand darauf, dass ihm das Trinken Gesundheit und Kraft schenke, die Nüchternheit hingegen schnell zum Tode führen müsse. Er untermauerte seine Argumentation mit dem Zitat vom »Vogel mit dem langen, glatten Hals, den am Ende die Dürre dahinraffte«.

Fergal fand schließlich Gefallen an einem Mädchen – nicht an einem aus den Rosses, sondern an einer Maid aus Moorloch, die er bei einer Hochzeit in jener Gegend kennenlernte. Nach angemessener Zeit heirateten auch sie, und Fergal O'Boyle brachte seine Braut mit in die Rosses. Sofort wurde wild spekuliert, welchen Kurs diese Ehe nehmen würde.

»Das wird niemals funktionieren mit den beiden«, sagte Biddy Vickey Andy.

»Da wäre ich mir nicht so sicher«, sagte Shoogey Brennan.

»Dann muss sich einer von beiden dem anderen unterordnen.«

»Wohl wahr«, sagte Shoogey.

Es funktionierte doch mit ihnen, den finsteren Vorahnungen von Biddy Vickey Andy zum Trotz. Die Frau aus Moorloch konnte hart arbeiten und sparsam wirtschaften. Sie konnte Wolle kratzen und spinnen und stricken und fertigte gute Kleidung für die Kinder. Tatsächlich wurden sie und ihr Gatte zu einem Vorzeigepaar. Fergal legte Sumpfgebiete trocken und sprengte Felsen. Er ließ keine Gelegenheit verstreichen, mit dem Currach hinauszufahren, und wurde ein geachteter Fischer. Was den Alkohol anging, so hätte er selbst für Geld keinen Tropfen mehr angerührt.

Die beiden bekamen drei Söhne und zwei Töchter. Die ältere Tochter war die blonde Mary, von der diese Geschichte handelt.

## II

Mary wuchs zu einer Frau heran und galt als überaus ansehnlich. Neben ihrem Aussehen hatte sie weitere attraktive Eigenschaften vorzuweisen. Sie war sanft und liebenswürdig und zurückhaltend. Eher würde sie der Meinung eines Gesprächspartners zustimmen, als mit Nachdruck zu widersprechen.

Wer würde sie heiraten? Eine Weile schienen ihr die jungen Männer aus dem Weg zu gehen. Aber nichts kann der Macht von Schönheit und Charme widerstehen, nicht einmal die Überlieferung der »Satansweiber«. Nach und nach schwanden die Vorurteile, und ehe Mary ihr einundzwanzigstes Lebensjahr vollendet hatte, hörte man im Zusammenhang mit ihr immer öfter die Namen zweier Männer aus der Pfarre. Der eine war Shoney Forker aus Bunnawack, der andere Charlie Daney, ein junger Mann aus Marys Nachbarschaft. Wir wissen nicht genau, wie ernst es Shoney mit seinem Werben war, was wir aber wissen, ist, dass sich Charlie bis über beide Ohren verliebt hatte.

Wieder brodelte die Gerüchteküche. Welchen der beiden würde Mary heiraten? Charlie Daney war der Stattlichere von ihnen, dafür würde Shoney Forker einmal einen fruchtbaren Hof oben in den Hügeln erben.

Die blonde Mary schien sich nicht zwischen den beiden entscheiden zu wollen. Ihre Mutter bevorzugte Shoney aufgrund der Besitzverhältnisse. Aber würde das Land wirklich ihm gehören? Er hatte drei Schwestern, denen jeweils ein Teil vom Erbe zustand. Shoney entschloss sich, zu tun, was unter solchen Umständen schon viele getan hatten: Er würde für ein paar Jahre nach Amerika gehen, um etwas Geld zu verdienen.

Wie bereits erwähnt, hatte Mary beide Männer um den Finger gewickelt und war damit zufrieden, nichts zu überstürzen. Als aber Shoney nach Amerika aufgebrochen war, dachte sie ein wenig nach. Amerika war weit weg, wie man damals in den Rosses zu sagen pflegte. Von sieben Leuten, die fortgingen, kam nur einer je zurück. Also beschloss Mary, Charlies Werben gegenüber von nun an etwas empfänglicher zu sein. An einem schönen Abend, etwa eine Stunde vor Sonnenuntergang, auf einem grasbedeckten Hügel mit Blick auf die Bucht von Coolbawn, machte er ihr schließlich eine Liebeserklärung. Mary schloss die Augen und legte den Kopf an seine Brust. Die übliche Stille. Ein Seufzer oder zwei. Der Einspruch, seine Erklärung komme arg plötzlich und habe sie sehr überrascht. Und schließlich die Einwilligung.

In dieser Nacht schwebte Charlie Daney wie auf Wolken nach Hause. Er war so glücklich, dass er es nicht in Worte fassen konnte. Am nächsten Tag war er sehr überrascht, als seine Mutter ihn fragte: »Was ist bloß los mit dir?«

»Gar nichts, Mutter, gar nichts«, antwortete er. »Wie kommst du darauf?«

»Du benimmst dich seit heute Morgen sehr merkwürdig. Du hast über eine halbe Stunde da oben auf dem Hügel gestanden und aufs Meer geschaut. Vier Mal habe ich vorgeschlagen, dass du zum Moor gehen sollst, um nachzugucken, ob die andere Seite schon begehbar ist. Du hast nicht reagiert. Hast mich offenbar nicht mal gehört. Wenn sich ein Mann so benimmt, muss er sich nicht wundern, dass seine Mutter fragt, was mit ihm los ist.«

Er musste es ihr erzählen. Da konnte er es gleich jetzt tun, statt auf eine andere Gelegenheit zu warten. »Ich habe eine wichtige Entscheidung getroffen«, stammelte er, und dann erzählte er ihr von der Verlobung. Seine Mutter hatte am Spinnrad gesessen. Sofort wickelte sie das Garn in ihren Händen auf die Spule und verknotete das Ende, erhob sich und baute sich vor ihrem Sohn auf.

»Die blonde Mary willst du heiraten?«, rief sie. »Eine aus dieser Sippe? Die Frauen aus Moorloch. Kein Wunder, dass man sie ›Satansweiber‹ schimpft. Hübsch sind sie ja, das geb ich zu. Aber die haben ihre Männer seit Generationen nur wie Fußabtreter behandelt.«

»Das stimmt nicht, Mutter, ohne dir widersprechen zu wollen«, sagte Charlie. »Es ist eine boshafte Lüge, die sich ein paar übel gesinnte Leute ausgedacht haben. Die Lüge hat sich all die Jahre gehalten, und heute glauben selbst Menschen daran, die nichts über die Frauen aus Moorloch wissen.«

»Die Geschichte von den Ehemännern als Fußabtreter ist also eine Lüge?«, sagte seine Mutter voll Bitterkeit. »Dabei musst du dir als Beweis bloß Marys eigenen Vater anschauen. Du kennst Fergal O'Boyle nicht. Du kennst nur einen verängstigten, kleinlauten alten Mann, der keinen Funken Leben mehr im Leib hat. Aber ich habe ihn gekannt, als er noch voller Lebensfreude war. Der aufgeweckteste und fröhlichste Mann in allen sechzehn Bezirken der Rosses, vom Ford of Gweedore bis zum Ford of Gweebarra. Und schau ihn dir heute an. Er ist nicht mal ein Schatten seiner selbst. Sie hat einen Spüllappen aus ihm gemacht. Seit sie verheiratet sind, hat sie ihn nicht ein Mal allein zu Jacks Markt gehen lassen, um auch nur ein Zicklein zu verkaufen. Und was das Trinken angeht! Er würde nicht im Traum daran denken, nicht einmal auf einer Hochzeit. Und das ist noch nicht alles. Er muss sogar umherziehen und überall in den Rosses Mäßigung predigen. Ihm zufolge sollte niemand überhaupt etwas trinken. Und darüber hinaus die einfältige, wehleidige Art, wie er immer redet. ›Fanny sagt dies, Fanny sagt jenes, Fanny kann sich nicht irren.‹«

Sie legte eine kurze Pause ein, um Luft zu holen, und starrte ins Feuer. »Ich will dir etwas sagen, mein Sohn. Wenn es keinen Mittelweg gäbe, wäre ich lieber mit einem Mann verheiratet, der mir einmal die Woche in den Hintern tritt, als mit einer so rückgratlosen Kreatur, zu der Fergal O'Boyle geworden ist. Und dir wird es nicht besser ergehen. Sie wird dir den Unterrock anlegen, und du wirst ihn tragen. Sonntags wird sie durch die Nachbarschaft ziehen, und du bleibst zu Hause, um auf die Kinder aufzupassen – und ihre Windeln zu waschen, ja. Verlass dich drauf. So sieht das Leben aus, das dich erwartet. Vielleicht glaubst du mir das jetzt nicht. Aber ich sage dir, es wird die Zeit kommen, da du den Tag verfluchst, an dem du beschlossen hast, eins der ›Satansweiber‹ von Moorloch zu heiraten.«

Mehr sagte sie nicht, sondern begab sich wieder an ihr Spinnrad. Charlie verließ das Haus und schlenderte die Küste entlang. Seine Mutter war eine hartherzige Frau, dachte er, grausam und ungerecht. Mary war das genaue Gegenteil dessen, was sie beschrieben hatte. Und überhaupt, selbst wenn es stimmen sollte, was es selbstverständlich nicht tat, aber sollte Mary in Wirklichkeit doch eins dieser ›Satansweiber‹ sein, so war er immer noch ein Mann und würde für seine Rechte einstehen. Er würde keiner Frau als Fußabtreter dienen. »Außerdem«, sagte er abermals leise, »würde Mary so was niemals versuchen. Es liegt nicht in ihrer Natur.«

# III

Die beiden würden also heiraten, aber bis dahin sollte es noch wenigstens zwei Jahre dauern. Dem Dichter mag es genügen, seiner Liebsten »Mehl und Met, saftrote Äpfel frisch vom Ast und ein Lager aus Heide an den Hängen des Céin Mhic Cáinte« anzubieten, der grobe Mann aus den Rosses hingegen braucht für Kost und Logis eine strohgedeckte Hütte, Kartoffeln und Seefisch und einen Becher Buttermilch. Welche Klassenunterschiede das Leben doch zu bieten hat.

Ein Jahr lang verlief Charlies Werben reibungslos und angenehm. Dann begann er, eine Veränderung bei Mary zu spüren. Anfangs kaum merklich, aber als die Zeit verging, wurde ihm klar, dass seine Holde unzufrieden war. Sie sprach von den Frauen in den Rosses und ihrem schweren Los. Schließlich ging sie so weit, zu sagen, dass kein Mädchen heiraten sollte, um sich in ein Leben voll Armut und Schinderei in den Rosses zu fügen.

Am folgenden Sonntag erzählte Charlie ihr von dem Ort, an dem er ihr Heim bauen wollte. Es war ein lauschiges Plätzchen mit Blick auf die Bucht, außerdem durch einen Höhenzug vor den beißenden Winden aus Nord und Nordost geschützt. Es wäre himmlisch, dort an einem Sommerabend zu sitzen, den Torfkähnen zuzusehen, die die Bucht hinab in Richtung Corfin fuhren, und dem Muhen der Kühe aus Braad zu lauschen, die den Weißen Strand entlang heimwärts zum Melken getrieben wurden. Selbst das Läuten der Kirchenglocke von Kilclooney konnte man über die Bucht hören.

Mary blieb stumm.

»Was hast du denn?«, fragte Charlie nicht ohne Furcht.

Mary klang sehr traurig. »Manchmal fällt es schwer, zu sagen, was gesagt werden muss«, murmelte sie. »Aber gesagt werden muss es. Ich kann mich hier in den Rosses nicht häuslich niederlassen … Es fällt mir so schwer. Aber ich muss es sagen. Ich habe beschlossen, Mitte Juli nach Amerika aufzubrechen. Meine Cousine Annie McGee aus Moorloch ist dabei, mir eine Bleibe zu besorgen.«

Die Nachricht traf Charlie wie ein Schlag. Er hätte kein Problem damit gehabt, ab und an nach Schottland überzusetzen, um sich in einem schlechten Jahr ein paar Pfund als Erntehelfer zu verdienen. Aber Amerika war wie eine andere Welt. Trotzdem konnte er seine Angebetete nicht ziehen lassen. Ihr Entschluss auszuwandern war grausam. Aber ohne sie hatte sein Leben keinen Sinn. Also beschloss er, das Land seiner Kindheit und alles, was es ihm bedeutete, hinter sich zu lassen und seine Holde über den Atlantik zu begleiten. Nur konnte es nicht schon im Juli sein. Er brauchte Zeit, um mit den Eltern über das Geld für die Überfahrt zu verhandeln und übrige Vorbereitungen zu treffen.

»Vielleicht hast du recht«, sagte er leise, nachdem sie eine Weile geschwiegen hatten. »Vielleicht liegst du falsch. So oder so will ich deinem Wunsch nicht im Weg stehen. Ich habe nur eine Bitte an dich, und zwar, bis zum Herbst zu warten, damit wir gemeinsam auswandern können. Und ich glaube, wir sollten vorher heiraten. Wie man hört, ist es für Auswanderer wesentlich schwieriger, in Amerika zu heiraten als hier in der Heimat.«

Die Wahrheit musste heraus. Sie stellte sich stückweise ein. Mary sagte, sie habe nicht vor, in naher Zukunft zu heiraten … Wirklich schade, sagte Charlie, aber er würde warten.

Dann folgte der letzte Schlag. Sie konnte ihn überhaupt nie heiraten!

»Aber Mary, dein Versprechen!«, setzte er mit erstickter Stimme an.

Nachdem die Wahrheit heraus war, klang Mary wieder zunehmend wortgewandt und zielstrebig. »Ich weiß, ich habe es dir versprochen«, flehte sie, »aber da wusste ich es noch nicht. Jetzt habe ich es begriffen. Mir ist klar, dass wir nicht füreinander bestimmt sind. Dich trifft keine Schuld. Du bist zu gut für mich. Um Längen. Und ich weiß, du wirst ein anderes Mädchen kennenlernen, das dich so glücklich macht, wie du es verdienst. Aber wir beide passen nicht zusammen, wie gesagt, da bin ich mir sicher. Und es ist besser, das jetzt festgestellt zu haben als zu einem Zeitpunkt, wenn es schon zu spät gewesen wäre. Also wollen wir uns in Gottes Namen voneinander verabschieden«, schloss sie und reichte ihm die Hand.

Und Charlie? Er sagte kein Wort. Er konnte nichts sagen. Es erging ihm wie Diogenes Teufelsdröckh, nachdem dessen geliebte Blumine eine ähnlich furchtbare Eröffnung macht: »Dichte Vorhänge aus finstrer Nacht schoben sich vor seine Seele, ringsum erhob sich das unausweichliche Getöse des Weltuntergangs, und wie durch die Ruinen eines erbebten Universums fiel er, stürzte haltlos in den Abgrund.«

Natürlich redete bald die ganze Nachbarschaft darüber. »Er ist in einem jammervollen Zustand«, sagte Owen Roe. »Läuft umher und redet mit sich selbst. Der arme Kerl, man muss einfach Mitleid mit ihm haben.«

»Irgendein Unglück musste ja geschehen«, sagte Shoogey Brennan, »nachdem er sich mit einem dieser ›Satansweiber‹

eingelassen hatte. Es war klar, dass sich diese Torheit auf die eine oder andere Weise rächen würde. Vielleicht war es sogar gnädig von ihr, ihn allein auf einem Felsen zurückzulassen und sich nach Amerika abzusetzen.«

»Frauen sind widersprüchliche Geschöpfe«, sagte der Schwarze Hughdie Boyle. »Ich glaube, je weniger ein Mann mit ihnen zu schaffen hat, desto besser. Nehmt zum Beispiel den Schlitzer. Keine Frau ist ihm je über die Türschwelle gekommen, und er ist der glücklichste Mann im ganzen Land. Auf dem Rückweg aus Schottland habe ich einmal eine Nacht in seinem Haus verbracht, und ihm stand die Zufriedenheit förmlich ins Gesicht geschrieben.«

Diese letzte Bemerkung lenkte das Gespräch auf den Schlitzer und bringt mich dazu, ebenfalls ein paar Worte über ihn zu verlieren. Der Schlitzer lebte allein an der Straße durchs menschenleere Moor, etwa auf halber Strecke zwischen Dunlewy und Meenadreen. Damals war das die einzige Straßenverbindung zwischen den Rosses und Letterkenny. Zum Zeitpunkt unserer Geschichte war er um die fünfzig Jahre alt. Er verdiente seinen Lebensunterhalt mit der Schafzucht und besaß eine große Herde. Wenn die Männer aus den Rosses, die in Schottland gearbeitet hatten, im Winter auf dem letzten Teilstück der Reise aus Letterkenny heimwärts wanderten, waren sie bei Erreichen seines Hauses oft schon sehr erschöpft. Seine Tür war nie verriegelt, und wann immer jemand sein Haus betrat, erhob sich der Schlitzer und reichte dem Gast ein Glas Poitín. Danach servierte er ein Mahl aus Kartoffeln und Buttermilch und legte ein neues Stück Torf aufs Feuer. Seine Gäste konnten sich einfach auf dem Fußboden ausstrecken und ungestört bis zum Morgen schlafen.

Der Schlitzer hatte keine Preisliste. Wenn man ihn verließ, zahlte man, was man eben konnte. Hatte man kein Geld mehr übrig, musste man sich weder erklären noch entschuldigen. Und zur Ehrenrettung der Männer aus den Rosses sei erwähnt, dass nur wenige von ihnen, wenn überhaupt, die Großzügigkeit ihres Gastgebers jemals schamlos ausgenutzt hätten. So bildete der Schlitzer das letzte Bindeglied zu jenen Tagen, in denen die Mönche von Donegal des Nachts stets eine Lampe im höchsten Turm hatten brennen lassen und Reisende im Kloster Essen und Unterschlupf fanden, ohne gefragt zu werden, ob sie zahlen konnten oder nicht.

Der Schlitzer liebte seine Schafe. Er kannte jedes einzelne. Verirrte sich eins von ihnen, ließ er ganz wie der Hirte im Evangelium die neunundneunzig übrigen in der Wüste zurück, um das verlorene zu suchen, und stellte die Suche nicht eher ein, als bis er es gefunden hatte. Nur ein Mal ließ er sich auf der Suche nach einem verirrten Schaf ablenken, und dieses eine Schaf wurde von streunenden Hunden gejagt und gerissen, was nicht passiert wäre, hätte sein Besitzer ohne Pause gesucht, wie er es sonst immer tat. Trotzdem muss man ihm zugutehalten, dass er sich später keine Vorwürfe machte, die Suche unterbrochen zu haben.

# IV

Es kam der Tag, an dem die blonde Mary die Heimat verließ. In jenen Tagen wurden die Auswanderer meist von ihren Nachbarn zu Fuß bis nach Gweedore begleitet, wo sie die Postkutsche nach Letterkenny besteigen konnten. Auf den ersten fünf Meilen hinter Gweedore lief die Straße an einem steilen Hang entlang, das Pferd kam also über Schrittgeschwindigkeit nicht hinaus, und der »Geleitzug« konnte noch bis nach Sandy Lake nebenhergehen. Dort fand dann der endgültige Abschied statt. Mehr als ein Jahrhundert lang war an diesem Ort manch bittere Träne vergossen worden. Für viele war ein Abschied in Sandy Lake ebenso endgültig wie jener am Grabesrand.

Die blonde Mary hatte einen großen Geleitzug. Eine Menge Leute wichen bis zum Ort des Abschieds nicht von ihrer Seite. Unter ihnen war auch Charlie Daney, der allerdings ein paar Meter hinter dem Hauptteil der Gesellschaft einherschritt. So trotteten sie die Straße hinauf, vorbei an Dunlewy und auf die Ebene in Richtung Sandy Lake, wo der Abschied stattfinden musste. Die letzten Lebewohls wurden gesprochen. Marys Mutter stieß einen markerschütternden Schrei aus. Ihr Vater weinte lautlos. Einer nach dem anderen traten ihre Freunde und Verwandten und Nachbarn vor, um ihr alles Gute und Gottes Segen auf der langen Reise zu wünschen. Charlie Daney lehnte am Rand der Menge mit dem Rücken an einem Felsen. Er machte keine Anstalten, vorzutreten. Mary ließ ihn die ganze Zeit über nicht aus den Augen. Schließlich kam sie zu ihm und reichte ihm die Hand.

»Lebe wohl, Charlie«, sagte sie mit gedämpfter Stimme.

»Lebe wohl und Gott schütze dich, Mary«, stammelte Charlie mit Mühe.

Der Geleitzug trat den Rückweg an – alle bis auf Charlie Daney. Er blieb mit dem Rücken an den Felsen gelehnt stehen und schaute der alten Kutsche hinterher, bis sie auf der trostlosen Straße nach Meenadreen in der Ferne um eine Kehre verschwand.

Natürlich würden die Mitglieder des Geleitzugs nicht sofort nach Hause zurückkehren. Manche von ihnen waren traurig. Alle waren sie ermattet. Sie würden im Cúirt – wie das Gweedore-Hotel damals noch hieß – eine Pause einlegen, um Körper und Geist zu erfrischen.

Nachdem Charlie zu ihnen aufgeschlossen hatte, lief er etwa zwei Meilen mit. Dann verließ er die Straße und wandte sich nach rechts, die Hänge des Errigal hinauf, wo er sich endlich in einem Heidebusch zwischen zwei Felsen niederließ. Hier war er an einer geschützten Stelle. Niemand konnte ihn von der Straße aus sehen. Niemand konnte ihn hören. Hier konnte er ungestört sitzen und den Bergflanken sein Leid klagen. Hier konnte er wieder und wieder das Lied singen (oder jammern), das ihm in seiner Situation am angemessensten schien. Das Lied hieß *Máire Bhán* oder *Blonde Mary*. Es war vor über einem Jahrhundert von einem unbekannten Dichter komponiert worden, der sich, von seiner eigenen Máire Bhán in himmlische Höhen gelockt, erst parabelförmig in die Lüfte erhoben hatte, um dann senkrecht abzustürzen.

Hätte Charlie Daney gewusst, dass es bei bestimmter Wetterlage gefährlich werden könnte, allzu lange an diesem Ort zu bleiben, so hätte er vielleicht trotz seiner Verfassung aus reinem Selbsterhaltungstrieb mehr Notiz von der Umgebung genommen. Zu beiden Seiten gähnten tiefe Schluchten, und er hatte seinen Sitzplatz nur erreichen können, indem er einem schmalen Pfad gefolgt war. Er bemerkte den dichten Nebel nicht, der sich von links aus dem Vergifteten Tal heran- und von rechts die Hänge des Errigal hinabwälzte. Er wusste nicht, dass sich der Nebel in dieser Gegend manchmal bis zu zwei Tage und Nächte hielt. Wie er da saß und den Verlust seiner blonden Mary beklagte, war er blind für den Rest der Welt.

Auch der Schlitzer steckte in Schwierigkeiten. Er hatte eins seiner Schafe verloren. Einen ganzen Tag lang suchte er die Moore im Osten und Südosten des Errigal ab, ohne fündig zu werden. Dafür bekam er einen Hinweis. Man hatte ihm gesagt, ein Schaf, auf das die Beschreibung des vermissten zutraf, sei in Richtung der anderen Seite des Berges gesehen worden.

Am nächsten Tag machte er sich in Begleitung eines seiner treuen Hunde abermals auf den Weg. Er hatte einen kräftigen Knüppel dabei und trug schwere Stiefel mit genagelten Sohlen, die zum Bergsteigen besonders geeignet waren. In der Gesäßtasche seiner Hose steckte eine kleine Flasche mit Branntwein. Dies war eine Vorkehrung gegen *féar gortach*, eine Art lähmenden Hunger, der Menschen heimsuchen soll, die eine bestimmte Sorte Heidegras betreten.

Der Schlitzer erreichte Dunlewy. Er sah den dichten Nebel, der sich durch das Vergiftete Tal und über die Schultern des Errigal wälzte. Aber er kannte den Weg. Er würde alle Zeit haben, sich am Fuß des Berges umzusehen, ehe der Nebel ihn umschloss.

Plötzlich drang ein jammervolles Wehklagen an seine Ohren. Er konnte niemanden entdecken, aber den Text des Liedes hörte er deutlich. Um den Text nicht zu verfälschen, will ich hier eine Prosa-Übersetzung der letzten Strophe bereitstellen:

Oh, blonde Mary, als du mir versprochen hast,
deine Liebe zu mir sei treu und wahr,
haben die Vögel voll Freude gesungen,
der Sonnenuntergang glitzerte auf Blumen und Tau.
Du aber hast mich verlassen, so verzehr ich mich in Trauer,
aller Vernunft, aller Anmut beraubt.
Es wäre besser, blind zu sein,
als je dein Antlitz erblickt zu haben.

»Such, Bran!«, rief der Schlitzer seinem Hund zu. Bran rannte los wie der Blitz. Ein paar Minuten später kam er zurück und führte seinen Herrn zu der Stelle, an der Charlie Daney saß. »In Gottes Namen«, sagte der Schlitzer, »was sitzt du hier, wo der Nebel so schnell näher kommt? Los, auf die Beine!«, fügte er hinzu und ergriff Charlies Arm.

»Sie ist für immer fort«, sagte Charlie zu sich selbst, während er mühsam aufstand.

»Ich fürchte, das ist sie«, stimmte der Schlitzer zu. »Die Hunde von Glentorna werden sie erwischen und reißen, bevor ich es morgen dort hinüberschaffe.«

Sie stiegen ins Tal hinab, um die Straße zu erreichen. Unterwegs fragte der Schlitzer Charlie, wo er hergekommen sei. Charlie antwortete, er stamme aus den Rosses und sei Teil eines Geleitzugs gewesen, der eine Auswanderin bis nach Sandy Shore begleitet hatte.

»Hab die Postkutsche vorbeifahren sehen«, sagte der

Schlitzer. »Wie die Passagierin gekleidet war, wusste ich, sie ist auf dem Weg nach Amerika. Ich wünsche ihr Glück. Vernünftiges Mädchen. Sie hat die richtige Entscheidung getroffen.«

Charlie war wackelig auf den Beinen und hielt sich noch immer am Arm seines Begleiters fest. »Ich weiß, was mit dir nicht stimmt«, sagte der Schlitzer. »Du hast das *féar gortach*. Du bist über das hungrige Gras gelaufen. Aber ich habe ein Heilmittel. Nimm einen Schluck hiervon«, sagte er und zog die Flasche aus der Hosentasche. »Nimm einen kräftigen Schluck ... Fühlst du dich jetzt besser?«

Charlie Daney erzählte ihm die ganze Leidensgeschichte. Der Schlitzer sah ihn voll Verwunderung an. Er begriff nicht, wie sich ein Mann wegen einer Frau in so einen Zustand hineinsteigern konnte. »Kopf hoch, Mensch«, sagte er. »Schau mich an. Ich habe ein gutes Schaf verloren. Das beste Schaf meiner Herde. Ich weiß, sie ist verloren. Wie gesagt, die Hunde von Glentorna werden sie erwischen, bevor ich es morgen dort hinüberschaffe.«

Obwohl er unter dem Verlust seines Schafes litt, hatte der Schlitzer Mitleid mit Charlie Daney, der körperlich und geistig in keinem guten Zustand war. »Ich kann dich bis zum Cúirt begleiten«, bot er ihm an. »Einige Nachbarn werden noch da sein. Die Leute aus den Rosses gehen nie vor Einbruch der Nacht nach Hause, wenn sie jemanden begleitet haben.«

Als sie sich dem Hotel näherten, waren von drinnen Stimmen zu hören. Condy Nanny sang gerade ein Lied. Sie konnten den Text noch auf der Straße verstehen:

Von einem Mädchen namens Kate Malone,
dacht' ich einmal, sie würde mein
und meine spärliche Hütte mit Glanz erfüllen;
jedoch ist mein Herz jetzt traurig und matt,
denn wie kann sie je Mrs Leary werden,
wenn sie morgen früh nach Philadelphia entschwindet.

»Ich gehe da nicht rein«, sagte Charlie. »Ich glaube, die sind schon alle betrunken. Gott weiß, wann sie sich auf den Rückweg machen. Ich gehe lieber nach Hause, solange es hell ist«, sagte er und brachte es noch fertig, dem Schlitzer für die freundliche Hilfe zu danken.

Über kurz oder lang verbreitete sich in den Rosses die Geschichte von Charlies Wehklagen an der Flanke des Errigal am Tag des Geleitzugs. Die Nachbarn redeten darüber, und natürlich fehlte auch Shoogey Brennan nicht. Deren Nichte lebte in Bayonne, New Jersey, und schickte ihr des Öfteren Neuigkeiten per Post, die, wie sie versicherte, stets ihre Richtigkeit hatten. Ob Shoogey tatsächlich Informationen erhielt oder sie je nach Bedarf fabrizierte, wissen wir nicht genau. Was wir hingegen wissen, ist, dass sie aus einem reichlichen Fundus schöpfen konnte, wann immer sie sich dazu veranlasst sah.

»Hat er denn keinen Funken Verstand, oder wo kommt er her?«, fragte Shamey More. »Man kann ja einsehen, dass ein Mann einer verstorbenen Frau ein bisschen hinterherweint. Aber einem Mädchen, das nach Amerika ausgewandert ist? Das ist doch wohl nichts Neues in den Rosses.«

»Der ist wirklich ein ausgemachter Idiot«, sagte Owen Roe. »Hätte lieber keine Augen im Kopf, als sie je gesehen zu haben. Gott schütze uns alle, aber wenn er sein Augenlicht tatsächlich verlöre, würde ihm der Unterschied schon auffallen.«

»Mir tut der Schlitzer leid«, sagte der Schwarze Hughdie Boyle. »Hat wegen der Geschichte sein bestes Schaf verloren.«

»Ich frag mich, warum sie ihn verlassen hat«, sagte noch jemand. »Sie waren fast ein Jahr lang Tag und Nacht unzertrennlich.«

»Ich glaube, ich weiß, warum sie ihn verlassen hat«, sagte Shoogey. »Ihre Cousine in Amerika will sie mit Shoney Forker verkuppeln. Bevor Shoney nach Amerika ging, hatte sie ein Auge auf ihn geworfen. Der arme Charlie Daney durfte nur als Spielball herhalten. Aber er kommt darüber hinweg. Und, wie schon erwähnt, eigentlich kann er von Glück sagen.«

## V

Drei Jahre vergingen, bis eines schönen Sommertags die blonde Mary wieder in den heimatlichen Rosses auftauchte. Sie sah noch umwerfender aus als früher, was nicht zuletzt an ihrer feinen Kleidung lag. Als sie ankam, war Charlie gerade fort, um draußen auf einer der Inseln Seetang zu verbrennen. Shoogey begrüßte Mary und gratulierte ihr zu ihrer beeindruckenden Schönheit. Später setzte sie einer anderen alten Frau aus der Nachbarschaft die plötzliche Wiederkehr auseinander. »Die Nummer mit Shoney Forker ist mit einem großen Knall geplatzt. Shoney heiratet nächsten Herbst ein Mädchen aus Fanad. Und meine tapfere blonde Mary ist wieder hier, um ihr Netz einmal mehr in den Rosses auszuwerfen.«

Als Charlie nach Hause kam, erkundigte er sich so beiläufig wie möglich nach Mary. »Sie ist rauf nach Moorloch gefahren, um ein paar Wochen mit ihrer Großmutter und ihrem Onkel zu verbringen«, teilte man ihm mit.

Charlie haderte mit sich, ob er Mary bei ihrer Rückkehr aufsuchen sollte oder nicht. Bis ihm die Entscheidung abgenommen wurde. Sie trafen einander, als sie beide nicht damit rechneten. Charlie ging eines Tages zur Schmiede in Derrybawn, um sich einen neuen Bootshaken anfertigen zu lassen. Die Schmiede lag am Ende der Straße. Und wen sollte Charlie beim Verlassen des Gebäudes erblicken, wenn nicht die blonde Mary in all ihrem Aufputz und ihrer blendenden Schönheit, wie sie ihm die Straße entlang entgegenschwebte, einen Flechtkorb im Arm. Sie schenkte Charlie ein Lächeln – eines der himmlischsten Lächeln, die sich je über einen Mann ergossen haben – und reichte ihm die Hand.

Charlie wusste nicht, was er sagen sollte. »Ist dein Korb schwer?«, fragte er. »Ich kann ihn dir ein Weilchen abnehmen.«

»Auf lange Strecke schwer genug«, antwortete sie und händigte ihm den Korb aus. »Ich bin mit der Postkutsche nach Dungloe gefahren und musste den Rest des Wegs laufen … Sei vorsichtig und versuch, den Korb nicht zu schütteln. Da ist ein Gelege mit Bruteiern drin, die mir Großmutter für meine Mutter mitgegeben hat. Es ist schon ein bisschen spät im Jahr für so etwas, dachte ich. Aber sie hat darauf bestanden. Meine Großmutter ist eine großartige alte Frau. Sie hüpft umher wie ein junges Mädchen, dabei ist sie schon sechsundachtzig.«

Sie gingen ein Stück nebeneinanderher, ohne weitere Bemerkungen auszutauschen. Schließlich brach Mary das Schweigen. »Ich war die letzten zwei Wochen in Moorloch.

Die Leute da sind wirklich nett. Aber selbst für einen Haufen Geld würde ich dort nicht freiwillig wohnen wollen. Ich will dir mal was sagen, Charlie. Ich bin fern vom Meer nie wirklich glücklich. Und ich finde, es gibt kein Meer auf der Welt, das es mit unserem hier an der Küste der Rosses aufnehmen kann.«

Brach da ein fahler Hoffnungsschimmer aus dem Himmel, der die letzten drei Jahre finster verhangen gewesen war?

»Kommst du am Fünfzehnten zur Regatta?«, fragte Mary nach einer kleinen Pause.

»Gut möglich«, gab Charlie zurück. Er tastete sich langsam vor. Er hatte schon länger beschlossen, am Fünfzehnten in Magheragallon zu sein. Alle Männer aus der ganzen Pfarre würden dort sein. Zu jener Zeit war kaum etwas beliebter als dieser jährliche Wettstreit um Können und Kraft und Ausdauer, ausgetragen mit Ruder, Pinne und Paddel. Eine spätere Generation von Männern aus den Rosses gab ihn auf, um lieber zum Wohle Irlands gegen einen Lederball zu treten. In den Tagen dieser Erzählung war unser Patriotismus allerdings noch nicht so fein ausgeprägt.

»Ich habe gehört, das soll ein wunderbarer Tag werden«, sagte Mary. »Ich würde auch gern kommen, aber ich finde kein Mädchen, das mich begleiten will. Mädchen, die nie von zu Hause weg waren, haben eine primitive Weltsicht. Sie sehen Sport als reine Männerangelegenheit. So ist es nun mal. Und allein kann ich nicht hingehen.«

Wer auch nur einen Funken Männlichkeit in sich trug, der musste diese Gelegenheit ergreifen. »Würdest du mich begleiten?«, fragte Charlie.

»Ach, du bist ein feiner Kerl«, antwortete sie. Und ließ abermals ihr himmlisches Lächeln erstrahlen.

Diese Angelegenheit war somit geregelt.

»Das wird ein unvergesslicher Tag«, sagte Charlie Daneys Vater eine Woche vor der Regatta. »Beim großen Ruderrennen gibt es sicher einen tollen Wettkampf zwischen der Besatzung aus Magheralosk und den O'Donnells aus Ballymanus. Und beim Segelrennen zwischen Eamon Bawn aus Gola und den Buckies aus Inishmacdurn. Zu schade, dass ich nicht dabei sein kann. Was muss sich mein verfluchtes Rheuma auch ausgerechnet jetzt wieder einstellen.«

Der fünfzehnte August war gekommen. Charlie Daney und die blonde Mary begaben sich nach Magheragallon. Sie entfernten sich von der Menge und setzten sich auf eine grasbewachsene Anhöhe hinter dem alten Friedhof ... Ein Wettbewerb nach dem anderen wurde ausgetragen. Von Zeit zu Zeit waberte ausgiebig lauter Jubel von den Gruppen am Strand herauf. Aber weder Charlie noch Mary hatten etwas für die Wettkämpfe übrig. Ihre Gedanken kreisten um weitaus wichtigere Dinge. Kraft einer geheimen Magie, die nur den Frauen bekannt ist, brachte Mary den jungen Mann dazu, seine Heiratsabsicht zu erneuern. Sie wurde angenommen. Blieb nur ein letztes Detail, das ein armer, unbescholtener Mann durchaus als schwierige Hürde sehen musste: Warum hatte sie damals ihr Versprechen gebrochen? Das war ganz einfach, und die Erklärung wurde verkündet, ehe die betreffende Frage gestellt worden war. Eine Hochzeit war eine ernste Angelegenheit. Die ernsteste im ganzen Leben. Und Männer waren solch wankelmütige Geschöpfe. Sie konnten nichts dafür, es lag schlicht in ihrer Natur. Man musste sie erst einmal prüfen. Die blonde Mary habe Charlie Daney auf die Probe gestellt, und Charlie habe die Prüfung bestanden, sagte sie.

An diesem Abend begleitete Charlie seine Geliebte bei

Sonnenuntergang bis zum Ende der Straße, die zu ihrem Haus führte. »Das war ein herrlicher Tag«, sagte Mary. »Der schönste in meinem ganzen Leben.«

Charlie ging nach Hause zurück. Er fühlte sich wie ein Sträfling, der zum Tode verurteilt gewesen war, nur um am Morgen seiner Hinrichtung begnadigt und freigelassen zu werden.

Sein Vater saß am Herdfeuer und wartete gespannt auf die Ergebnisse der Wettkämpfe des Tages. »Wer hat das erste Ruderrennen gewonnen?«, fragte er, sowie der Sohn durch die Tür kam. »Die O'Donnells aus den Rosses oder die Dohertys aus Gweedore?«

»Die Dohertys aus Gweedore«, sagte Charlie. Was keine Antwort auf die Frage war. Er wiederholte nur die letzten Worte, die sein Vater gesprochen hatte.

»Dann sind die O'Donnells also endlich besiegt«, sagte der alte Mann. »Haben sie sich wenigstens wacker geschlagen? Wie viele Längen lagen sie am Zielpfosten zurück?«

»Am Zielpfosten«, wiederholte Charlie. »Ich glaube, die Boote sind beide am Zielpfosten angekommen.«

Der Alte stellte keine weiteren Fragen. Mit seinem Sohn stimmte ganz offensichtlich etwas nicht. Aber was? Er schien nüchtern zu sein. Mit welchem finsteren Zauber war er belegt worden?

Bald verbreitete sich die Neuigkeit, Charlie Daney und die blonde Mary würden heiraten. Die Bewertung der Nachbarn fiel so gnadenlos aus wie eh und je.

»Wollen wir hoffen«, sagte Owen Roe, »dass sie nicht ein zweites Mal nach Amerika verschwindet und ihn im Regen stehen lässt.«

»Diesmal sollte er sich besser vorsehen«, sagte Shoogey.

»Vor drei Jahren hätte er an der Flanke des Errigal ohne Weiteres in eine Schlucht fallen und sich das Genick brechen können. Da hat man ihn gerettet. Aber manche Dinge passieren nicht zwei Mal. Wer weiß, ob der Schlitzer je wieder ein Schaf vermisst.«

## VI

Charlie Daney und die blonde Mary heirateten. Ich will sie einen Moment in Frieden lassen, um sich an die neuen Umstände zu gewöhnen, und derweil ein paar Bemerkungen einschieben über eine Frau, die ich einmal kannte. Sie war eine Zimmerwirtin aus Dublin, bei der ich eine Zeit lang zur Miete wohnte, als ich als junger Mann in die Hauptstadt kam. Sie besaß ein großes, heruntergekommenes Haus in den North Quays. Das Haus war in Wohnungen unterteilt. Auch in dem Teil, den die Vermieterin selbst bewohnte, gab es ein kleines separates Schlafzimmer, in dem stets ein Untermieter hauste.

Da man sie mir empfohlen hatte, wurde ich bei ihr vorstellig. Sie zeigte mir das Schlafzimmer und sagte, ich könne mir das kleine Wohnzimmer mit ihr teilen, wo es auch ein Regal für meine Bücher gebe. Sie teilte mir die ungefähren Zeiten mit, zu denen es Essen geben würde. Sie nannte mir den Preis für diese Unterbringung, den sie, wie sie sagte, wöchentlich und im Voraus erwartete.

Bald darauf zog ich ein. Mrs Byrne (denn so hieß sie) war friedfertig und höflich. Sie hatte einige Qualitäten, allen voran einen vorzüglichen Musikgeschmack. Und sie war eine große Patriotin, bis zu einem bestimmten Datum in der Geschichte unseres Landes. Ab da zog sie es vor, zu diesem Thema diskret zu schweigen.

Sie war in vieler Hinsicht die ideale Zimmerwirtin. Leider ließ ihr Etablissement einiges zu wünschen übrig. Ich bekam zu keiner Mahlzeit genug Brot. Oft war das Fleisch zäh, der Tee schwach, die Butter ranzig. Die Bettwäsche war dünn und knapp. Und selbst an kalten Abenden entfachte sie nur dann ein Feuer im Wohnzimmer, wenn sie selbst zu Hause blieb, was aber nur selten der Fall war.

Oft wollte ich diese Ungerechtigkeiten zur Sprache bringen, nicht um dies oder jenes Zugeständnis zu erwirken, sondern schlicht, um einzufordern, was mir zustand. Aber Mrs Byrne schien meine Gedanken stets im Voraus zu erraten und stürzte sich jedes Mal mit solcher Begeisterung und Wortgewandtheit in ein völlig anderes Thema, dass mir die bloße Erwähnung der Missstände oder meiner Forderungen als ungehobelte Unterbrechung ausgelegt worden wäre. Eines Tages aber beschloss ich, sie noch am selben Abend endgültig zur Rede zu stellen. Ich hatte mir die passenden Worte zurechtgelegt. Ich war schließlich keine Maus, sondern ein Mann.

Als ich am Abend nach Hause kam, saß meine Vermieterin im Wohnzimmer. »Ich habe heute Mrs Cassidy besucht«, fing sie an. »Sie wissen schon, drei Häuser weiter. Sie hat ihrem Mieter mit einer Woche Frist gekündigt. Sie konnte ihn einfach nicht ausstehen. Ein ungeschlachter, pferdegesichtiger Rüpel aus Kildare ohne einen Funken Anstand oder Benehmen. Als ich ihn zum ersten Mal gesehen habe, war mir klar, dass er als Hausgast unausstehlich ist. Ich glaube, sie hat sich nur dazu durchgerungen, ihn aufzunehmen, weil er ein paar Shilling extra zahlen konnte. Aber Geld ist nicht alles, das habe ich ihr damals schon gesagt. Und heute habe ich es wiederholt. Ich habe ihr erzählt, dass ich einen kultivierten und vornehmen Gast habe, einen jungen Mann, der seinem Namen und seiner Heimat alle Ehre macht.«

Sie lobte mich noch mehr als fünf Minuten lang in den höchsten Tönen. Dann ging sie in die Küche, um den Tee zu servieren. Keine Klage kam über meine Lippen. Kein Wort der Beschwerde. Sie hatte mich gänzlich besiegt. Meine Zimmerwirtin hatte mir einen Lorbeerkranz aufs Haupt gesetzt. Ich wollte seinen Glanz nicht schmälern, indem ich solch profane Bedürfnisse wie Brot, Butter und Bettwäsche zur Sprache brachte.

Wie ging es weiter? Das tut nichts zur Sache. Es hat keine Auswirkungen auf die Geschichte. Ich wollte diese Anekdote nur einschieben, um zu verdeutlichen, dass manche Frauen mit einer Herrschermacht gesegnet sind, der sich gewöhnliche Männer unmöglich erwehren können.

Die blonde Mary war eine solche Frau. Vom ersten Tag der Ehe an übernahm sie die Kontrolle. Nie gab sie sich die Blöße, wütend oder auch nur verstimmt zu wirken. Nie erhob sie die Stimme. Andere Frauen riefen ihre Männer energisch zum Essen, wenn sie ein Stück vom Haus entfernt bei der Arbeit waren. Mary wurde nie laut. Sie besaß eine kleine Pfeife, der sie einen lauten Ton entlockte. Sobald sie auf diese Weise die Aufmerksamkeit ihres Mannes erlangt hatte, bat sie ihn mit einem kurzen Winken ins Haus.

Der arme Mann war unterwürfig wie ein Lamm. Ihm blieb nichts anderes übrig. Wäre Mary ein ungestüm zänkisches Weib gewesen, hätte er sich zur Wehr setzen können, wenigstens dann und wann. Er hätte erwidern können, sie solle sich zum Teufel scheren, denn er würde sich von ihr nicht zum Fußabtreter machen lassen. Aber Launen oder auch nur Stimmungsschwankungen waren nicht das Markenzeichen der »Satansweiber«, nicht Teil ihrer Strategie. Ihre Begabung lag in einer anderen Herangehensweise.

Fünf Jahre verstrichen. Der fünfzehnte August nahte. Dieses Jahr sollte die Regatta ein besonders denkwürdiges Ereignis werden. Eine Mannschaft aus Cloghaneely hatte sich bei Hopkins in Portrush ein neues Boot anfertigen lassen. Es war leicht gebaut, lag flach im Wasser, hatte einen schmalen Bug und einen schmalen Rumpf. Bei schwerem Seegang wäre es kaum zu gebrauchen gewesen. Es war allein auf Geschwindigkeit ausgelegt. Trotzdem handelte es sich zweifelsfrei um eine gewöhnliche Jolle, und so wurde das Boot zum ersten Ruderrennen der kommenden Regatta zugelassen.

Charlie Daney wollte die Regatta sehen. Er hatte sich dazu entschlossen, Mary um Erlaubnis zu fragen, und seine Bitte in Worte gefasst, die keine Frau mit Herz zurückweisen konnte. Er würde sie nicht einmal um Taschengeld bitten müssen: Er hielt noch ein paar Shilling versteckt, die er durch den heimlichen Verkauf von einigen Dutzend Makrelen beiseitegeschafft hatte.

Der Morgen des fünfzehnten August brach mit prächtigem Sonnenschein an. Es versprach ein herrlicher Tag zu werden. Charlie Daney und die blonde Mary besuchten die Messe. Als sie nach Hause kamen, setzte Mary die Kartoffeln fürs Mittagessen auf. Charley trat vor die Tür und sah sich um. Was für ein Tag! ... Nach dem Essen würde er Mary seine Bitte vortragen. Er hatte sie Wort für Wort verinnerlicht.

Während sie darauf wartete, dass die Kartoffeln kochten, räumte Mary die Küche auf. Sie nahm den kleinen dreibeinigen Schemel zur Hand, auf dem sie oft beim Stricken am Feuer saß. »Weißt du, Charlie«, sagte sie, »ohne diesen Schemel war ich aufgeschmissen. Du hast ihn wirklich hervorragend repariert. Schöner und besser hätte es selbst ein Handwerker nicht hinbekommen. Biddy Andy ist er gestern auch aufgefallen. ›Mary‹, hat sie gesagt, ›es ist doch toll, einen Mann zu haben, der fähig und willens ist, solche Arbeiten zu vollbringen.‹ Die arme Biddy weiß leider nur zu gut, wie es ist, ohne einen solchen Mann leben zu müssen. Natürlich habe ich nichts gesagt. Ich finde, man sollte als Frau dankbar sein für das, was man hat, und nicht über die weniger glücklichen Nachbarn reden.«

Nach dem Essen ergriff Mary abermals das Wort. »Ich glaube, du solltest die Fische in die Sonne legen. Nur noch einen Tag, dann müssten sie fertig gedörrt sein.«

Charlie nahm den Fischkorb und legte dessen Inhalt auf einer der Bodenplatten neben dem Haus in zwei Reihen aus. Mary folgte ihm nach draußen. »Da hast du letzte Woche wirklich einen guten Fang gemacht«, sagte sie. »Mehr als vier Dutzend Rotbarsche in einer Nacht. Damit hast du bestimmt alle Rekorde gebrochen.«

»Ich fürchte, das Kalb braucht frische Streu«, bemerkte Mary, als Charlie den letzten Fisch ausgebreitet hatte. »Es entwickelt sich hervorragend. Ich glaube, es könnte auf dem Novembermarkt einen guten Preis erzielen.«

Später gab Mary die nächste Anweisung. »Nimm die Kuh und pflocke sie auf der Wiese unten am Ufer an. An einer Stelle, die noch nicht abgegrast ist. Und wenn du sowieso auf dem Weg nach unten bist, nimm einen Eimer mit und hol mir frisches Wasser vom Brunnen. Ich glaube, sobald du wieder hier bist, wäre es eine gute Idee, die Heubündel auszuschütteln, die du letzte Woche geschnürt hast. Wir können sie heute Abend zusammenlegen, bevor es taut. Ich helfe dir dabei. Ich komme dann zu dir, sobald ich das Geschirr gespült und alles andere hergerichtet habe.«

Der Zeitplan für den Tag war ausgefüllt. Charlie nahm sich den Eimer. Er ging zum Stall. Er band die Leine am Halfter der Kuh fest, führte sie hinaus und trieb sie den Hang hinab in Richtung Weide. Auf halbem Weg nach unten traf er Billy Jack, der dort auf einem Stein saß. Er hatte die Gehstöcke zu beiden Seiten abgelegt.

»Charlie«, sagte Billy, »es ist schrecklich, alt und lahm zu sein. Was würde ich nicht dafür geben, heute in Magheragallon zu sein. Das wird ein unvergessliches Ereignis. Boote aus vier Pfarreien, die gegeneinander antreten. Nach allem, was ich höre, haben die O'Donnells aus den Rosses diesmal kaum eine Chance. Natürlich haben sie viel Erfahrung. Sie haben einen hervorragenden Skipper. Sie können vom Stolz vergangener Siege von Loch Súilí bis Killybegs zehren. Aber was die Geschwindigkeit angeht, hat ihr Boot offenbar keine Chance gegen das aus Cloghaneely. Zumindest dieses Jahr. Ich bin mir sicher, dass die O'Donnells nächstes Jahr ein neues Boot von ähnlicher Güte aufbieten.«

Der Alte fing an, von den großartigen Ruderwettbewerben zu schwärmen, die er in jungen Jahren erlebt hatte. Irgendwann fiel ihm auf, dass Charlie ungeduldig wirkte. »Aber ich halte dich auf«, sagte er, »und du hast nicht allzu viel Zeit. Dem Stand der Flut nach ist es wohl am besten, durch die Furt vom Schwarzen Felsen schnell rüber nach Gweedore zu kommen. Natürlich musst du von da aus noch gute fünf Meilen nach Magheragallon laufen, aber dafür sollte reichlich Zeit sein. Einen schönen Tag. Wer das Leben als junger

Mann nicht genießt, wird im Alter nicht mehr dazu kommen. Wir alle machen diese Reise nur ein Mal.«

Charlie trieb die Kuh hinab auf die Weide. Er trieb den Pflock mit der Leine in den Boden. Er sah sich in alle Richtungen um. Gerade legte das letzte Boot aus der Bucht der Flechter ab. Ein paar Nachzügler gingen über den Weißen Strand in Richtung Fähre. Ringsum war die Küste einsam und verlassen. Nirgendwo war ein Mensch zu sehen, bis auf zwei kleine Jungen, die in der Bucht unterhalb des Felsvorsprungs, auf dem der Brunnen stand, eine Sandburg bauten.

Ach, könnte er nur ein kleiner Junge sein und eine Sandburg bauen!

Ein schriller Stoß der Pfeife riss ihn aus seinen Träumereien. Er drehte sich um und schaute zum Haus hinauf. Die blonde Mary winkte ihn zu sich.

Ja, er hatte verstanden. Sie brauchte das erwartete Wasser, um ihnen bei Einbruch der Nacht den abendlichen Tee bereiten zu können. In der Zwischenzeit würden sie gemeinsam die Heubündel ausschütteln.

Charlie ging zum Brunnen. Er füllte den Eimer mit Wasser und stellte ihn auf dem Brunnenrand ab. Er schaute nach Norden. Das letzte Boot aus Corfin durchquerte die Bucht in Richtung Bunbeg.

Charlie rührte sich nicht vom Fleck. Er stand da, als befände er sich tief in einem Traum.

Ein neuerlicher Stoß aus der Pfeife.

Ein zweites Mal schaute er zum Haus hinauf. Mary winkte ihn herbei, diesmal ein wenig deutlicher.

Er antwortete ihr. Aber sie hörte ihn nicht. Sie waren zu weit voneinander entfernt. Niemand hörte ihn, nur die beiden kleinen Jungen, die ihre Sandburg bauten. Verwundert schauten sie zur Klippe auf und begriffen in ihrem kindlichen Denken ganz natürlich, dass die Worte direkt aus Charlie Daneys Herz flossen, als er zitierte:

> Es wäre besser, blind zu sein,
> als je dein Antlitz erblickt zu haben.

# Die Spionin

## I

Sie war eine Fremde in Crawbawn. Da sie rote Haare hatte und ihr Name den Menschen unbekannt war, nannten sie sie Biddy Roe. Sie war in Glenveagh geboren worden und noch keine sieben Jahre alt gewesen, als ihre Familie – wie so viele andere – aus ihrem kleinen Haus vertrieben wurde. Ihr Leben lang erinnerte sie sich an diesen Tag. Zuvorderst der Großvater, wie er auf zwei Stöcke gestützt aus dem Haus humpelte. Dann die Mutter mit dem Baby auf dem Arm. Die restlichen Kinder. Verschiedene Einrichtungsgegenstände, die auf der Straße landeten. Ihr Vater stand mit wahnsinnigem Blick da. Der Rammbock wurde angesetzt. Ein Stück Mauerwerk stürzte zu Boden. Ihr Vater warf sich auf den Gerichtsvollzieher und schlug zu. Die Polizisten liefen herbei. Als Biddy Roe ihren Vater wieder sehen konnte, stand er ein paar Meter abseits in Handschellen, das Gesicht blutüberströmt.

Kurz darauf kam er vor Gericht und wurde für diesen gewalttätigen Angriff auf die Beamten der Krone während der Ausübung ihrer rechtmäßigen Pflichten zu zwölf Monaten Gefängnis verurteilt.

Mit einem Umweg über Amerika, wo sie einen jungen Mann aus den Rosses kennenlernte, kam Biddy schließlich nach Crawbawn. Sie heirateten, kehrten nach Irland zurück und ließen sich auf einem kleinen, kärglichen Landstück in den Lower Hills nieder, wie man die Gegend nannte.

Sie hatten drei Kinder. Zuerst in einem Abstand von kaum anderthalb Jahren zwei Mädchen und fünf Jahre später einen Sohn. Als der Vater starb, war der Junge erst ein Jahr alt. Also lassen wir die arme Witwe erst einmal in Ruhe, um ihre Kinder großzuziehen, so gut sie kann, während wir uns mit den übrigen Figuren unserer Geschichte vertraut machen.

## II

Tommy McGee war ein junger Mann. Er lebte in Glenkeel, etwa zwei Meilen von Crawbawn in Richtung Küste. Zum Zeitpunkt seines Todes sollte es Tommy zu beachtlichem Reichtum gebracht haben, aber wie so viele andere fing auch er ganz klein an. In seiner Jugend hatten Stierkälber in den Rosses keinen Wert. Niemand gab sich die Mühe, eines großzuziehen. Also schlachtete er das seine und versuchte, ein paar Shilling für die Haut zu bekommen. Aber selbst das war nicht immer einfach. Manchmal kauften die Händler in der Stadt solche Tierhäute, manchmal nicht.

Tommy McGee begriff, dass es eine Lücke im Geschäft mit Häuten gab. Er eignete sich an, wie man sie entsprechend bearbeitete, sodass sie sich einige Wochen hielten. Sobald er eine Kiste voll hatte, schaffte er sie mit dem Zug nach Derry.

»Du machst wohl ganz gut Geld mit deinen Häuten«, sagte ein alter Mann aus der Nachbarschaft eines Tages zu ihm.

»Keineswegs, Mickey«, gab Tommy zurück. »In Schottland würde ich dreimal so viel bekommen. Aber ich will Irland nicht verlassen. Ich halte das für den größten Fluch unseres Landes – die tüchtigsten jungen Männer und Frauen wandern aus. Ich finde, es sollte die Pflicht aller jungen Männer sein, hierzubleiben. Gerade in diesen Zeiten.«

»Ach«, sagte der Alte, »von so etwas habe ich keine Ahnung. Ich bin keinen Tag meines Lebens zur Schule gegangen. Aber ich bin doch neugierig, warum du sagst, dass sie gerade in diesen Zeiten in der Heimat bleiben sollten, anders als in meiner Jugend.«

»Die Zeiten haben sich sehr geändert«, sagte Tommy. »Noch vor Ablauf der nächsten zwölf Monate wird Home Rule offiziell Gesetz werden.«

»Dann wird ja alles gut.«

»Du verstehst das falsch«, sagte Tommy. »Du kannst keine Zeitung lesen. Könntest du das, wüsstest du, dass Carson die Ulster Volunteers organisiert und bewaffnet, um gegen die Selbstverwaltung zu kämpfen. Ein Sieg im Unterhaus ist für uns also nur der halbe Sieg. England mag uns Home Rule zugestehen, aber wir müssen kämpfen, um das auch durchzusetzen. Deshalb sage ich, es ist die Pflicht jedes jungen Mannes, gerade jetzt zu Hause zu bleiben. Deshalb bleibe ich zu Hause und versuche, mit meiner lausigen Arbeit wenigstens ein paar Shilling pro Woche zu verdienen.«

»Das wusste ich nicht«, sagte der Alte. »Es betrifft mich aber auch nicht. Ich bin ein alter Mann und habe keine Söhne.«

»Aber du hast ein Vaterland«, sagte Tommy hitzig. »Irland ist deine Heimat. Wenn du schon zu alt bist, um für sie zu kämpfen, solltest du sie wenigstens lieben. Denk an die unzähligen Männer, die im Lauf der Geschichte ihr Leben für die Heimat gegeben haben. Denk an all die Männer, die bis zu zwanzig Jahre in britischen Kerkern verbracht haben. Denk an all das, und dann sag mir noch mal, dass dir Irland nichts bedeutet.«

»Du hast mich zum Nachdenken gebracht. Ich habe mich gehen lassen.«

»Siehst du«, sagte Tommy und war froh, den sterbenden Funken des Patriotismus im Herzen des alten Mannes neu entfacht zu haben.

»Je länger ich überlege, desto klarer wird es mir. Jedes Mal, wenn ich den Großen Billy Coll aus Gweedore auf Jacks Markt treffe, schüttle ich ihm die Hand. Billy hat damals den Angriff auf die Dutzenden Polizisten angeführt, als sie kamen, um Pfarrer McFadden zu verhaften. Bei dem Kampf wurde ein Inspektor getötet. Billy wurde wegen Mordes angeklagt. Die Beweise haben nicht gereicht, um ihn zu hängen, aber er hat zehn Jahre im Gefängnis zugebracht. Ja, ich habe mich geirrt. Ich bewundere jeden, der eine mutige Tat vollbringt.«

Tommy ging wortlos davon.

Frank O'Donnell war ein Mann aus den Rosses und blieb das auch sein Leben lang. Er war vor ein paar Sommern aus Amerika zurückgekehrt, nachdem er dort vierzig Jahre verbracht hatte. Selbst am Tag seiner Rückkehr war er noch durch und durch ein Mann aus den Rosses, so wie am Tag seiner Abreise. Er hatte nicht den Hauch eines amerikanischen Akzents angenommen. Er redete nie über Amerika. Seine Geschichten drehten sich immer um die Rosses seiner Jugend, um die Männer und Frauen (alle längst verschieden), die er damals gekannt hatte, um die Dinge, die sie getan, die Geschichten, die sie sich erzählt, die Lieder, die sie vor sechzig Jahren gesungen hatten. Oft ging Frank nach Crohy Head, um zuzusehen, wie die Abendsonne als Flut aus goldenem Licht aus der Lücke zwischen Arranmore und dem Festland hervorbrach. Oft ging er noch vor Sonnenaufgang los, um den Morgenstern auf dem Gipfel des Errigal balancieren zu sehen. Manchmal besuchte er alte Ruinen und saß in trübsinnige Gedanken versunken auf einem Stein. Dann wieder brach er unvermittelt in melodisches Gelächter aus und gab eine Geschichte über einen Mann oder eine Frau zum Besten, die dort in seiner Jugend gelebt hatten. Das war Frank O'Donnell.

## III

Tommy McGee machte sich Sorgen, als bei Winteranbruch eine Fliegende Kolonne der IRA aus Derry ins Hochland von Donegal kam. Mittlerweile hatte er den Handel mit Kalbshäuten aufgegeben und unten an der Kreuzung einen kleinen Laden eröffnet.

Eines Tages kam ein Mitglied der Kolonne zu ihm ins Geschäft. Tommy hatte einen Kloß im Hals, fing sich aber schnell wieder.

»Ich hätte eine Frage«, sagte der Freiwillige, »und dem Vernehmen nach kann man sich auf Ihre Informationen verlassen. Was ich wissen möchte, ist die Verfügbarkeit von Unterschlupf in dieser Gegend. Es wird Situationen geben, in denen wir uns in Gruppen von zwei oder drei Mann aufteilen müssen, um uns eine Weile zu verstecken. Ich wüsste gern, wem wir hier vertrauen können.«

»Im Bezirk Glenbeg«, sagte Tommy, »können Sie jedem vertrauen. Jeder Mann und jede Frau hier steht hinter der Freiheit Irlands. Wie Sie aber selbst sehen können, sind wir hier alles andere als sicher. Wir liegen in einer Niederung und würden den Feind erst sehen, wenn er fast vor der Tür steht. Glenkeel kommt also nicht infrage. Was die übrigen Distrikte angeht, will ich Ihnen helfen, so gut ich kann. Ich bin davon überzeugt, dass ein jeder die Pflicht hat, seinen Beitrag für Irland zu leisten.«

»Was ist mit den Bezirken draußen in den Hügeln? Crawbawn zum Beispiel?«

»Über Crawbawn kann ich Ihnen viel Nützliches berichten«, sagte Tommy, »und ich werde Ihnen sogar eine Liste mitgeben. Die meisten Häuser dort sind sicher. Aber es sind ein paar Leute dabei, die sich verplappern würden, ohne es böse zu meinen, was trotzdem sehr gefährlich ist. Solche Neuigkeiten machen die Runde, bis sie dem Spion zu Ohren kommen.«

»Wollen Sie damit sagen, in Crawbawn leben Spione?«

»Es gibt zumindest eine Person, die wir alle verdächtigen. Natürlich gibt es bis jetzt keinen Beweis für ihren Verrat. Gäbe es einen, dürfte sie nicht länger hierbleiben. Aber sie steht unter dringendem Verdacht.«

»Ein weiblicher Spion?«

»Ja, eine Frau. Man nennt sie Biddy Roe. Ihr einziger Sohn hat im Krieg in der britischen Armee gedient. Mittlerweile arbeitet er in England. Hat eine gute Anstellung. Der Lohn seiner treuen Dienste für die Unterdrücker dieses Landes. Biddy

Roe lebt allein. Ihre beiden Töchter haben in Gegenden jenseits der Berge geheiratet. Kaum ein Nachbar besucht sie je zu Hause.«

»Aber sprechen denn noch andere Dinge gegen sie oder nur die Tatsache, dass ihr Sohn in der britischen Armee war?«

»Genug, um sie zu verdächtigen. Sie hat die Teilnehmer des Osteraufstands lautstark verflucht und behauptet, sie hätten Unheil übers Land gebracht.«

»Verstehe. Wir sehen uns vor. Ich bin bald wieder zurück und hoffe, Sie können mir dann ausführliche Informationen über Crawbawn und die umliegenden Bezirke liefern.«

»Ich werde mein Bestes geben. Wie schon gesagt, jetzt muss jeder Mann seinen Beitrag für unser Land leisten. Der wahre Kampf hat begonnen. Aber Sie müssen vorsichtig sein. Erwähnen Sie meinen Namen niemandem gegenüber. Sollte die Polizei irgendetwas hören, kommen sie her und verhaften mich. Und ein freier Mann draußen ist wichtiger als tausend Mann im Gefängnis, das wissen Sie ja selbst.«

Nach dieser Unterredung verließ Frank O'Donnell den Laden. Er hatte sich ein Urteil über Tommy McGee gebildet. Er würde nicht vergessen, was er über Biddy Roe gehört hatte. Vielleicht war sie eine Spionin. Vielleicht nicht. Er würde ihren Namen nicht erwähnen. Aber er würde seinen Kameraden raten, Crawbawn zu meiden, bis ihm eindeutige Informationen vorlagen.

## IV

Biddy Roe hatte es nur mit großer Mühe geschafft, ihre drei Kinder aufzuziehen. Oft halfen ihr die Männer der Nachbarschaft aus. Sie stachen Torf für sie. Halfen ihr bei der Aussaat der spärlichen Feldfrüchte im Frühling. Biddy war sehr dankbar für all die wohlwollende Unterstützung. Hätte man sie ihr nicht von sich aus angeboten, sie hätte niemals danach gefragt. Stand ihre Kuh trocken, schickten ihr die Frauen der Nachbarschaft etwas Milch für den Tee. Sooft sie es vergaßen, trank Biddy ihren Tee lieber schwarz, als nachzufragen. Sie hatte noch weitere Eigenschaften, die sie von den übrigen Frauen der Gegend unterschieden. Sie hielt keinen Klatsch und redete nicht über die Nachbarn. Was sich eines Tages rächte. Eine Frau, die nicht tratschte und nicht über ihre Nachbarn redete, war unnatürlich. Sie musste eine Kreatur sein, die finstere Geheimnisse im Herzen trug. Sie war eine Person, vor der man sich in Acht nehmen musste.

Irgendwann heiratete Biddys ältere Tochter. Im darauffolgenden Jahr heiratete auch die jüngere – und in beiden Fällen Männer, die jenseits der Berge wohnten. Biddy blieb allein mit ihrem Sohn zurück.

Sie musste ein paar schwierige Jahre durchstehen. 1914 wurde es allerdings noch schlimmer. Ihr Sohn war gerade neunzehneinhalb. Er beschloss, nach Schottland zu gehen, um sich etwas Geld zu verdienen. Mit schwerem Herzen sah seine Mutter ihr letztes Kind das Haus verlassen. Aber es musste sein. Sie betete, ihm möge das Glück beschieden sein, eine Arbeit zu finden. Dann könnte er zum Winteranbruch mit einer Handvoll Geld zu ihr zurückkommen. Er würde jedes Jahr wieder fortgehen, und sie würde sich daran gewöhnen. Eines Tages würde er heiraten und seine junge Braut mit nach Hause bringen, um mit ihr hier zu leben. Bis schließlich wieder Kinder auf dem Boden ihrer kleinen Hütte spielen würden.

Es war etwa Mitte Juli, als der junge Mann die Heimat verließ und nach Schottland übersetzte. Er begab sich in eine Gegend, über die er von alten Männern viele Geschichten gehört hatte. Über zwei Wochen durchstreifte er auf der Suche nach Arbeit die vier Countys von Lothian, aber niemand wollte ihn anstellen. Er schlief in Heuhaufen am Straßenrand. Bettelte unterwegs bei Bauernhöfen um ein Stück Brot. Dann und wann zog er die Stiefel aus, um seine mit Blasen bedeckten Füße in einem Bach zu kühlen. Bald würde er keine Stiefel mehr zum Ausziehen haben. Die Sohlen lösten sich bereits. Bei einem waren vorn schon die Zehen zu sehen. Seine Kleidung war verschlissen. Es ging ihm so schlecht, wie es einem nur gehen kann.

Eines Samstagnachmittags kam er nach Edinburgh. Warum, das wusste er selbst nicht. Weil man eben irgendwo hingehen muss. Man kann nicht an einem Ort stehen bleiben, bis man sich zum Sterben niederlegt.

Als er die Princes Street entlangging, traf er Charlie McCole aus Dunlewy, einen entfernten Verwandten seines Vaters. Charlie betrachtete ihn. Er brauchte keine Fragen zu stellen. Der junge Mann erzählte ihm allerdings von sich aus, wie es ihm in den letzten Wochen ergangen war.

»Ich habe nicht viel Geld«, sagte Charlie, ohne um Hilfe gefragt worden zu sein. »Aber ich habe Arbeit. Sie haben mich auf einem Hof in der Nähe von Middletown genommen, der einem Mann gehört, mit dem ich vor vielen Jahren drüben in Fifeshire gearbeitet habe. Die Ernte dieses Jahr wird sehr schlecht. Keine Chance für junge Leute, die zum ersten Mal hier sind. Wie gesagt, ich habe nicht viel Geld, aber das wenige, das ich habe, will ich dir geben«, sagte er und reichte dem jungen Mann eine Pfundnote.

»Geh zur Arbeiterunterkunft am Grass Market. Da bekommst du für sechs Pence ein Bett und morgen früh für weitere vier einen Tee und etwas Brot. Montagmorgen nimmst du den Zug nach Glasgow und dort am Abend die Fähre zurück nach Derry. Mehr kann ich nicht für dich tun. Ach, und übrigens«, schob er hinterher, »gestern hat England Deutschland den Krieg erklärt.«

Der junge Mann nahm das Geld, dankte seinem Freund und ging davon. »Das war sehr großzügig von ihm«, dachte er, »und dabei kennt er mich kaum. Aber er rät mir, nach Hause zurückzukehren. Ohne Geld zu meiner Mutter zurückzugehen, mich hinzulegen und an ihrer Seite zu sterben. Das kann ich nicht tun. Das werde ich nicht tun. Ich versuche es in einem anderen Teil des Landes. Vielleicht drüben in Perthshire. Aber meine Stiefel. Ich werde sie ausziehen und barfuß gehen und sie nur anziehen, wenn ich vor der Tür eines Bauernhofs stehe. Trotzdem will ich zum Grass Market gehen und mir für die Nacht ein Bett in der Arbeiterunterkunft nehmen. Aber weshalb hat Charlie McCole mir erzählt, dass England Deutschland den Krieg erklärt hat? Was geht mich das an? Er hätte mir ebenso gut erzählen können, dass es in Japan ein Erdbeben gab.«

Später betrat er die Arbeiterunterkunft am Grass Market und erstand für sechs Pence einen Zettel, auf dem die Nummer seines Betts stand. Man sagte ihm, der Schlafsaal sei erst ab zehn Uhr offen, und führte ihn in einen unmöblierten Flur, wo er sich setzen konnte. Dort warteten schon eine Menge andere Männer. Manche von ihnen waren alt, manche jung, manche weder noch. Aber alle hatten sie nur ein einziges Gesprächsthema – den Krieg.

Ein Mann mit einem schweren schottischen Akzent sagte, jeder wahre Brite müsse in die Armee eintreten, weshalb er sich am Montagmorgen geradewegs zur nächsten Rekrutierungsstelle begeben würde. Die Deutschen wollten die Welt erobern. Man musste ihre Angriffslust in die Schranken weisen, und so würde es auch kommen. Trotz all der feurigen Reden würden sie im Angesicht der britischen Armee schon bald straucheln und zurückweichen. »Noch vor Weihnachten sind wir in Berlin«, schloss er.

Ein Ire sagte, er wolle ebenfalls am Montagmorgen dorthin gehen. Denn dieser Krieg war anders als frühere Kriege. In der Vergangenheit hatte es geheißen, Englands Probleme seien Irlands Gelegenheit. Diesmal war es ähnlich, allerdings unter anderen Vorzeichen. Englands Probleme stellten für Irland die Gelegenheit dar, sich Home Rule zu sichern. Das Gesetz war schon in Vorbereitung. Sollte England von Deutschland erobert werden, konnten sie Home Rule vergessen. Deshalb würde jeder Ire, der in diesem Krieg aufseiten Englands focht, gleichzeitig für die Freiheit seiner Heimat kämpfen.

Der dritte Mann, dem Biddy Roes Sohn zuhörte, war ebenfalls Ire und stammte dem Akzent nach eindeutig aus Donegal. Er sagte, ihm sei ganz gleich, ob England Deutschland besiege oder nicht. Außerdem sei ihm Home Rule vollkommen schnuppe, ihm gehe es eher um andere Dinge. Fünf Wochen lang war er durch Schottland gewandert, ohne eine Arbeit zu finden. In den Hügeln Donegals wartete seine Frau mit drei Kindern auf ihn. Brachte er kein Geld mit nach Hause, würden sie im kommenden Winter verhungern. Es sei also seine oberste Pflicht, die Frau und die Kinder, die Gott ihnen zur Aufzucht und Pflege anvertraut hatte, so lange wie möglich vor dem Hungertod zu bewahren.

Ein weiterer Mann nannte Zahlen zu den verschiedenen Soldzulagen. So viel für eine Frau, so viel für jedes Kind, so viel für eine verwitwete Mutter.

Um kurz nach zehn begab sich unser junger Mann zu Bett. Obwohl er müde war, lag er noch lange wach und dachte nach. Er betrachtete die Sache von allen Seiten. Die Worte des Mannes aus Donegal hatten bleibenden Eindruck bei ihm hinterlassen. Er sah nur einen Ausweg aus der Situation. Entweder er ließ seine Mutter in der Heimat verhungern, oder er trat in die britische Armee ein.

Als sich am Montagmorgen die Tür der Rekrutierungsstelle öffnete, stand er bereits davor.

## V

Biddy Roe erreichte ein Brief ihres Sohnes. Darin befanden sich auch ein Foto und eine Bescheinigung über die Höhe des ihr zustehenden Trennungsgeldes. Biddy fand, der Junge sehe sehr hübsch aus in seiner Uniform. Trotzdem war sie traurig. Ihr Kind zog in den Krieg. Viele Männer kamen aus Kriegen nicht mehr nach Hause.

Immerhin gab ihr die Lektüre des Briefes ein wenig Hoffnung. Der Krieg würde in ein paar Monaten vorüber sein. Bis dahin konnte ihr Junge kaum mit der Ausbildung fertig sein. Man würde ihn niemals an die Front schicken.

Sie rahmte das Foto und hängte es in der Küche über den Kaminsims. Hin und wieder bekam sie Besuch von neugierigen Frauen aus der Nachbarschaft. Sie warfen heimliche Blicke auf das Bild, taten aber alle so, als hätten sie es nicht bemerkt. Für die arme Mutter war das nur schwer zu ertragen. Sie war schließlich die Mutter des Jungen. Und die Menschen würden ihn einen Verräter schimpfen. Gerade ihn!

Eines Tages wurde Biddy Roes Sohn zusammen mit Tausenden anderen Männern nach Frankreich geschickt. Als sie davon erfuhr, wollte der armen Mutter das Herz zerspringen. Manch eine Winternacht tat sie kein Auge zu, lag mal schluchzend da, mal versuchte sie zu beten, während draußen der Sturm heulte und Hagelkörner gegen die Fenster prasselten. Wo mag er gerade sein, mein armer Junge? Bis zu den Knien im Matsch. Sterbend auf einem einsamen Hügel, wo sein Herzblut rasch verebbt und niemand an seiner Seite ist, der ihm die letzte Beichte abnimmt.

Aber die Zeit verging, Monat für Monat, und noch immer war ihr Sohn am Leben. Biddy schöpfte neue Hoffnung. Vielleicht waren ihre Gebete erhört worden. Sie würde nicht nachlassen. Vor allem wollte sie zur Jungfrau Maria beten. Maria würde sich ihrer bestimmt erbarmen.

Dann aber machte zur Osterzeit in den Rosses eine Nachricht die Runde, welche Herz und Seele der armen Frau tief erschütterte. In Dublin war eine Revolte ausgebrochen. Die Stadt stand in Flammen. Mit jedem Schiff trafen Tausende neue Soldaten aus England ein.

Eine grauenvolle Entwicklung, dachte sich die arme Witwe. Die vielen Tausend britischen Soldaten, die nur der Revolte wegen nach Irland kamen, wären sonst allesamt nach Frankreich geschickt worden. Ihre Abwesenheit würde dazu führen, dass der Krieg länger dauerte. Und so sah die Mutter in ihrem Wahn nur diesen einen Aspekt der Umstände – die Verzögerung des Krieges und die daraus resultierende Gefahr für ihr Kind. Sie sah den Osteraufstand anders als ihre Landsleute. Sah nicht, wie erhaben und glorreich die Trikolore auf den Türmen des Hauptpostamts wehte. Hörte nicht, wie erhaben und glorreich die Einleitung der Proklamation klang: »Im Namen Gottes und der Generationen toter Iren« usw. Biddy Roe sah all das anders, und man kann verstehen, dass sie wenig Sympathie für die Helden der Osterwoche hegte. Was immer sie über die Entwicklungen sagte, war also übertrieben und verdreht und führte dazu, dass die arme Frau mit jedem Tag mehr und mehr Argwohn auf sich zog.

Eines Tages sah sie Tommy McGee die Straße entlangkommen. Tommy, dachte sie, war ein kluger Mann. Vielleicht hatte er eine Vorstellung davon, wie lange der Krieg noch dauern würde. Sie wollte ihn nach seiner Meinung fragen.

»Der Krieg wird noch Jahre dauern«, sagte Tommy. »Er wird andauern, bis das Britische Empire – das Reich der Hölle, wie John Mitchel es nannte – in die Knie gezwungen wurde. Diesmal muss es passieren. Es wäre nur göttliche Gerechtigkeit, der Herrschaft dieser Heuchler, die so tun, als würden sie für das Wohl kleiner Nationen streiten, ein Ende zu bereiten.« Und als wäre ihm in der Sekunde aufgegangen, dass er ein klein wenig zu barsch geredet hatte, fügte er hinzu: »Ich hoffe, dein Junge kommt heil hindurch. Wäre er zu mir gekommen, bevor er in die Armee eingetreten ist, hätte ich ihm einen guten Ratschlag gegeben, um ihn zu retten.«

»Du hättest ihm einen guten Ratschlag gegeben«, sagte Biddy. »Und noch etwas, nämlich ein gutes Vorbild. Und mit deinem Ratschlag und Vorbild hätte ich keine Angst haben müssen, dass mein Junge sich jemals irgendwo hinbegibt, wo ihm auch nur im Entferntesten Gefahr droht.«

Das hatte gesessen. Ihre Worte trafen Tommy tief. Er würde sie niemals vergessen. Und so ist es auch kaum verwunderlich, dass die IRA-Kolonne einige Jahre später vor Biddy Roe gewarnt wurde.

## VI

Es war Winter. Die Kolonne griff die Polizeikaserne in Invermore an und brannte sie nieder. Danach wollten sie ihre Waffen in ein sicheres Versteck schaffen, sich in Grüppchen zu zwei oder drei Mann aufteilen und verbergen, bis die Invasion vorüber wäre. Zwei Tage später wimmelte es im Hochland Donegals von britischen Soldaten. Aus drei Richtungen marschierten sie in die umliegenden Bezirke ein. Ein Trupp nahte aus Derry, einer aus Finner, und ein dritter landete per Transportschiff an der Küste der Rosses.

Nachdem die Männer der Kolonne besprochen hatten, wo sie sich später wiedertreffen wollten, zerstreuten sie sich. Einer von ihnen beschloss, allein loszuziehen. Er wollte sich jenseits der Lower Hills in einem bestimmten Haus verstecken, das er kannte. Etwa eine Stunde vor Sonnenuntergang, als er gerade durch Crawbawn kam, tauchte wie aus dem Nichts eine Frau auf und blieb vor ihm stehen.

»Dürfte man wohl erfahren, wohin Sie unterwegs sind?«, fragte sie.

»Raus nach Knocksharragh, um ein verirrtes Schaf zu suchen.«

»Raus nach Knocksharragh, um ein verirrtes Schaf zu suchen – so kurz vor der Dämmerung? Hören Sie, ich weiß ein paar Dinge über Sie. Ich weiß, dass Sie zur Kolonne gehören. Wenn Sie so weitergehen und die Lower Hills verlassen, laufen Sie Gefahr, denen in die Hände zu fallen, die aus Letterkenny Richtung Glendowan unterwegs sind. Kommen Sie mit. Bei mir sind Sie in Sicherheit, bis die Gefahr vorüber ist.«

»Ich bin Ihnen zutiefst zu Dank verpflichtet. Hoffentlich verzeihen Sie mir meine Worte, aber ich kenne Sie nicht. Wer sind Sie?«

»Biddy Roe werde ich genannt. Ich wohne da drüben in dem kleinen Haus am Rand der Böschung.«

Der Freiwillige schaute ihr direkt ins Gesicht. Von Biddy Roe hatte er durchaus gehört. Die Leute aus der Gegend hatten die Kolonne vor ihr gewarnt, allen voran Tommy McGee. Aber der Freiwillige schlug alle Warnungen in den Wind. Er schaute der Frau direkt ins Gesicht und hatte instinktiv das Gefühl, dass er ihr vertrauen konnte.

Er begleitete sie zu ihrer kleinen Hütte. Da gab es ein gemütliches Herdfeuer, über dem bereits ein Kessel hing. Der junge Mann setzte sich ans Feuer und streckte die Hände vor den Flammen aus. »Einfach wunderbar«, sagte er.

»Mehr haben wir hier nicht zu bieten«, sagte die Frau. »Am wichtigsten ist aber, dass es von Herzen kommt.«

Sie machte ihm etwas zu essen und setzte sich dann zu ihm. War der Tee auch kräftig genug? War das Ei recht so? Hätte er gern noch ein wenig selbst gebackenes Brot?

Später zeigte sie ihm sein Schlafzimmer.

»Aber gute Frau, was ist denn mit Ihnen?«, fragte der Freiwillige. »Wo werden Sie schlafen?«

»Wo ich auch schlafe, wenn mein Sohn zu Hause ist«, antwortete sie. »Auf der Schlafbank in der Küche.«

Am nächsten Abend, als sie einander am Feuer gegenübersaßen, ergriff Biddy Roe das Wort. »Manche der Patrioten in dieser Gegend hätten zu viel Angst, einem von euch Burschen einen Unterschlupf für die Nacht zu bieten«, sagte sie. »Aus Angst vor Vergeltung. Was sie nicht alles tun würden, diese unerschrockenen Helden. Sie würden den Erne selbst bei Flut zu Fuß durchqueren, ohne mit der Wimper zu zucken. Dolle Leistung, wenn der Erne mit seiner Flut fünfzig Meilen entfernt liegt. Aber Biddy Roe ist eine Spionin. Biddy Roe ist eine Verräterin. Und alles nur, weil ihr Sohn im Krieg in der britischen Armee gedient hat.«

»Dann ist das wohl ein Foto von ihm?«, fragte der Freiwillige und sah zum Kaminsims hinüber.

»So ist es.«

»Ein stattlicher Mann. Gott schütze ihn.«

»Er arbeitet zurzeit in England. In ein oder zwei Jahren will er ein Mädchen aus Lettereach heiraten. Ein wunderbares Mädchen. Ich freue mich sehr darauf. Es wird herrlich, endlich wieder Kindergeplapper in meiner Stube zu hören.«

»Biddy«, sagte der Freiwillige, »eine Bitte. Sollte ich noch leben, wenn Ihr Sohn heiratet, laden Sie mich dann zu seiner Hochzeit ein?«

»Das werde ich«, sagte Biddy mit leuchtenden Augen.

Und sie hielt ihr Versprechen. Es war auch nicht schwer zu erfüllen. Der Freiwillige lebte noch und konnte problemlos kontaktiert werden, denn Biddys Sohn vermählte sich während der Waffenruhe. Aber bis dahin sollte es noch dauern.

Fünf Nächte verbrachte der Freiwillige in Biddy Roes Haus. In dieser Zeit fiel ihm eine seltsame Angewohnheit der Hausherrin auf. Sie servierte stets ein frühes Mittagessen, verschwand kurz darauf und tauchte erst bei Einbruch der Nacht wieder auf. Der Freiwillige fragte sich, wohin sie verschwand. Aber er war bloß neugierig, mehr nicht. Was für seltsame Angewohnheiten Biddy auch haben mochte, der junge Mann wusste, dass sie grundanständig war.

Am fünften Morgen erwachte der Freiwillige sehr früh. Er wollte an diesem Tag aufbrechen und hatte eine weite Strecke vor sich. Er stand auf und zog sich an. Währenddessen dachte er sich, er würde die alte Dame, so sie noch schliefe, in Ruhe lassen und nicht etwa wecken. Er würde irgendwann wiederkommen und ihr sagen, was er zu sagen hatte.

Lautlos betrat er die Küche. Die Asche des Herdfeuers war zusammengeharkt. Die Schlafbank war zugeklappt und offenkundig nicht benutzt worden. Er öffnete die Tür und trat nach draußen. Es war ein kalter Morgen, der Frühling hatte kaum begonnen, und die ersten fahlen Sonnenstrahlen flossen am Gipfel des Errigal vorbei. Der Freiwillige schaute sich in alle Richtungen um. Nirgendwo war eine Rauchfahne zu sehen. Die Menschen lagen in ihren Betten und schliefen. Wo um Himmels willen war die alte Frau?

Der junge Mann stieg den Hügel hinter dem Haus hinauf, dessen Kuppe knapp zweihundert Meter entfernt lag. Und dort oben, hinter einem Stein, saß Biddy Roe. Sie trug einen schweren Wollschal um Hals und Kopf geschlungen und hatte sich eine Decke um die Schultern gelegt. Unter ihr lagen ein paar alte Bretter zum Schutz vor dem feuchten Boden.

»Großer Gott«, rief der Freiwillige, »was machen Sie hier draußen? Wollen Sie sich bei der Kälte den Tod holen?«

»Mir ist nicht kalt. Wie Sie sehen, bin ich gut geschützt. Und da ich Sie in mein Haus eingeladen habe und Sie sich mir anvertraut haben, wollte ich sichergehen, dass sich niemand unbemerkt dem Haus nähert. Es gibt nur zwei Straßen, über die Lastwagen oder Automobile herkommen könnten, und von hier aus würde ich ihre Scheinwerfer schon aus drei Meilen Entfernung sehen.«

»Aber wieso sollte ich letzte Nacht in größerer Gefahr geschwebt haben als die Nächte davor? Gerade jetzt, wo sie die Suche aufgegeben haben.«

Da erfuhr der Freiwillige, dass Biddy die letzten fünf Nächte auf ihrem Posten gewacht hatte.

»Wann haben Sie denn dann geschlafen?«, fragte er.

»Ich habe jeden Nachmittag ein ausgiebiges Schläfchen in der Scheune gehalten«, sagte sie.

»Kommen Sie«, sagte der junge Mann, reichte der alten Frau die Hand und zog sie auf die Beine.

Als er sich später auf den Weg machte, nahm er ihre verwelkte Hand in seine und hob sie an die Lippen.

»Auf Wiedersehen, Biddy Roe«, sagte er. »Ich hoffe, wir sehen uns zur Hochzeit Ihres Sohnes wieder, wenn nicht schon vorher. Ich habe viele Leute kennengelernt, seit dieser Konflikt ausgebrochen ist, und werde wohl auch noch viele kennenlernen. Sollte ich überleben, werde ich viele von ihnen wahrscheinlich wieder vergessen. Aber niemals Biddy Roe.«

# VII

Als der Bürgerkrieg ausbrach, schlug sich Frank O'Donnell auf die falsche Seite. Ich rede von der falschen Seite aus Sicht derjenigen, die aus alten Geschichten Profit schlugen, ob nun wahr oder ausgedacht. Nachdem der Bürgerkrieg vorbei und alles verloren war, wanderte Frank nach Amerika aus.

Nach vierzig Jahren in den Staaten beschloss er, zurückzukehren und seinen heimatlichen Rosses einen letzten Besuch abzustatten. Er wusste, dass alle älteren Bekannten von damals – und selbst viele aus seiner Generation – längst nicht mehr waren. Aber er würde die Hügel und das Meer und die Inseln wiedersehen. Er würde die Ruinen der alten Hütten besuchen und Croveigh, wo er und der Rest der Kolonne oft kampiert hatten. Er würde ein gewisses Haus in Dunlewy aufsuchen, in dem er und sein bester Freund Charlie Daly sich eines Nachts hatten verstecken dürfen, als man sie während des Bürgerkriegs durch die Berge gejagt hatte. Vor allem aber würde er den alten Friedhof in Cruit aufsuchen und am Grab von Plunkett O'Boyle beten. Und noch ein weiteres Grab würde er aufsuchen.

Als er seit ein paar Tagen wieder hier war, besuchte er mich. »Man hat mir für Samstag einen Wagen versprochen«, sagte er, »damit ich ein paar alte Orte hier in der Gegend besuchen kann. Ich will, dass du mitkommst.«

»Aber Frank, ich kann kaum noch laufen. Die alte Pumpe, du kennst das doch.«

»Ich kann selbst kaum laufen. Und da, wo ich hinwill, müssen wir auch nicht rumlaufen.«

Ich konnte ihn nicht abweisen.

Er fuhr verschiedene Orte ab. Hier und da stieg er aus und blieb eine Weile stehen, ganz stumm und offenbar tief in Gedanken. Dann erzählte er mir die Geschichte, was der eine oder die andere Alte hier gesagt oder getan hatte.

Spät am Nachmittag erreichten wir den alten Friedhof in Cruit. Wir gingen zum Grab von Plunkett O'Boyle. Ein paar Meter dahinter ragte ein imposanter Grabstein aus Marmor empor. Wir gingen rüber und lasen die Inschrift:

Betet für die letzte Ruhe von Thomas McGee, gestorben
an dem und dem Datum vor soundso vielen Jahren.
Gott und dem wahren Irland verbunden.

Über eine halbe Stunde wanderte Frank auf dem Friedhof umher und las die Inschriften der Grabsteine. Dann kam er zu der Bank, auf der ich mich niedergelassen hatte. »Ich dachte, es würde hier einen Grabstein geben, der den Ort markiert, nach dem ich suche«, sagte er. »Aber wie ich sehe, gibt es keinen. Ich muss im Haus gegenüber vom Eingangstor nachfragen. Nur wissen sie es vielleicht auch nicht. Dann muss ich weitere Nachforschungen anstellen und später noch mal wiederkommen.«

Er hob den Kopf und schaute zum Tor am anderen Ende des Friedhofs. »Da oben steht jemand. Sieht aus, als ob er den Rasen schneidet. Wir wollen rübergehen und ihn fragen. Vielleicht kann er mir einen Hinweis geben.«

Wir stiegen zur oberen Ecke des Friedhofs hinauf, und dort war ein alter Mann, ein überaus alter Mann, der auf den Knien Nesseln und Wildgras schnitt. Frank sprach ihn an.

»Außer mir macht das niemand«, sagte er. »Und ich konnte

es das letzte Jahr über nicht tun. Das Rheuma hatte mich ans Bett gefesselt.«

»Liegt hier ein Verwandter von Ihnen?«, fragte Frank.

»Das war er«, sagte der Alte. »Jetzt bin nur noch ich übrig. Der Rest seiner Familie ist nach Schottland gezogen.«

»Zeigen Sie mir Ihre Sichel«, sagte Frank. Der alte Mann händigte sie ihm aus. Frank ließ den Finger über die Schneide gleiten.

»Nicht wirklich scharf«, sagte er.

»Nein, durchaus nicht. Ich rupfe auch eher, als dass ich schneide. Aber ich habe sowieso kaum noch Gefühl in meinen alten Fingern. Außerdem bin ich schwerhörig. Ich weiß noch, früher konnte ich allein am Klang einer Sense oder Sichel bei der Arbeit beurteilen, ob sie richtig geschliffen war oder nicht. So spielt einem das Alter mit.«

Frank wetzte die Sichel. Dann suchte er sich ein Stück Gras und ließ sich auf ein Knie nieder. Kurz darauf hatte er alle Nesseln und alles Wildgras entfernt.

»Möge Gott Ihnen solche Gesundheit lange erhalten«, sagte der alte Mann. »Ich hätte Stunden dafür gebraucht. Bevor ich sterbe, muss ich jemanden finden, der mir verspricht, dass er das Gras auf diesen Gräbern jeden Sommer zurückschneidet. Ich bin, wie gesagt, der letzte lebende Verwandte der Familie dieses Mannes.«

»Was ist mit der Frau? Hat sie keine Verwandten in der Pfarre?«

»Sie war eine Fremde. Kam aus Glenveagh. Eine seltsame Frau war sie, diese Biddy Roe. Man sagt, sie habe während der Unruhen spioniert. Und der, der solche Geschichten in die Welt gesetzt hat – aber die Toten sind tot, wir sollten sie nicht verurteilen. Zum Glück hat Biddy Roe alles überstanden. Ein

Mann mag ihr Gemüt verdunkelt haben, dafür hat ein anderer Mann es wieder erhellt. Gott segne ihn. Er ist vor einer Ewigkeit nach Amerika gegangen ... Ich will Ihnen erzählen, wie es damals war. Einer unserer Jungs musste sich durch die Upper Hills schlagen, weil englische Soldaten die Gegend durchkämmten, und kam am Haus von Biddy Roe vorbei. Niemand wollte ihm Unterschlupf bieten. Die Leute hatten Angst. Alle bis auf Biddy, die hielt ihn auf dem Weg an und lud ihn in ihr Haus ein. Fünf Tage und fünf Nächte blieb er in diesem Haus. Aber das ist noch nicht das Beste an der Geschichte. Jede Nacht, nachdem der Junge zu Bett gegangen war, ist Biddy mit einer Decke um die Schultern auf den nächsten Hügel gestiegen und hat bis zum Morgen Ausschau gehalten. Ist das zu glauben?«

»Ja, das ist es«, sagte Frank, »denn ich weiß, dass es stimmt. Ich war der Freiwillige, der sanft in Biddy Roes Haus geschlummert hat, während die großartige alte Dame Wache hielt. Natürlich habe ich erst am Ende davon erfahren.«

Frank kniete nieder und betete. Dann erhob er sich und betrachtete den kleinen Erdhügel, den er von Gras und Unkraut befreit hatte. »Gott hab dich selig, Biddy Roe«, sagte er. »Wie viel Schmerz mir im Leben erspart geblieben ist, weil ich dich gekannt habe.«

# Die Früchte der Bildung

## I

Cormac Roe O'Donnell und Shamey McGinty wurden am selben Tag geboren. Sie wurden mit demselben Wasser getauft, wie wir auf Irisch sagen, und ihre Eltern waren Nachbarn. Es war demnach zu erwarten, dass die Jungen zu besten Freunden heranwachsen würden – oder aber zu größten Rivalen.

Shamey McGintys Mutter war der Ansicht, ihr Baby sei mit einem kleinen Nachteil ins Rennen gestartet: Sie konnte seinem Namen wenig abgewinnen. Irgendjemand hat einmal die Frage »Was ist ein Name?« zu Papier gebracht, um darauf zu antworten, eine Rose würde auch mit jedem anderen Namen ebenso süß duften. Aber hier liegt eine falsche Analogie vor. Bei Namen geht es nun einmal in erster Linie um den Klang, weniger um den Duft. Zudem wecken Namen bestimmte Assoziationen, die den Klang positiv oder negativ beeinflussen können. Der früheste Vorfahr des kleinen Shamey, dessen man sich in den Rosses noch erinnerte, war ein gewisser Hughie McGinty aus einer Gegend namens Srathnabratogy am Ufer des Finn. Im Namen dieser Gegend steckt bereits der Begriff *bratóg*, also Lumpen – und zwar aller Wahrscheinlichkeit nach ein dreckiger Lumpen, von einem verlausten Bettler achtlos weggeworfen. Jahre später unternahm ein Gelehrter den Versuch, den Ruf seiner Heimat wiederherzustellen. Er stellte die Vermutung an, dass *bratóg* auch Flagge bedeute. An genau diesem Ort, so behauptete er, sei damals die irische Flagge zu Boden gegangen, als die Reste unserer Armee nach der Katastrophe von Scariffholis ein letztes verzweifeltes Rückzugsgefecht geschlagen hatten. Leider maßen die Bewohner der Rosses diesem Ereignis aus unserer Historie, ob es sich nun so zugetragen haben mochte oder nicht, nur wenig Bedeutung bei. Ein *bratóg* war eben ein alter, verlauster Lumpen, also konnten aus einer so benannten Gegend auch nur verlauste Leute kommen.

Dann war da der Vorname Shamey. Bei seinem Klang schwingt einfach etwas mit, das die Menschen in den Rosses nicht mögen. Aber weshalb hatte Mrs McGinty ihrem Baby überhaupt diesen Namen gegeben? Nun, Brauchtum ist Brauchtum, und der Brauch, erstgeborene Söhne nach ihrem Großvater väterlicherseits zu benennen, ist in den Rosses wie in Stein gemeißelt und wird es immer bleiben.

Fehlt noch der Nachname McGinty. Für Menschen, die an den vollmundigen Klang des Gälischen gewöhnt sind, klingt dieser Name sehr unschön. Und bei der Phonetik bleibt es nicht. Hughie McGinty, der als Erster seines Clans in die Rosses gekommen war, hatte einen alles andere als vorteilhaften Eindruck hinterlassen. Hughie lief immer mit halb offenen Schnürsenkeln herum. Dauernd hing ein Tropfen an seiner Nasenspitze, den er stets nur mit Daumen und Zeigefinger wegwischte. Und eins seiner Hosenbeine war mit einem weißen Flicken ausgebessert.

Was aber war er von Beruf? Er bestritt seinen Lebensunterhalt durch den Verkauf von Geräten und Haushaltsgegenständen wie Dreschflegeln, feinzahnigen Kämmen und Zinnbechern. Darüber hinaus hatte er noch weitere Einnahmequellen. Für zwei Pence kastrierte er Lämmer, für drei Pence Stierkälber. Den Hausfrauen erteilte er Ratschläge, wie man Federvieh vom Pips heilte und wie man Hennen richtig fütterte, damit sie bis zum Ende der Saison durchgängig Eier legten. Überhaupt bestand ein großer Unterschied zwischen ihm und den groben, stämmigen Menschen, unter denen er lebte und in deren Nachbarschaft er den Rest seiner Tage verbrachte. Ein ebenso großer Unterschied wie zwischen den wilden, gischtumtosten Rosses und den flachen, unveränderlichen Auen im Tal des Finn.

All diese Faktoren fügten sich zusammen, um dem armen kleinen Shamey McGinty einen Namen zu verleihen, den seine Mutter nicht leiden konnte. Kein Kind sollte mit einem derart schrecklichen Aushängeschild herumlaufen müssen. Daher fragen Sie sich vielleicht, wieso sie überhaupt einen McGinty geheiratet hatte? Da muss ich passen. Leider kenne ich die Antwort auf diese Frage nicht.

Und dann der Vergleich mit dem Nachbarskind – Cormac Roe O'Donnell. Allein Cormac war ein schöner Mundvoll. Dieser Name löste eine großartige Assoziationskette aus. Den gälischen Überlieferungen zufolge hatte einer der alten Hochkönige von Erin so geheißen. Kurz vor seinem Tod war ihm eine Vision des rechten Glaubens zuteilgeworden, weshalb er veranlasst hatte, nicht im Brugh of Boyne neben seinem Ahnen Conn mit den hundert Schlachten beigesetzt zu werden, sondern in Rosnaree. Auch der Name O'Donnell ist einer, zu dem die Menschen in allen Teilen von Tír Chonaill noch immer aufschauen. Es hatte ein ruhmreiches altes Fürstengeschlecht dieses Namens gegeben, allen voran einen gewissen Manus, von dessen scharfsinnigen Versen und geistreichen Sprüchen einige Teil der Folklore geworden waren. Blieb noch der Beiname Roe (rot). Bei einer Frau impliziert Roe Unbesonnenheit, Ungestüm und ein unstetes Gemüt. Bei einem Mann steht Roe angeblich für Stärke, Mut und Männlichkeit. Und so hatte Cormac Roe O'Donnell nach Auswertung der Namen und aller mit ihnen verbundenen Deutungen gegenüber Shamey McGinty schon von Geburt an einen gewaltigen Vorsprung.

## II

Als Shamey seine ersten Worte ausstieß, schöpfte die Mutter ein wenig Hoffnung, er könnte die nötigen geistigen Fähigkeiten besitzen, um die patronymischen Defekte weitestgehend zu kompensieren. Vor ihrer Hochzeit hatte sie einige Jahre als Hausmädchen in Derry gearbeitet. Sie sprach ein wenig Englisch – genau wie ihr Mann, der die eine oder andere Saison in Schottland gearbeitet hatte. Gemeinsam hatten sie beschlossen, mit ihrem Kind ausschließlich Englisch zu sprechen. Ihr Ansatz lautete, dass eine gewisse Vorkenntnis der Unterrichtssprache dem Kind in der Schule immense Vorteile verschaffen würde. In dieser Hinsicht kann man den beiden zugutehalten, dass ihre Generation weiser handelte als die selbst ernannten Experten, die später auf den Plan traten.

Die beiden Jungen kamen am selben Tag in die Schule – im Alter von genau fünf Jahren. Shamey kam von Anfang an prima mit. Cormac Roe hingegen verstand nur Bahnhof.

Mit den Jahren wurde Cormacs Leistung in der Schule immer schlechter. Er wurde geschlagen, weil er nicht verstand, was man ihm in einer Sprache beibringen wollte, die er nicht beherrschte. Er dachte schon seit einer ganzen Weile darüber nach, sich strikt zu weigern, weiter zur Schule zu gehen. Nur würde er damit gegen den Wunsch seiner Eltern handeln. Er fürchtete, vor allem seine Mutter würde nicht erlauben, dass er die Schule für beendet erklärte. Schließlich beschloss er, der einzige Ausweg bestehe darin, die Eltern vor vollendete Tatsachen zu stellen. Er würde so lange die Schule schwänzen, bis sein Säumnis ans Licht kam, was natürlich über kurz oder lang passieren musste.

Er verbrachte zwei großartige Wochen damit, sich tagsüber in einer Höhle zu verstecken, die ihm für diesen Zweck wie geschaffen schien. Am Ende dieser Zeit flog er auf.

Der Vater schien die Angelegenheit relativ nüchtern zu sehen. Die Mutter war überaus aufgebracht. »Was sollen wir bloß mit ihm anstellen? Was nur?«, rief sie. »Nimmt die Dinge schon in dem Alter selbst in die Hand, ohne auch nur um Erlaubnis zu fragen. Du musst streng mit ihm sein, Manus. Sag ihm, dass er in die Schule gehen muss und du keinen Unsinn duldest.«

»Ich glaube nicht, dass man etwas erreicht, wenn man versucht, einem Kind gegen seinen Willen etwas beizubringen«, antwortete der Vater. »Genauso gut könntest du ihn zwingen, etwas zu essen, wenn er sich den Magen verdorben hat.«

»Aber was soll so aus ihm werden, wenn er einmal groß ist und nach Amerika oder nach Schottland ziehen muss, um seinen Lebensunterhalt zu verdienen?«

»Was alle Leute in dieser Gegend getan haben, als es noch keine Schulen gab. Was ich auch getan habe. Ich bin mit siebzehn nach Schottland gegangen. Tarlach More McGrenra hat mir in Derry eine Fahrkarte besorgt. Am nächsten Morgen habe ich vom Broomilaw bis Glasgow Hauptbahnhof an seinen Rockschößen gehangen. Abends sind wir in Ayrshire angekommen. Tarlach hatte schon eine Stelle und hat mir einen Bauernhof weiter Arbeit besorgt. Dann habe ich angefangen, auf die einzige Art und Weise Englisch zu lernen, in der man eine Sprache – ob Muttersprache oder Fremdsprache – überhaupt lernen kann, also indem man sie gesprochen hört und sich selbst in ihr verständigen muss.«

»Das weiß ich doch alles, Manus. Aber ich dachte, heutzutage hätten sich die Dinge gebessert. Und warum schafft er es denn nicht, wie die anderen Kinder Englisch in der Schule zu lernen?«

»Weiß man nicht. Vielleicht haben sie es ihm irgendwie falsch vermittelt.«

»Was soll das heißen? Wenn es für alle anderen Kinder so richtig ist, warum dann nicht auch für ihn? Warum muss er versagen, wo die anderen Kinder Erfolg haben?«

»Vielleicht haben die anderen Kinder einen weniger wachen Verstand und sind nicht so kreativ wie er.«

»Na, das setzt dem Ganzen doch die Krone auf! So was Tolles hab ich noch nie gehört. Unser Sohn kann kein Englisch lernen, weil er viel klüger ist als die anderen Kinder. Um Himmels willen, lass bloß niemanden außerhalb unserer vier Wände hören, was du da redest. Sonst wirst du zum Gespött der ganzen Pfarre.«

»Und ich wäre nicht der erste Mann, über den sich eine ungebildete Pfarre das Maul zerreißt. Ich bin mir absolut sicher, dass unser Cormac schnell Englisch lernen würde, wenn man es ihm richtig beibringt – auf eine Weise, die für ihn die richtige ist, meine ich. Dem armen Lehrer mache ich ja auch keinen Vorwurf. Er kann eben nur vermitteln, was ihm selbst mit dem Löffel verabreicht worden ist – wie meine arme Großmutter immer gesagt hat … Unser Cormac ist alles andere als dumm. Es gibt an der gesamten Küste nicht einen Meeresvogel, dessen Namen und Gewohnheiten er nicht kennt. Oder lass ihn irgendwo zwischen der Landzunge und den drei Felsen einmal ein Boot sehen, und er wird es wiedererkennen, sobald er es ein zweites Mal sieht – jawohl, sogar draußen am Horizont. Und denk nur an sein großes Wissen über Wildblumen. So, und wenn es einen Lehrer gäbe, der ihm all diese Dinge auf Englisch vermitteln könnte, würde Cormac die Sprache in Windeseile lernen.«

»Du kannst aber doch vom Lehrer nicht verlangen, sich extra für unseren Jungen ein anderes Lernsystem zurechtzulegen?«

»Ich weiß, dass man ihm das gar nicht gestatten würde. Außerdem könnte der arme Mann es nicht bewerkstelligen, selbst wenn er vollkommen freie Hand hätte. Also ist diese Diskussion reine Zeitverschwendung. Sorge dich nicht um unseren Jungen. Wenn er erwachsen ist, wird er wie Tausende vor ihm nach Amerika oder nach Schottland gehen und sich schnell zurechtfinden. Da bin ich mir sicher.«

Damit war das Thema erledigt. Die Mutter musste sich in den Richtspruch des Schicksals fügen. Und kurz darauf begann sie, nachdem sie etwas Zeit zum Nachdenken gehabt hatte, eine gewisse Weisheit in den Argumenten ihres Gatten zu sehen.

## III

Oft nahm der Vater Cormac mit hinaus zum Fischen. »So, wenn einer anbeißt«, sagte er beim ersten Mal zu seinem Sohn, »darfst du nicht zu grob ziehen. Gib nur einen kleinen Ruck, um den Haken richtig im Fleisch zu verankern. Und danach erst zieh, so stark du kannst.« Er brauchte die Anweisung nicht zu wiederholen.

Der Junge wurde immer begieriger, einmal draußen jenseits der Sandbank das Ruder zu übernehmen. Er war vierzehn Jahre alt, als der Vater ihm die Gelegenheit dazu gab. Und als sie an jenem Abend nach Hause kamen, erzählte Manus O'Donnell seiner Frau mit einem stolzen Funkeln in den Augen davon, wie der Junge das Boot von jenseits der Inseln durch die Meerenge bei Gola bis nach Hause gesteuert hatte.

»Hier im ruhigen Wasser der Bucht habe ich ihm das Ruder schon oft übergeben«, legte er los, »damit er lernt, wie man hart am Wind segelt. Heute dachte ich, ich könnte ihm eine neue Lektion erteilen. Die See war bewegt. Keine hohe Dünung zwar, aber diese fiesen kleinen Wellen, die auftreten, wenn Wind gegen Tide steht. Ich war mir sicher, er würde von der Gischt nach kurzer Zeit völlig durchnässt werden, und war bereit, mich ebenfalls durchnässen zu lassen – nur damit er etwas lernt. Ich hatte Angst, er sei der Meinung, mehr zu wissen, als er in Wahrheit tat. Also habe ich das Segel gesetzt und ihm dann das Ruder überlassen. ›Also gut‹, habe ich gesagt. ›Jetzt hast du es in der Hand. Und denk daran, du sollst das Boot trocken halten.‹

So sind wir losgefahren. Als Erstes fiel mir auf, dass er

nicht hart genug am Wind segelt, um den Gelben Felsen mit einer Wende zu umrunden. Aber ich habe nichts gesagt. Als wir noch etwas über hundert Meter vom Felsen entfernt waren, rief er mir ein Kommando zu. ›Fockschot klar zur Wende‹, hat er gerufen, wie ein alter Seebär. Dann hat er gewendet und ist ein kurzes Stück Richtung Doonbeg gefahren. Er hat abermals gewendet, ist mit fast fünfzig Metern Abstand an dem Felsen vorbei, quer durch die Meerenge und um die Sandbank herum. Und die ganze Zeit ist nicht ein Spritzer übergekommen.«

»Er ist ein feiner Bursche«, sagte die Mutter.

»Warte nur ab, bis ich dir den besten Teil der Geschichte erzähle«, fuhr der Vater fort. »Als wir das ruhige Wasser in der Bucht erreichten, habe ich ihn zur Rede gestellt. ›Mir ist aufgefallen‹, habe ich gesagt, ›dass du nicht versucht hast, den Gelben Felsen mit nur einer Wende zu umrunden.‹

›Aber du hattest mich doch angewiesen, das Boot trocken zu halten‹, sagte er, ›und man hat nicht genug Kontrolle über ein Boot, das zu hart am Wind segelt.‹

›Hättest du es denn versucht, wäre die See nicht so rau gewesen?‹, habe ich ihn gefragt.

›Hätte ich nicht‹, hat er geantwortet. ›Selbst im günstigsten Fall wären kaum zwölf Meter Platz geblieben. Das reicht dann nicht‹, hat er gesagt, ›falls plötzlich ein Problem auftritt. Auf See sollte man nie ein Risiko eingehen. Vielleicht bekommt man es hin. Falls aber nicht, und in Lee steht auf einmal der Gelbe Felsen, bekommt man keine zweite Chance.‹

Das waren seine Worte. Ist er nicht ein prächtiger Bursche?«

»Das ist er wirklich«, stimmte die Mutter zu.

## IV

Nun müssen wir Cormac Roe verlassen, damit er seine Laufbahn auf eigene Faust einschlägt, und wenden uns stattdessen Shamey McGinty zu. Mit jedem Jahr wurde Shamey immer besser in der Schule. Manchmal lieh der Lehrer ihm sogar Bücher aus. Seine Mutter abonnierte eine Wochenzeitung namens *The Derry Searchlight,* die der Junge regelmäßig abends ein paar Nachbarn vorlas, die extra dafür vorbeikamen.

Bald war Shamey in den Augen mancher Leute zu so etwas wie dem Orakel der Nachbarschaft geworden. Bei ihm gab es Nachrichten, die diese Gegend auf anderem Wege niemals erreicht hätten. England brachte irgendeinem wilden Stamm im tiefsten Afrika die Vorzüge der Zivilisation näher. Die Anchor Line hatte ein Schiff vom Stapel gelassen, das den Atlantik in zwanzig Tagen überqueren konnte. In Belfast war es zu neuen gewalttätigen Aufständen gekommen. Die Lachsfischer von Killybegs verzeichneten ungewöhnlich hohe Fangquoten. In Letterkenny hatte ein überaus ersprießliches Konzert stattgefunden. Beim Markt in Milford herrschte rege Nachfrage nach fetten Rindern.

»Ist er nicht großartig?«, sagte Mrs McGinty eines Abends, nachdem die Besucher gegangen waren und der Junge sich schlafen gelegt hatte, zu ihrem Mann. »Vor allem, wenn man an den armen Hanswurst drüben denkt – Cormac Roe O'Donnell. In ein paar Jahren wird er ohne ein Wort Englisch im Kopf von zu Hause weggehen müssen. Aber so haben sie ihn großgezogen. Statt ihm die Hose herunterzulassen und ihm eine Tracht Prügel zu geben, die er sein Lebtag nicht vergessen hätte, haben sie ihm erlaubt, zu Hause zu bleiben und wie ein Wilder aufzuwachsen. Und zu allem Überfluss behauptet sein Vater auch noch, er habe in der Schule nur deshalb nichts lernen können, weil er zu klug sei. Da fällt einem doch nichts mehr zu ein.«

»Du bist sehr hartherzig mit deiner Rede«, protestierte ihr Mann. »Und in einer Hinsicht sogar unfair. Der Junge wächst nicht wie ein Wilder auf. Weit gefehlt. Für sein Alter ist er sogar einer der vernünftigsten Burschen in der ganzen Pfarre.«

Leider muss man sagen, dass Mrs McGinty mit der Meinung ihres Gatten ganz und gar nicht zufrieden war. Was hatte man schon davon, ein helles Licht in seinem Raum zu wissen, wenn man nicht jede rußige Kerze auspusten durfte, die des Weges kam?

Shamey eilte in der Schule von Erfolg zu Erfolg. Eines Tages kam der Inspektor vorbei, um die Oberstufe zu prüfen. Vor der versammelten Schulbelegschaft lobte er Shamey in den höchsten Tönen. Aber das war nichts im Vergleich zu dem, was noch folgen sollte. Schließlich kam der Pfarrer zu einem seiner regelmäßigen Besuche in die Schule, um nach dem Rechten zu sehen. Shamey war mittlerweile in der sechsten Klasse, und der Pfarrer wollte hören, wie gut die Klasse vorlesen konnte. Sie hatten den Unterricht an jenem Morgen mit einem Gedicht von Byron begonnen. Für die Kinder, die zu Hause nur Irisch sprachen, war das nicht einfach, zumal sie keine Zeit gehabt hatten, das Gedicht zu studieren und einzuüben. Nur Shamey ließ sich niemals auf dem falschen Fuß erwischen. Er sorgte stets dafür, dem Rest der Klasse ein oder zwei Unterrichtseinheiten voraus zu sein und auch die relevanten Notizen und Erklärungen aus dem Anhang des Buchs auswendig zu lernen.

Die meisten seiner Mitschüler trugen das Gedicht sehr gebrochen vor. Und als man sie nach der Bedeutung bestimmter Wörter und Redewendungen fragte, verstummten sie endgültig.

Endlich war Shamey an der Reihe. Er las mehrere Strophen deutlich und fehlerlos vor.

»Sehr gut«, sagte der Priester. »Wie heißt du denn?«

»Shamey McGinty, Herr Pfarrer.«

Als Nächstes fragte ihn der Priester nach der Bedeutung bestimmter Wörter und Formulierungen. Shamey hatte auf jede Frage eine Antwort. Der Prüfer schloss mit einer Frage, deren Nichtbeantwortung man auch einem guten Schüler jederzeit verziehen hätte. »Nun gut, kannst du mir denn auch sagen, auf welchen Vorfall in der Geschichte des alten Griechenlands der Dichter anspielt, wenn er um drei der dreihundert bittet?«

Die Antwort kam wie aus der Pistole geschossen: »Als dreihundert Spartaner die edelsten Recken der Armeen von Persien am Pass der Thermopylen bezwangen.«

»Sehr gut, Shamey, sehr gut. Ganz hervorragend. Ich glaube, du bist der klügste Bursche in meiner Pfarre.«

Der Priester blieb noch einen Moment. Er fragte den Jungen, was er tun wolle, wenn er mit der Schule fertig sei. Seiner Meinung nach stand dem Knaben eine rosige Zukunft bevor.

Das ist alles, was wir mit Sicherheit sagen können. Die endgültige Version der Geschichte stammte von Shameys Mutter und beinhaltete, dass der Priester gesagt habe, der

Junge werde auf jeden Fall aufs College kommen. »Ist er nicht wunderbar?«, sagte sie am gleichen Abend zu ihrem Mann. Mehr sagte sie allerdings nicht. Sie fürchtete, sich abermals den Unmut des alten Mannes zuzuziehen, wenn sie abfällige Bemerkungen über das Nachbarskind hinterherschöbe. Hätte man ihr allerdings dann und wann aufmerksam zugehört und versucht, ihre Andeutungen zu einer schlüssigen Aussage zusammenzusetzen, so hätte man in etwa Folgendes erhalten: »Soll er doch sämtliche Meeresvögel entlang der Küste aufsagen und alle Wildblumen auf den Feldern, soll er ein Boot trocken durch die Meerenge von Gola bringen, soll er den richtigen Moment kennen, um die Wende am Gelben Felsen zu absolvieren, aber was ist all das schon verglichen mit dem, was mein Sohn kann?«

## V

Mit fünfzehn Jahren verließ Shamey McGinty die Schule, nachdem er die sechste Klasse auf Sekundarniveau abgeschlossen hatte. Weiter konnte man an einer Volksschule nicht kommen. Ein Jahr verging, und nichts geschah. Ein zweites Jahr verging, und nichts geschah. Niemand redete mehr davon, dem Jungen den Besuch am College zu ermöglichen. Trotz all ihrer Ambitionen blieb der armen Mrs McGinty nichts als ein Traumbild, das zerronnen war. Als Shamey siebzehn wurde, mussten sie sich eingestehen, dass er nach Schottland würde fahren müssen, um sich als einfacher Arbeiter durchzuschlagen. Und um dem armen Jungen ein noch traurigeres und härteres Los aufzubürden, würde er sogar allein gehen müssen, denn sein Vater konnte sich ausgerechnet in dieser Saison vor Rheuma kaum bewegen.

Am selben Tag machte sich auch Cormac Roe O'Donnell in Begleitung seines Vaters auf denselben Weg. Ein Schiff aus Sligo legte auf dem Weg nach Glasgow einen Zwischenstopp in der Bucht vor den Rosses ein, um Passagiere aus dieser Gegend an Bord zu nehmen. Um den Owey Head kam das Schiff in Sicht, ein hässliches schwarzes Ungetüm, das dicken schwarzen Rauch spie. Am Ende der Gola Road hielt es an, um die Passagiere aufzunehmen, die dort in Grüppchen kleiner Boote gewartet hatten. Nach kurzer Zeit dampfte es wieder im Kessel, und das Schiff setzte die Reise fort.

Mit schwerem Herzen stand die arme Mrs McGinty an jenem Nachmittag auf einer Anhöhe hinter dem Küstenstreifen und blickte dem Schiff hinterher, bis sich auch die letzten Fetzen schwarzen Rauchs hinter der Landzunge aufgelöst hatten.

Cormac Roe stand ein Weilchen an der Reling und betrachtete eine Gruppe Tümmler, die draußen in der Bucht ausgelassen Purzelbäume schlugen. Dann entdeckte er Shamey McGinty, der auf einer Bank neben der Kombüse saß, das Gesicht in den Händen vergraben. Cormac ging zu seinem Vater hinüber und führte ein längeres Gespräch mit ihm, wie man dem armen Jungen Mut zusprechen könnte, der sich »dem Land der Fremden« ganz allein stellen musste. Dann schritt er zurück zur Kombüse.

»Du tust mir leid, Shamey«, sagte er, »aber das wird nicht lange so bleiben. Das Rad dreht sich immer weiter. Ohne Unterlass. Und du bist nicht so allein, wie du vielleicht glaubst. Mein Vater und ich haben für die gesamte Saison Stellen auf einem Hof ein paar Meilen von Peebles in Aussicht. Er ist zuversichtlich, dass es auf dem Hof Arbeit genug für noch einen dritten Mann geben sollte, und wird dir die Stelle besorgen. Er kennt in dieser Gegend eine Menge Bauern.«

»Ihr seid so gut zu mir«, stammelte Shamey. Die Worte blieben ihm fast im Hals stecken. »Aber ich hatte gehofft, in einer Stadt Anstellung zu finden, damit ich die Abendschule besuchen und viele Dinge lernen kann, die ich bei uns in der Schule nicht gelernt habe.«

»Das kannst du beizeiten immer noch tun«, sagte Cormac aufmunternd. »Soviel ich weiß, gibt es aber um diese Jahreszeit sowieso keine Abendschule. Außerdem wirst du dir sicher erst einmal ein bisschen Geld verdienen wollen.«

»Kaum zu ertragen, wenn ich daran denke, dass dies das Ende sein soll«, schluchzte Shamey.

»Das Ende!«, sagte Cormac. »Das ist nicht das Ende. Dein Stern ist nicht über den Hügeln von Donegal aufgegangen, bloß um in einem Rübenfeld am Ufer des Tweed zu versinken.«

Shamey willigte ein, das Angebot seines Nachbarn in Anspruch zu nehmen.

»Und, warst du erfolgreich?«, fragte Cormacs Vater hinterher.

»Er hat zugestimmt, mit uns zu kommen.«

»Wie hast du ihn überzeugt?«

»Ich habe ihm alles weitergegeben, was du über die Arbeit in den Städten und Abendschule und so weiter gesagt hast. Er ließ sich nicht erweichen. Dann habe ich ihm eine Ladung Schmeicheleien verabreicht. Die hat gesessen.«

»Was für Schmeicheleien hattest du für ihn?«, fragte der Vater.

Der Sohn erzählte es ihm.

»Wo hast du das denn her?«

»Das kam in einer der Geschichten vom Langen Bettler vor. Ich hab bloß die Ortsnamen ausgetauscht, damit es passt. Ich wusste, dass er den Geschichten des Bettlers nie gelauscht hat. Seine Mutter hat es immer verboten. Hatte wohl Angst, dass es seiner schulischen Bildung in die Quere kommt.«

Shamey verbrachte die ganze Saison auf dem Hof. Statt aber bei Wintereinbruch mit den anderen Männern aus den Rosses heimzuziehen, begab er sich nach Lothian und fand Arbeit in der Ölindustrie ein paar Meilen außerhalb von Edinburgh. Er hielt dies für das klügste Vorgehen. So konnte er alles über die Abendschulen in der Hauptstadt in Erfahrung bringen und sie wenigstens ein oder zwei Abende die Woche besuchen. Schon nach kurzer Zeit hatte allerdings etwas anderes seine Aufmerksamkeit erregt – etwas, das ihm persönlich noch mehr zuzusagen schien als Schulbildung. Und dieses Etwas war die Politik.

## VI

Damals gab es in Edinburgh eine Gesellschaft namens United Irish League. Die Liga bestand aus Iren und Männern irischer Abstammung, die sich zum Ziel gesetzt hatten, die Irish Parliamentary Party, welche das große Ziel der Home Rule vorantreiben sollte, finanziell und in jeder anderen Hinsicht zu unterstützen.

Shamey trat dieser Gesellschaft bei und war schon bald zu einem sehr aktiven und tüchtigen Mitglied geworden. Nach ein paar Monaten wählte man ihn zum Schriftführer der Hauptstadtniederlassung. Diese Neuigkeiten schrieb er seiner Mutter und schickte ihr gerade so viele Informationen, wie sie seiner Meinung nach verstehen konnte. Wie viel die Mutter vom Inhalt der Briefe ihres Sohnes wirklich begriff, wissen wir nicht genau. Wir wissen allerdings, was sie den Frauen aus der Nachbarschaft darüber erzählte. »Er übernimmt den gesamten Schriftverkehr für diese Leute«, sagte sie zum Beispiel. »Kriegt jeden Tag Dutzende Briefe. Nächste Woche soll er in Glasgow eine Rede halten. Dafür kommen extra ein paar wichtige Herrschaften aus London angereist. Shamey sagt, Home Rule ist unausweichlich. Diesmal muss es passieren. Natürlich erst in ein paar Jahren«, sagte sie zu der alten Shoogey Brennan, als sie sich eines Tages am Brunnen trafen. »Wird das nicht großartig?«

»Was wird großartig?«

»Home Rule natürlich.«

»Vielleicht würde ich dir zustimmen, wenn ich wüsste, was das bedeutet«, sagte Shoogey.

Das war ein harter Schlag, aber Mrs McGinty hatte sich schnell wieder gefangen, zumindest in gewisser Hinsicht. »Es würde zu lange dauern, dir das jetzt zu erklären«, parierte sie, erhob sich und ging zum Brunnen, um ihren Eimer zu füllen. »Leider fehlt mir die Zeit. Ich habe vor Verlassen des Hauses ein schönes Fladenbrot aus Hafer zum Backen vors Herdfeuer gelegt.«

»Das ist wirklich eine schlechte Angewohnheit von Shoogey«, sagte sie zu sich selbst, als sie den Brunnen verließ. »In Zukunft muss ich mich vorsehen, ihr nichts zu erzählen, was ich nicht erklären kann, sollte sie nachfragen.« Das war wirklich eine schlechte Angewohnheit. Warum konnten die Leute Home Rule und die damit einhergehenden Vorzüge nicht einfach akzeptieren, ohne nach genauen Definitionen zu fragen?

Zur Osterzeit kam Shamey für einen Kurzurlaub in die Heimat. Er trug feine Kleidung und wirkte sehr professionell. Er verlas Artikel aus dem *Derry Journal* und erläuterte die Feinheiten von Politik und Strategie. »Diesmal hat Irland einen Anführer, der Erfolg haben wird, wo andere gescheitert sind. O'Connells Fehler war, sich nicht zuerst um Aufhebung und danach um Befreiung zu bemühen. Parnell hat den Fehler gemacht, nicht der Bitte Gladstones nachzugeben und für kurze Zeit zurückzutreten. Danach hätte er stärker denn je zurückkommen können. Aber Redmond wird keinen Fehler machen. Er weiß, dass er das Machtgleichgewicht in der Hand hat, und wird sich öffnen, sobald die Zeit reif ist.«

Mrs McGinty hatte jetzt eine Menge Details, die sie Shoogey auseinandersetzen konnte, sollte es nötig werden. Eigentlich konnte sie sogar alles erklären, bis auf eine Sache: Sie wusste nicht, um was für ein Gleichgewicht es sich bei diesem Machtgleichgewicht handelte. Aber diese Karte musste sie nicht ausspielen, sie hatte auch so genug zur Verfügung.

Wieder traf sie am Brunnen auf Shoogey. »Parnell hat den Fehler gemacht«, legte sie los, wurde aber unversehens von Shoogey unterbrochen.

»Hast du gesehen, wo meine Legehenne mit ihren Küken hingelaufen ist?«

»Parnell hat den Fehler gemacht«, wiederholte Mrs McGinty.

Shoogey sprang plötzlich wie vom Blitz getroffen auf. »Geh

weg! Geh weg!«, schrie sie und ruderte wild mit den Armen ... »Jetzt guck ihn dir an. Den Falken dort meine ich.«

Die Glucke entdeckte den Falken, der am Himmel stand, ohne einen Flügel zu bewegen. Sie stieß eine Reihe von Lauten aus, für die ich in keiner Sprache eine Umschreibung finden könnte. Schließlich war an den Flügelspitzen des Falken ein leichtes Flattern zu sehen. Pfeilschnell stieß er herab. Aber sein Angriff wurde vereitelt, und nach vier oder fünf weiteren Versuchen gab er die Verfolgung endlich auf.

Shoogey trieb die Henne mit den Küken vor sich her nach Hause. Mrs McGinty räusperte sich, um wieder einzusetzen, wo sie bei Ankunft des Falken gewesen war, aber Shoogey kam ihr zuvor.

»Einfach entsetzlich«, sagte sie. »Nelly Wanais drüben in Rinamona sind letzte Woche an einem Tag gleich drei Küken entrissen worden. Drei prächtige Junghennen, die nächsten Herbst Eier gelegt hätten.« Sie erging sich in diesem Thema, bis sie ihre Henne samt Nachwuchs in den Stall getrieben, das Fenster überprüft und die Tür abgeschlossen hatte.

»Jetzt«, sagte sie, »sind sie außer Gefahr, bis ich einen sicheren Platz für sie finde. Ich weiß nicht, was für einen Fehler Parnell gemacht hat, aber ich weiß genau, was für einen mein Mann gemacht hat. Er hat es versäumt, den kleinen Garten mit Maschendraht zu überspannen. Ich werde schon dafür sorgen, dass der Draht gespannt ist, bevor heute Abend die Sonne untergeht.«

»Und für solche Leute versucht mein armer Junge, Home Rule durchzusetzen«, sagte sich Mrs McGinty leise, als sie nach Hause zurückging.

# VII

Fünf Jahre vergingen. Bis auf den gelegentlichen Urlaub von ein oder zwei Wochen verbrachte Shamey McGinty seine Tage in Schottland. In der United Irish League war er weiterhin sehr aktiv. Von Zeit zu Zeit tauchte sein Name in der Zeitung auf. Die Ausschnitte schickte er nach Hause an seine Mutter, die sie sorgfältig in einer kleinen Kiste verwahrte, welche sie speziell für die Lagerung solcher Reliquien angeschafft hatte.

Als die Jahre vergingen, entwickelte Shamey immer ehrgeizigere Ziele. Er wollte den großen Durchbruch als Politiker schaffen. Im Geiste sah er sich bereits als Abgeordneter. Oft stellte er sich seine Antrittsrede im Unterhaus vor ... Und dann jene größere Rede zu einem weitaus größeren Anlass – der konstituierenden Sitzung des neuen irischen Parlaments im alten Haus am College Green.

Um sich auf seine zukünftige Karriere vorzubereiten, würde er eine Menge lesen müssen. Aber nicht nur Bücher über Geschichte und Politik. Er musste sich mit den literarischen Meisterwerken der englischen Sprache vertraut machen. Und sei es nur, um stimmige Vergleiche zwischen bedeutsamen Ereignissen herstellen zu können oder eine Argumentation mit einem unsterblichen Zitat zu untermauern!

Zur weiteren Vorbereitung widmete er sich dem Studium der Psychologie. Die Psychologie war ein großartiges Thema – das Studium des menschlichen Geistes und seiner Funktionsweise. Es würde ihm unschätzbare Dienste leisten, in der Lage zu sein, die Gedanken eines politischen Gegenspielers zu erraten, seine Pläne und Absichten zu durchschauen und seine Argumente von vorneherein zu entkräften.

Eines Tages stieß er in einem Buchladen in Edinburgh auf ein Buch, das großen Einfluss auf seinen Werdegang haben sollte. Das Buch trug den Titel *Tales of Mystery and Imagination*, der Autor hieß Edgar Allan Poe.

Besonders eine Erzählung in dieser Sammlung hinterließ bei Shamey bleibenden Eindruck – *Der entwendete Brief*. Ein Brief, der kompromittierende Geheimnisse über ein Mitglied der französischen Königsfamilie enthält, wird gestohlen und einem Mann ausgehändigt, der ihn mit tödlichem Effekt einzusetzen weiß. Es stellt sich ihm allerdings die Schwierigkeit, wie er den Brief versteckt halten kann. Kann er ihn Tag und Nacht mit sich herumtragen? Nein, auf diese Weise kann er ihn nicht verbergen. Man würde ihm folgen, ihm auflauern, ihn verprügeln, vielleicht sogar umbringen. Kann er ihn irgendwo im Haus verstecken, wo die Polizei ihn nicht finden würde? … Nach reiflicher Überlegung versteckt er den Brief. Bald kommt die Polizei. Sie reißen die Dielen heraus. Zerfetzen die Matratzen. Klopfen auf der Suche nach Geheimfächern jeden Zentimeter der Decke und der Wände ab. Durchlöchern das Mobiliar mit Handbohrern. Den Brief aber finden sie nicht.

Und wie hat der Mann ihn versteckt? Er hat ihn einfach auf den Kaminsims im Salon gelegt, achtlos hingeworfen zusammen mit fünf oder sechs anderen Briefen. Das war der große psychologische Kniff, der zum Versagen der Polizei führte. Das Versteck war zu schlicht, zu offensichtlich für einen Polizeitrupp, der bestens ausgebildet ist und große Erfahrung hat, die kompliziertesten und schwierigsten Fälle zu lösen. Shamey brütete viele Wochen über dieser Erzählung.

In einem Jahr erreichte ihn zu Winteranbruch die Nachricht, er solle um diese Uhrzeit an jenem Tag im Büro des Geschäftsführers vorstellig werden. Nach Beendigung seiner Schicht ging Shamey nach Hause, wusch sich, zog seine beste Kleidung an und begab sich ins Büro. Der Geschäftsführer kam sofort zur Sache. Der langjährige Bürovorsteher würde zu Ostern ausscheiden, sagte er. Veränderungen stünden an. Die Stelle solle neu besetzt werden. Es sei Firmentradition, fuhr der Geschäftsführer fort, das Büropersonal aus den Reihen der Arbeiterschaft anzuwerben. Leider sei dies nicht immer möglich, da nur wenige der Arbeiter über die nötige Bildung verfügten. Dann nannte er das Salär, mit dem eine Bürokraft für gewöhnlich einstieg. »Aus verlässlichen Quellen darf ich entnehmen«, schloss er, »dass Sie eine gute Schulbildung genossen und sich seit Ihrem Einstand bei uns auch weiterhin bemüht haben, Ihr Wissen und Ihre Fähigkeiten zu mehren. Ich möchte Ihnen den Posten hiermit vorzeitig anbieten, da mir in den Sinn kam, Sie könnten eventuell einen Winter in der Heimat mit der Familie verbringen wollen, ehe Sie sich ganz Ihrer neuen Aufgabe widmen.«

Shamey ergriff die Gelegenheit sofort. Genau das hatte er sich schon lange gewünscht. In einer Woche würde er die geschwärzten, schmierigen Arbeitsklamotten ablegen und sie nie wieder anziehen. Er würde feine Kleidung tragen, sich niemals ohne Krawatte zeigen. Er würde seinen Lebensunterhalt an einem Schreibtisch verdienen. Und natürlich würde er weiterhin lesen und studieren, um sich auf die bedeutsamen Tage vorzubereiten, die noch kommen sollten.

# VIII

In der Zwischenzeit wollen wir in die Rosses zurückkehren, um festzustellen, wie es Cormac Roe ergeht. In erster Linie hat er sich verliebt und ist fest entschlossen, zur nächsten Osterzeit zu heiraten. Das Mädchen kommt aus dem gleichen Bezirk. Sie sieht gut aus, ist fröhlich und ziemlich schelmisch. Sie heißt Nora Villy, wird aber von allen Dolly Varden genannt. Eines Tages hatte der Lehrer sie in der Schule so genannt, und der Name blieb hängen.

Sich zu verlieben und Heiratspläne zu hegen, das sind gewöhnliche Vorgänge im Leben eines Mannes. Wir müssen allerdings davon berichten, welchen Weg Cormac Roe beruflich eingeschlagen hatte. Er war unter die Poitín-Brenner gegangen und ein großer Experte darin geworden, die Polizei an der Nase herumzuführen. Seit drei Jahren waren sie ihm bereits auf den Fersen, und immer schlug er ihnen ein Schnippchen. Wieder und wieder stellte er sie bloß, indem er sich irgendeine List einfallen ließ, mit der sie nicht gerechnet hatten. Sie waren dermaßen darauf erpicht, ihn in die Finger zu bekommen, dass der Mann, der ihn festnahm oder sich einen Plan ausdachte, der zu seiner Festnahme führen würde, sich zweifellos auf der Stelle die Offiziersstreifen verdient hätte.

»Ich habe gehört, du wirst heiraten«, sagte Shamey zu Cormac, als sie sich nach seiner Rückkehr zum ersten Mal begegneten.

»Das habe ich auch gehört.«

»Und dann gleich Dolly Varden.«

»Den Namen haben die anderen ihr gegeben. Der Lehrer hat sie in der Schule irgendwann mal so genannt. Keine Ahnung, wie er darauf gekommen ist.«

»So heißt eine Figur in *Barnaby Rudge*.«

»Wer ist denn Barney Ridge?«

»Barnaby. Und Rudge, nicht Ridge. Ein Roman von Dickens … Wie auch immer, ein feines Mädchen. Ich habe sie gestern gesehen. Wirklich ein feines Mädchen, das steht fest.«

»Mir ist so einiges über deine Taten im Poitín-Geschäft zu Ohren gekommen«, sagte Shamey ein paar Wochen später.

»Ein gefährliches Spiel«, antwortete Cormac.

»Du musst eine Menge nützlicher Erfahrungen gesammelt haben.«

»Erfahrungen würden mir nicht viel helfen. Ich muss mir immer neue Pläne ausdenken.«

»Man sagt, Napoleon habe auch so gedacht. Dass er nie aus gesammelter Erfahrung gelernt, sondern seine Inspiration direkt aus dem Fortgang der jeweiligen Schlacht gezogen hat … Weißt du, worüber ich in letzter Zeit nachgedacht habe? Dass wir beide uns zusammentun und uns gemeinsam um den Poitín kümmern sollten. Ich habe einen Plan, der nicht scheitern kann«, verkündete er und erzählte die Geschichte von der Pariser Polizei und dem entwendeten Brief.

Cormac lehnte rundheraus ab. Aber Shamey war derart überzeugt von sich und seiner List, dass er sie unbedingt in die Tat umsetzen wollte. Also weihte er Johnny Andy Hughdie in seinen Plan ein und erzählte auch ihm von dem entwendeten Brief. »Drüben an der Spitze von Illanbwee«, sagte er, »keine Meile von der Kaserne entfernt und direkt gegenüber von ihren Fenstern. Die können nicht im Traum daran denken, dass jemand dort Poitín brennen würde, und genau das macht die Nummer so sicher.«

»Aber der Rauch?«, wandte Johnny ein.

»Da ist ein- oder zweimal die Woche ein Kalkbrennofen in Betrieb. Einen besseren Schutz gibt es nicht.«

Trotzdem zögerte Johnny noch immer, sich darauf einzulassen.

»Glaubst du, ich würde meine gute neue Arbeitsstelle riskieren, indem ich das Gesetz breche, bestünde auch nur die geringste Gefahr?«, fragte Shamey.

Schließlich willigte Johnny ein.

Ein paar Wochen später war allseits bekannt, dass Cormac Roe zusammen mit einem neuen Partner die nächste Ladung Poitín gebrannt hatte. Obwohl sich die Polizei absolut sicher gewesen war, dass ihnen der Mann diesmal ins Netz gehen würde, hatte er sie einmal mehr ausgetrickst.

Dann war Shamey an der Reihe. Der erste Schritt bestand darin, den Kalkofen auf Illanbwee zu entfachen. Als Nächstes füllten er und sein Partner drei Fässer mit Maische, die bald gären sollte. Danach machten sie sich daran, das Gitter für die Destille zu bauen sowie Brennblase und Geistrohr aufzustellen. Am folgenden Mittag würden sie mit dem »Abtrennen« beginnen.

Etwa eine Stunde vor Sonnenuntergang herrschte tiefste Ebbe, bei der man durch die Meerenge von Murlach nach Illanbwee laufen konnte. Johnny Andy war noch immer ein wenig nervös und schaute dauernd zur Kaserne hinüber. Schließlich kamen drei Polizisten hervor und gingen den Strand entlang in ihre Richtung. Johnny teilte seinem Gefährten diese Beobachtung mit. »Keine Angst«, sagte Shamey. »Das ist eine ganz normale Patrouille. Mehr nicht. Sie werden nicht extra die Felsen erklimmen, um einen Kalkofen zu inspizieren, als handelte es sich um eine Artilleriestellung.«

Die Polizisten kamen immer näher. Endlich erreichten sie die Felsen und schickten sich an, hinaufzuklettern. Johnny Andy zögerte nicht länger. Er nahm die Beine in die Hand und versteckte sich in einer Höhle. Später wurde er entdeckt und abgeführt. Am nächsten Gerichtstag brummte man ihm eine Strafe von sechs Pfund auf.

Shamey wollte seinen Posten erst nicht räumen. Er konnte nicht begreifen, dass sein auf der Psychologie aus *Der entwendete Brief* basierender Plan scheitern sollte. Eine Zeit lang dachte er noch, die heranrückenden uniformierten Gestalten seien bloß Schatten zwischen den Steinen. Am Ende brach die Realität über ihn herein, und er rannte los, die Polizisten dicht auf den Fersen, nur ein paar Meter hinter dem Übeltäter. Shamey stolperte und fiel der Länge nach hin. Ein Polizist stolperte und fiel auf ihn drauf. Einen Augenblick später war der zweite Polizist mit gezücktem Schlagstock herbeigeeilt und verpasste Shamey einen Hieb auf den Kopf, der ihn Sterne sehen ließ.

Bei der anschließenden Gerichtsverhandlung wurde auch für Shamey eine Strafe in Höhe von sechs Pfund wegen Schwarzbrennerei verhängt. Aber dabei blieb es nicht. Das Handgemenge wurde unter Eid als gewalttätiger Angriff auf einen Gesetzeshüter bei der Ausübung seiner rechtmäßigen Pflichten ausgelegt. Für dieses zweite Vergehen wurde Shamey McGinty zu sechs Monaten Gefängnis verurteilt.

# IX

Eines Abends kurz nach Shameys Verhandlung und Aburteilung saß eine Gruppe von Männern aus der Nachbarschaft bei Cormac Roe O'Donnell zusammen. Alle wussten, dass Cormac erfolgreich Poitín gebrannt hatte, obwohl sämtliche Polizisten der Rosses hinter ihm her waren. Die Nachbarn wollten aus seinem Mund hören, wie ihm dieses Kunststück gelungen war. Und Cormac hatte beileibe nichts dagegen, von seinem Abenteuer zu berichten, denn er wusste, er würde sich für den nächsten Versuch einen vollkommen neuen Plan überlegen müssen. Seine bisherige Vorgehensweise preiszugeben, konnte ihm also nicht gefährlich werden.

»Na gut, zunächst einmal«, begann er, »hatte Dolly Varden ihre Hand mit im Spiel. Sie hat ihre Rolle glänzend gespielt. Ich war schon länger der Meinung, ich sollte die nächste Runde besser in einem anderen Polizeibezirk unternehmen. Dem stand auch nichts im Weg. Ich hatte schon einen Mann in Gweedore – Pádraig Airt drüben in Magheralosk. Ich wusste, Pádraig würde jederzeit mitmachen. Ich wusste, dass er nicht nur ein Kerl mit gesundem Menschenverstand ist, sondern auch ein erstklassiger Seefahrer. Also würde ich die nächste Ladung Poitín in Gweedore brennen. Aber das war noch nicht alles. Ich musste außerdem die Polizei glauben lassen, dass ich zu Hause arbeite – auf einer der Inseln vor der Küste der Rosses.

So weit war ich mit meinen Überlegungen gekommen, als sich ein junger Polizist aus Moorloch für Dolly Varden zu interessieren begann. Nach ihrem ersten Gespräch kam Dolly zu mir und fragte, wie wir weiter verfahren sollten. ›Bestärke ihn in dem Glauben, dass du dich auch in ihn verguckt hast‹, sage ich. ›Aber auf eine Weise, die …‹

›Hör mal‹, sagt sie, ›das Liebeswerben überlass besser mir.‹

Und das tat ich. Na, ihr wisst ja alle, dass Constable Mulligan ein feiner Kerl ist, hochgewachsen und ansehnlich, sieht ganz fabelhaft aus in seiner Uniform, mit den strohblonden Locken, die unter der Dienstmütze hervorschauen. Er hat ihr erzählt, dass er ursprünglich aus Mullaghmore im County Sligo kommt. Einzelkind. Seine Eltern hatten da einen größeren Hof. Er ist nur zur Polizei gegangen, um zu schauen, wie das so ist. Bis er dann herausfand, dass die Polizei in erster Linie die Aufgabe hat, Irland versklavt zu halten.

Später wurde er zunehmend eindeutig in seinem Werben. Und da ist Dolly Varden zur Hochform aufgelaufen (hinterher hat sie mir die ganze Nummer noch einmal vorgespielt). Ihre Stimme wurde ganz traurig. Ohne viele Worte gab sie ihm zu verstehen, dass sie ihn erstens sehr gernhatte und es zweitens wundervoll wäre, ein erstklassiges und komfortables Heim in Mullaghmore zu bewohnen und so der Schinderei und der Armut der Rosses entfliehen zu können. Sie habe noch nicht versprochen, Cormac Roe O'Donnell zu heiraten. Aber sie habe ihn gern (und hier wurde sie wirklich schrecklich traurig). Constable Mulligan möge ihr verzeihen, in so einer Situation derart traurig zu sein. Aber Cormac Roe O'Donnell sei so gut zu ihr gewesen, ›und jetzt ist er in Gefahr‹, sagte sie. ›Er geht ein großes Risiko ein und wird sicher erwischt. Da kann ich ihm nicht noch einen Schock zumuten.‹

›Aber‹, sagte der Polizist, ›ich kann ihm doch helfen, wenigstens dieses eine Mal. Sag mir einfach, wo er diesmal arbeiten will, dann sorge ich dafür, dass man ihn woanders sucht.‹

Als ich das hörte, wusste ich, dass ich fein raus bin. Dolly würde Constable Mulligan die nötigen Informationen zuspielen. Er würde es weiterleiten. Und was sollte die Polizei dann sagen? Man würde sagen, dass Dolly sich entweder Mulligan wirklich anvertraut und ihm die richtigen Informationen gegeben hatte oder dass sie ihm nicht vertraute und deshalb absichtlich falsche Angaben gemacht hatte, um die Polizei in die Irre zu führen. Also würde man sämtliche Inseln abklappern, eine nach der anderen. Warum aber würde man glauben, dass ich mich überhaupt auf einer Insel befinde? Es würde aller Grund zu der Annahme bestehen. Mein Boot würde sich schließlich nicht in der kleinen Bucht befinden, in der es normalerweise vor Anker liegt.

Also habe ich Pádraig Airt Bescheid gesagt. Er ist noch in der Nacht gekommen. Wir haben das ganze Zeug auf mein Boot geladen und sind im Schutz der Dunkelheit nach Magheralosk gefahren. Dort haben Pádraig und ich sofort losgelegt. Drei Tage lang hat die Polizei die Inseln abgesucht, nur um hinterher zu erfahren, dass ich die ganze Zeit auf dem Festland war.

Natürlich beobachten sie Pádraig jetzt genauso scharf wie mich. Die Polizei von Middletown lässt ihn Tag und Nacht nicht aus den Augen. Ich weiß nicht, wann unser nächstes Projekt stattfinden wird. Und selbst wenn ich das wüsste, würde ich es selbstverständlich niemandem verraten.«

Donal More McRory, ein alter Mann, hatte die ganze Zeit dagesessen und Cormacs Geschichte aufmerksam gelauscht. »Mein lieber Cormac Roe O'Donnell«, sagte er, als der Erzähler schließlich verstummte, »du hast einen klugen Kopf auf den Schultern sitzen, das kann niemand verneinen. Als ich deiner Geschichte zugehört habe, dachte ich mehr als einmal, was für ein Jammer es ist, dass du die Schule nicht abgeschlossen hast. Wo könntest du jetzt stehen, hättest du eine gute Bildung genossen?«

Cormac Roe schaute zu der alten Wanduhr hinauf, die über dem Kaminsims tickte. »Wo ich jetzt wäre, hätte ich gute Schulbildung genossen?«, fragte er. »Ich würde auf einer Pritsche in einer Zelle im Zuchthaus von Derry liegen.«

# Edward Devanny

## I

Edward Devanny war ein Mann aus den Rosses. In der Nachbarschaft kannte man ihn als Neddy Chonaill a'Ghleanna, was übersetzt so viel bedeutet wie Neddy, Sohn von Conall, der im Tal lebte oder von dort stammte. Wir lernen Neddy kennen, als er noch zur Schule ging. Anders als der Großteil seiner Klassenkameraden war er sehr gut in Englisch. Was unter anderem daran lag, dass er allgemein ein gutes Ohr für Sprachen hatte. Vor allem aber lag es an dem zusätzlichen Unterricht, der ihm zu Hause zuteilwurde. Tag und Nacht wurde ihm eingeschärft, dass er es auf der Welt nur zu etwas bringen würde, wenn er Englisch konnte. Ansonsten würde er die Rosses als Dummkopf verlassen. Man erzählte ihm Geschichten, die diesen Punkt verdeutlichen sollten. Da gab es die Geschichte von den Männern aus den Rosses, die zum ersten Mal nach Glasgow fuhren. Ein Mann, der die Heimat schon einmal verlassen hatte, sollte vorneweg gehen. Der nächste würde sich an seine Rockschöße hängen und so weiter, und dergestalt würde ihre Prozession den Weg zum Bahnhof antreten. Da gab es die Geschichte von dem jungen Mann, der nach Amerika fuhr. Dort passierte ihm ein Unglück. Er musste nach Hause zurückkommen. Musste eine Marke am

Revers tragen. Bei Neddy hinterließen diese Geschichten tiefen Eindruck. Außerdem hatte er seine Sprachbegabung. Er lernte das Englische zu schätzen. In seinem letzten Schuljahr las er nicht nur die Unterrichtslektüre, sondern viele weitere Bücher – ausgeliehen von seinem Lehrer und dem Pfarrer.

Neddy hatte eine blühende Fantasie. Auch wollte er sich, wenn er einmal groß wäre, durch glänzende Taten hervortun. Im Zuge seiner Lektüren lernte er diverse Figuren kennen, denen er gern nacheifern wollte. Und das tat er auch oft – in seiner Fantasie, versteht sich. Dort hinderte ihn nichts daran, nichts lenkte ihn ab. Er hatte den ganzen Weißen Strand für sich allein, nur der einsame Ozean leistete ihm Gesellschaft. Hier konnte er all seine Ambitionen ungestört wahr werden lassen.

Wir wollen auszugsweise Einblick in seine Tätigkeiten geben. Eines Tages erreichte ihn die Kunde, bei Portmore werde eine kleine englische Garnison belagert und Marschall Bagnal rücke von Süden her mit einer großen Streitmacht zum Entsatz an. Neddy zog aus, um sie an einem Ort namens Gelbe Furt abzufangen, und brachte der Armee eine empfindliche Niederlage bei. Später wählte er einen Ort namens Benburb als sein Betätigungsfeld. George Munroe und sein Bruder Henry marschierten aus unterschiedlichen Richtungen herbei, um ihn anzugreifen. Neddy entsandte eine Abteilung seiner Armee, um Henry am Vorrücken zu hindern. Er selbst manövrierte George auf die schmale Landzunge zwischen Oona und Blackwater. Als er den Feind dort mit der Abendsonne im Gesicht eingekesselt hatte, griff er an und vernichtete dessen Leute bis auf den letzten Mann.

Nach einigen weniger spektakulären Unternehmungen widmete er sich der Verteidigung seiner Heimat in einer anderen Gegend. Schauplatz war Cork mitten im Winter. Drei Männer waren vor Gericht gestellt und für schuldig befunden und zum Tode verurteilt worden, weil sie einer Verschwörung angeklagt waren, die es nie gegeben hatte. Das gleiche Schicksal sollte noch zwölf weiteren Männern blühen. Der Kronanwalt hatte einen Prozess entfesselt, dem die Anwälte der Verteidigung so gut wie machtlos gegenüberstanden. Bis endlich Neddy den Gerichtssaal betrat und Clourfer Daly, den Hauptzeugen der Krone, ins Kreuzverhör nahm. Schnell fiel die Strategie der Krone in sich zusammen. Alle Gefangenen wurden freigelassen.

## II

Neddy war etwa sechzehn Jahre alt, als ein Mann die Rosses besuchte, über den die Leute noch viele Tage redeten. Es war ein Sonntag im Winter. Nach der Messe verkündete der Pfarrer, dass ein Organisator der Gaelic League gern draußen vor der Kapelle ein paar Worte an die Gemeinde richten würde. Er versah diese Ankündigung mit einem vernünftigen Ratschlag: »Wer nicht bleiben und hören will, was er zu sagen hat, muss das auch nicht tun; ihr könnt ruhig nach Hause gehen. Wenn ihr aber bleibt, dann hört bitte zu, ohne ihn zu unterbrechen, egal, ob ihr seine Ansichten teilt oder nicht.«

Die Neugier der Gemeinde war geweckt. Unter einem Organisator konnten sie sich wenig vorstellen. Von der Gaelic League hatten sie noch nie gehört. Sie versammelten sich am Tor gegenüber der Anhöhe hinter der Kirchmauer. Der Organisator erschien. Er war ein stattlicher Mann mit makelloser Kleidung. Am kleinen Finger der linken Hand trug er einen massiven Siegelring. Über eine halbe Stunde lang redete er in fließendem Irisch. Es war das übliche Zeug. Die irische Sprache sei das unschätzbare Erbe der irischen Nation. Stürbe die Sprache, stürbe auch die Nation. Und die Sprache würde ganz sicher sterben, wenn selbst die Leute, deren Muttersprache sie war, sie immer seltener benutzten. Es folgten einige bissige Bemerkungen über die Männer aus den Rosses, die sich dem Englischen zuwandten.

Natürlich war er kurz darauf in aller Munde. »Der hat ja gut reden. Wenn er nach Schottland müsste, um Arbeit zu finden, würde er ein anderes Liedchen singen.«

»Habt ihr ihn alle verstanden?«, fragte jemand.

»Natürlich haben wir das. Kein Problem. Klar, er hat schon ein paar Sachen gesagt, über die man nur lachen kann: *crainnteacha* statt *crain*, *adharcacha* statt *adharca*, *thúrfadh sinn* statt *bhéarfaimis* oder *a theach seisean* statt *theachsan*.«

»Angeblich kommt er aus Aran.«

»Bestimmt nicht. Ich weiß, die reden komisch in Aran, aber so schlimm nun auch wieder nicht.«

»Ich rede von Aran vor der Küste von Connacht.«

»Gibt es in Connacht noch ein Aran?«

»Na sicher.«

»Ah, das erklärt einiges.«

»In gewisser Hinsicht könnte er wohl recht haben«, sagte ein älterer Mann, der mehr als zwanzig Jahre im Ausland verbracht hatte. »Ich hab mir das auch oft gedacht. In den Staaten und in Kanada trifft man Franzosen, Deutsche, Italiener, und alle sprechen ihre eigene Sprache. Warum sollten wir unsere nicht auch behalten?«

Da meldete sich ein Jüngling. »Das eine hat mit dem anderen nichts zu tun«, sagte er. »Die Länder, die du aufgezählt hast, haben alle eine eigene Sprache. Wir nicht. Französisch ist die Sprache Frankreichs, Deutsch die Sprache Deutschlands, Italienisch die Sprache Italiens. Englisch ist die Sprache Irlands. Irisch ist seit Jahrhunderten tot. Und zu behaupten, dass Irland stirbt, wenn die Sprache stirbt, ist blanker Unsinn. Die Freiheit Irlands war nie, wird nie und kann gar nicht von irgendeiner bestimmten Sprache abhängig sein.«

Alle waren verstummt. Sie hatten das Gefühl, einen Orakelspruch vernommen zu haben. An jenem Abend waren Edward Devannys Eltern sehr stolz.

»Wo hat er nur all das Wissen her?«, sagte ein älterer Herr zu einem anderen älteren Herrn auf dem Nachhauseweg.

»Na, er war ja schon immer ein schlauer Bursche. Und er hat sich in der Schule sehr hervorgetan. Das hat der Lehrer immer wieder erwähnt. Und der Pfarrer auch. Sogar mehr als ein Schulinspektor hat ihn erwähnt. Außerdem liest er ständig.«

»Ich glaube, er hat viel von seinem Wissen vom Bacach Liath.«

»Aber der Bacach Liath ist doch eindeutig verrückt.«

»Sicher, die meiste Zeit schon. Aber hin und wieder sagt er sehr kluge Sachen.«

Dies scheint wohl der passende Zeitpunkt, um ein paar Worte über den Bacach Liath zu verlieren. In den Tagen unserer Geschichte war er schon über sechzig Jahre alt. Er stammte nicht aus den Rosses. Manche sagten, er käme nicht einmal aus der Gegend, obwohl er fließend Irisch sprach. Angeblich sei er aus Tyrone. Wegen seiner schneeweißen Haare hatte man ihm den Beinamen Bacach Liath gegeben. Er war schon seit über zwanzig Jahren in den Rosses und schlief – bis auf wenige wirklich ungemütliche Abschnitte in manchem Winter – niemals unter einem Dach. Stattdessen kam er in verschiedenen Höhlen entlang der Küste unter. Und natürlich sorgte man dafür, dass er nie Hunger leiden musste. In gewisser Hinsicht war er wohl verrückt. Oft erhob er sich früh von seinem Lager aus Farnkraut, um zu hören, wie die Vögel den Sonnenaufgang willkommen hießen. Er wusste viel über Kräuter, über die Heilmittel aus alten Tagen. Und obwohl er oft Worte von sich gab, die nach gewöhnlichem menschlichen Ermessen als die eines Irren gelten mussten, tat er auch viele Äußerungen, die voller Weisheit waren und den Menschen noch lange im Gedächtnis blieben.

## III

Anno 1913 ging Edward Devanny nach Amerika. Er war einundzwanzig Jahre alt. Hin und wieder schrieb er Vater und Mutter Briefe voll kindlicher Zuneigung, wie man sie von einem treu sorgenden lieben Sohn auch erwarten konnte. Überdies korrespondierte er regelmäßig mit seinem alten Lehrer, was diesen mit Stolz erfüllte. Er sah in Edward Devanny fast so etwas wie den eigenen Sohn. Der Lehrer hatte die Schritte des jungen Schülers geleitet. Der Lehrer hatte den Geist des jungen Schülers ausgeformt. Und der Lehrer war stolz.

Über kurz oder lang machte Edward Bekanntschaft mit einer irisch-amerikanischen Organisation namens Clann na nGael. Er schrieb seinem Lehrer einen langen Brief, in dem er ihm seine Eindrücke von der Partei und seine Einschätzung ihrer Erfolgsaussichten mitteilte. Besonders beeindruckt sei er von John Devoy. Er hatte ihn eines Abends bei einem öffentlichen Vortrag in New York gehört. Devoy, so schloss er, sei ein großer Mann.

1919 erreichte den Lehrer ein weiterer langer Brief seines ehemaligen Schülers. Sein Schüler setzte große Hoffnungen in die anstehende Friedenskonferenz. Die irische Sache wurde von fähigen Leuten vertreten. Der Krieg war zum Wohle kleiner Nationen geführt worden. Der Präsident der großen Republik des Westens hatte den Grundstein für die Prinzipien gelegt, von denen sich die menschliche Gesellschaft in Zukunft leiten lassen würde – eine Regierung mit Einwilligung der Regierten.

Es war ein hochinteressanter Brief. Ganz deutlich war die Weiterentwicklung der Interessen zu sehen, die der Junge schon früh gezeigt hatte. Nur ein Detail war da, das nicht nur den Lehrer stutzig machte, sondern auch die Nachbarn. Der Verfasser hatte den Brief mit Éamann Devanny unterzeichnet. Éamann Devanny! Diese Kombination aus Vor- und Nachnamen hatte man in den Rosses noch nie gesehen. Man trug entweder einen irischen oder einen englischen Namen. Als Mann hieß man entweder Séamas Ó Dónaill oder James O'Donnell, als Frau entweder Máire Ní Ghallchóir oder Mary Gallagher. Niemals zuvor hatte man erlebt, dass jemand mit einem Gemisch aus zwei unterschiedlichen Zutaten herumlief. Die Leute konnten es nicht begreifen.

»Lässt Devoy sich womöglich seit Neuem Eoin Devoy rufen?«, fragte der Bacach Liath.

»Nein, durchaus nicht«, antwortete ein junger Mann, der vor wenigen Monaten aus Amerika zurückgekehrt war. »Letzten Samstag erst habe ich die neueste Ausgabe von *The Irish World* im Briefkasten gehabt. Devoy heißt immer noch unverändert John Devoy.«

Das war merkwürdig. Die Leute konnten es nicht begreifen.

Eine Erklärung folgte erst Monate später. In einem weiteren langen Brief an seinen alten Lehrer führte der Auswanderer aus, das wichtigste Anliegen der Iren müsse die Wiederbelebung ihrer Sprache sein. Sollte die Sprache sterben, so machte er deutlich, stürbe auch die Nation. Hätte er in just diesem Moment die Gelegenheit, nur eins der beiden Ziele zu verwirklichen, so hätte er lieber die Sprache ohne Freiheit als die Freiheit ohne Sprache. Die Freiheit konnte man verlieren und sich wieder erkämpfen und sie abermals verlieren. Ließ man aber zu, dass die Sprache ausstarb, konnte man sie niemals wieder zum Leben erwecken. Er hielt es für einen sinnvollen ersten Schritt, dass jeder Mann und jede Frau die gälische Version des Vornamens annehmen sollte. Es sei dies nur ein kleiner Anfang, aber der Rest würde folgen, Schritt für Schritt. Und deshalb habe er sich dazu entschlossen, seinen Namen von Edward in Éamann zu ändern.

»Ich frage mich, was er sagen würde, wenn er jetzt noch mal mit diesem Gälisch-Schwätzer von Aran zusammenträfe, der damals am Tor vor der Kapelle diese Rede gehalten hat«, sagte ein alter Mann. »Würde er sich für das entschuldigen, was er noch am selben Abend gesagt hat?«

»Gewiss nicht«, entgegnete der Bacach Liath. »Für einen Fehler kann man sich nur entschuldigen, wenn es sich um die eigenen Gedanken handelt, nicht aber, wenn man jemand anderem nach dem Mund redet.«

Wie so viele Sachen, die der Bacach Liath von sich gab, war

auch dieser Ausspruch für sein Publikum zu hoch. Aber das spielte keine Rolle. Das Publikum bestand schließlich aus vernünftigen Leuten. Der Bacach Liath war verrückt.

Es dauerte nicht lange, da ereignete sich die nächste Veränderung im Namen unseres Auswanderers, erklärt in einem weiteren langen Brief an seinen Lehrer. Die korrekte Form seines Nachnamens, so Éamann, laute De Vanni. Den eindeutigen Beweis dafür habe er in einem Artikel gelesen, verfasst von einem Iren mit Zugang zum Spanischen Archiv. Capitán De Vanni hatte ein Schiff der unglückseligen Spanischen Armada kommandiert. Vor der Küste der Rosses in Donegal war sein Schiff auf Grund gelaufen. Der Kapitän hatte sich ans Ufer gerettet und sich versteckt, bis bessere Zeiten anbrachen. Das County Donegal war einer der wenigen Orte gewesen, an denen gestrandete Überlebende der Armada weder exekutiert noch an die Engländer ausgeliefert wurden. Capitán De Vanni hatte schließlich eine gewisse Mary O'Donnell geheiratet und sich mit ihr in Carnamadoo in den Upper Rosses niedergelassen.

Hätten wir Geschichte studiert, hätten wir wohl gewusst, dass Devanny ein respektabler und sehr alter Name war, den es in Tír Chonaill schon Jahrhunderte vor dem Untergang der Armada gegeben hatte. Aber was ahnten wir armen Leute aus den Rosses von der Existenz der *Annalen der vier Meister*?

## IV

Die nächste Bekanntmachung des Auswanderers folgte 1921. Er sei, sagte er, ein ganz normaler Mensch und daher nicht in der Lage, über Sachverhalte zu urteilen, deren Einordnung große staatsmännische Fähigkeiten erforderte. Dennoch sorge er sich um Irlands Zukunft. Alle Hoffnungen auf Vermittlung seitens anderer Staaten seien bei der Friedenskonferenz, oder besser gesagt, vor verschlossenen Türen selbiger, zerschlagen worden. England war aus der blutigsten Schlacht seiner Geschichte als Sieger hervorgegangen. Im Norden hatten sie bereits eine separate Regierung eingesetzt. Eine Gesamtirische Republik würden sie nicht zulassen. In seinem letzten Brief an die irischen Anführer hatte der Premierminister verkündet, sie sollten sich für den Fall, dass sie die Republik Irland als nicht verhandelbar ansahen, erst gar nicht die Mühe machen, überhaupt Delegierte zur Friedenskonferenz zu schicken. »Angesichts dessen«, führte der Brief aus, »konnten die Delegierten entweder erscheinen oder nicht. So oder so lag die Kompromisslösung als einzige auf dem Tisch. Meiner Ansicht nach wäre es das Beste, jeden Widerstand aufzugeben. Das lässt sich in jedem Land erreichen. Wir wären dann nicht weiter als nach Kinsale oder nach Cromwell oder nach 98. Aber wir könnten für den nächsten Aufstand mit großer Einigkeit rechnen, sobald die Gelegenheit günstig ist ... Natürlich maße ich mir, wie bereits erwähnt, nicht die Kompetenz an, das zu beurteilen, und habe vollstes Vertrauen in die Weisheit unserer Anführer.«

»Auch seine Ausführungen entbehren nicht einer gewissen Weisheit«, bemerkte der Bacach Liath. »Allerdings gibt es da ein paar Unstimmigkeiten.«

Als der Bürgerkrieg begann, schrieb Éamann, es tue ihm leid, dass es so hatte kommen müssen. Aber ohne Protest gehe es nicht. Die Vorgänge sollten späteren Generationen als Leitfaden dienen. Und einmal mehr bekräftigte er seinen Glauben an die Weisheit und den Patriotismus der Anführer.

»Das scheint seine Schwäche zu sein – der Glaube an Anführer«, meinte der Bacach Liath. »Er hat ihn so weit getrieben, dass er sogar ihre Ausdrucksweise nachahmt. Ich habe mich nie um Irland geschert. Warum sollte ich? Wem sollte das etwas nützen? Ein armer Irrer, schon von Geburt an verrückt. Wäre ich allerdings nicht irre und interessierte mich tatsächlich für Irland, dann würde ich doch eher an ein Prinzip, an eine Wahrheit glauben und nicht an irgendwelche Anführer. Man weiß nie, was Menschen im Bann der Versuchung tun werden. Ganz oft können Männer, die dem Tod wieder und wieder ins Auge blicken würden, durch andere Dinge vom Weg abgebracht werden. Manchmal durch die Anziehungskraft einer schönen Frau, manchmal durch die Aussicht auf Geld und Macht.«

## V

Einige Jahre später kehrte Éamann de Vanni (wie er sich nunmehr nannte) aus Amerika in die heimatlichen Rosses zurück. Er heiratete ein Mädchen aus der Nachbarschaft und übernahm den Hof seines Vaters.

Die Leute kamen nicht umhin, einige Veränderungen an ihm zu bemerken. Er hatte aufgehört zu rauchen. Er trug eine große Hornbrille und rührte unter keinen Umständen auch nur einen Tropfen Alkohol an. Die Leute konnten diesen Wandel nicht begreifen.

»Ich versteh das einfach nicht. Der hat schon geraucht, als er noch in der Schule war, und die Eltern haben es ihm nicht verboten. Seine Mutter hat immer gesagt, er braucht das, um sein überanstrengtes Gehirn zu entspannen. Bevor er nach Amerika ging, hatte er sieben Pfeifen. Jetzt hat er komplett aufgehört. Wer kann dieses Rätsel lösen?«

»Vielleicht ist John Devoy Nichtraucher«, sagte ein älterer Mann, der nicht unbedingt für seine überbordende Nächstenliebe bekannt war.

»Oder vielleicht jemand anders«, sagte der Bacach Liath.

»Und was das Trinken angeht, so kann doch keine Hochzeit oder Taufe ohne Alkohol als runde Sache angesehen werden? Was macht Amerika nur mit den Leuten?«

»Ich wundere mich ja am meisten über diese Brille. Schärfere Augen, als sie der Junge hatte, bevor er wegging, sind mir nie untergekommen. Wenn da ein Boot draußen an den drei Felsen auftauchte und für mich bloß wie ein Fleck aussah – und ich hab selber gute Augen –, hat er sofort sagen können: ›Das Boot gehört Soundso. Das erkenne ich an dem weißen Flicken in der einen Ecke des Hauptsegels.‹ Und wenn das Boot dann anderthalb Stunden später in die Bucht einlief, konnte ich es auch identifizieren.«

»Vielleicht ahmt er ja John Devoy nach«, meinte jemand.

»Nein«, sagte der junge Mann, der kürzlich aus den Staaten zurückgekehrt war. »Wenn er den nachahmen wollte, hätte er sich ein Hörgerät zugelegt.«

»Er ist einfach bekloppt«, sagte jemand.

»Nein, ist er nicht«, sagte der Bacach Liath. »Keiner von euch weiß, wie es ist, wirklich verrückt zu sein, so wie ich. Aber gerade dem Verrückten wird von Zeit zu Zeit ein heller Lichtstrahl zuteil, mit dem er bis auf den Grund der Dinge schauen kann. Dieser Éamann de Vanni, wie er sich nennt, ist nicht verrückt. Und leider wird ihm deshalb auch nie der Lichtstrahl helfen, hinter die Fassade der Dinge zu schauen. Im Grunde ist er ein gutmütiger Bursche. Und vielleicht hat er ja eines Tages doch noch eine Erleuchtung – wer weiß das schon?«

## VI

Zu jener Zeit gewannen in den Rosses zwei politische Parteien an Einfluss. Die eine unterstützte all jene, die den Vertrag akzeptiert hatten (die große Mehrheit). Die andere unterstützte die Ansichten jener Männer, die sich mit Waffengewalt dagegen gewehrt und diese Gegenwehr aufrechterhalten hatten, bis man sie endgültig besiegte.

Bald hatten sich in den Rosses rivalisierende Clubs gegründet. Der einzelne Club wurde *cumann* genannt. Auch andere Worte wie *dáilcheantar* und *mórchuid* tauchten auf und wurden von den Männern in den Rosses ohne Scheu in den Mund genommen. Ihre Treue den jeweiligen Anführern gegenüber war so groß, dass sie sogar derart widerwärtige Wortgemenge benutzten, ohne mit der Wimper zu zucken.

Éamann de Vanni trat der Vereinigung bei, die seinen

Überzeugungen entsprach. Da er ein guter Redner war, machte man ihn bald zum Vorsitzenden seines Clubs. Mit jedem Tag wuchs seine Begeisterung für die Wiederbelebung der irischen Sprache. Außer ihm war allerdings kein Mitglied seiner Vereinigung von dieser Sache wirklich überzeugt. Und die Eltern von Schulkindern beiderseits hatten berechtigte Beschwerden anzubringen. Ihre Kinder mussten viel zu viel Zeit damit verbringen, Irisch zu lernen, sodass sie beim Verlassen der Schule kaum Englisch konnten. Als Erwachsene mussten sie aber trotzdem in englischsprachige Länder auswandern, um Geld zu verdienen. Das Empörendste an der ganzen Situation war allerdings die Tatsache, dass die Männer, die ein solches Schulsystem verfügt hatten, ihre eigenen Kinder in Privatschulen unterbrachten, an denen überhaupt kein Irisch unterrichtet wurde. Nur konnte das niemand laut sagen. Treue zur eigenen Partei hatte über allen anderen Überlegungen zu stehen, und der Wahlspruch der irischen Parteien lautete: »Nicht nur frei, sondern auch gälisch.«

Einige Zeit später formierte sich eine Bewegung mit dem Ziel, die Zahlung der Landabgabe auszusetzen. Gegründet und organisiert wurde diese Bewegung von einem Mann aus den Rosses, einem Mann von großer Tatkraft, der sich um die Sache der Nation überaus verdient gemacht hatte. In den Rosses kam das sehr gut an. Immerhin ging es bei der Bewegung darum, etwas nicht zu bezahlen, und solche Ideen kommen bei den Menschen immer gut an.

Éamann de Vanni war mit Feuer und Flamme dabei. Er selbst, so verkündete er, ignoriere bereits die Forderungen, die bei ihm eingegangen seien. Alle anderen sollten es ebenso halten. Die konnten schließlich nicht das ganze Land ins Gefängnis werfen.

Einige Nachbarn wurden wegen Zahlungsverweigerung vor Gericht gestellt. Man erließ entsprechende Verfügungen gegen sie. Als die Forderungen nicht beglichen wurden, kam es zu Beschlagnahmungen.

Bei Éamann de Vanni griff man nicht durch. Ich weiß nicht, warum, und werde mir deshalb auch keine Meinung dazu anmaßen. Er selbst sagte, sie hätten Angst vor dem Schaden, den die Propaganda seiner Partei ihnen zufügen könnte. Manche glaubten es ihm, andere nicht. Und wie üblich waren hier und da verbitterte, möglicherweise ungerechte Sprüche über ihn zu hören.

»Erst uns alle anstacheln, dass wir bloß nicht zahlen, und sich dann heimlich selbst freikaufen.«

»Hat er wirklich bezahlt?«

»Na klar.«

»Ja, hab ich auch gehört. Angeblich ist er nach Letterkenny gefahren und hat dort bezahlt. Natürlich hat er das hinterher abgestritten. Er behauptet, seit zwei Jahren keinen Fuß mehr in die Stadt gesetzt zu haben.«

»Was zweifellos sogar stimmt. Der Kerl sagt nie etwas, was nicht mindestens doppeldeutig ist. Hinterher sucht er sich die Bedeutung raus, die ihm zweckdienlich erscheint. Er ist nicht bis nach Letterkenny gefahren. Er hat heimatnah bezahlt. Und zwar in Dungloe. Er bahnt sich langsam einen Weg ins Leinster House. Und wenn der Tag kommt, ist er bestens vorbereitet.«

# VII

Die Partei, der sich Éamann de Vanni verschrieben hatte, kam schließlich an die Regierung. »Was werden die jetzt tun?«, fragte der Schwarze Hughie Boyle, ein alter Nachbar. »Ich habe mich nie aktiv mit Politik beschäftigt. Ich habe immer geglaubt, dass die, die den Vertrag unterschrieben haben, es getan haben, weil sie davon überzeugt waren, dass es so für Irland am besten ist. Eure Leute haben sich mit Waffengewalt dagegen gewehrt. Da können sie ihn jetzt doch nicht akzeptieren. Wenn sie konsequent sein wollen, müssen sie sich davon distanzieren und eine Republik ausrufen.«

»Und du kannst dir sicher sein, genau das werden sie tun«, sagte Éamann de Vanni.

»Ich weiß nicht«, sagte der Schwarze Hughie. »Letzten Samstag waren eine Menge Leuchtfeuer zu sehen, die meisten von Männern, die damals für die Freistaatler gekämpft haben. Männer, die eure Parteiführer während des Bürgerkriegs nur zu gerne mit Blei vollgepumpt hätten.«

»Genau so soll es sein«, sagte de Vanni. »Wir brauchen die Konvertiten. Auf Dauer kann man mit einer Minderheit kein Land regieren. Wir wollen diejenigen bekehren, die in der Vergangenheit gegen uns waren. Man hatte die armen Teufel in die Irre geführt. Und jetzt fangen sie an, ihre Fehler einzusehen. Du kannst dir sicher sein, das Erste, was die Regierung tun wird, ist, den Vertrag zu widerrufen und eine vereinigte Republik für ganz Irland zu verkünden.«

»Der arme Narr!« Mehr sagte der verrückte Bacach nicht, als man ihm von diesem Gespräch erzählte.

Einige Jahre zogen ins Land. Éamann war in seinem *cumann* so aktiv wie eh und je. Und nicht nur das, oft führten ihn seine Aktivitäten über die Grenzen der Rosses hinaus. Immer wieder sprach er bei Zusammenkünften in verschiedenen Teilen des Wahlkreises. Es galt als selbstverständlich, dass er bei der nächsten Wahl als Kandidat antreten würde. Ich glaube auch, dass er diesbezüglich Ambitionen hegte. Er war mit bestimmten Dingen unzufrieden. Und mit all seinem Glauben an die Weisheit der Parteiführung war er zuversichtlich, dass sie auf ihn hören und ihre Strategie entsprechend ändern würden, wie er es für richtig hielt, wenn sie nur die Gelegenheit hätten, sich jeden Tag mit ihm zu treffen.

Dann brachte ihm der Postbote eines Tages zusätzlich zur Zeitung einen Brief. Der Brief kam vom Generalsekretär der fünf Clubs (Verzeihung, *cumainn*) in den Rosses. Der Inhalt besagte, dass an einem bestimmten Tag ein Treffen von Delegierten der verschiedenen Clubs in Dungloe stattfinden sollte. Die nächste Parlamentswahl stand erst in zwei Jahren an. Aber man könne natürlich nie wissen, ob es nicht doch plötzlich vorher dazu kam. Man habe das Gefühl, die Rosses seien im Parlament unterrepräsentiert. Ziel des Treffens solle also sein, Vertreter für den anstehenden Parteitag in Letterkenny zu ernennen. Man müsse alles dafür tun, bei diesem Parteitag einen Mann aus den Rosses zum Aushängeschild der Partei für die nächsten Wahlen zu bestimmen. In anderen Teilen des Wahlkreises seien einige überaus fiese Intrigen im Gange. Fanad wolle seinen eigenen Mann durchdrücken. Glenties ebenfalls, und so weiter. Ein Bezirk wolle einen Mann aufstellen, dessen einzige Qualifikation darin bestand, ein bekannter Fußballer zu sein, und man sei der Ansicht, die GAA würde sich geschlossen hinter ihn stellen. Man selbst aber, so machte der Brief abermals deutlich, wolle einen Mann aus den Rosses und hoffe, er würde daher an dem Treffen teilnehmen.

Éamann las den Brief. Er las ihn wieder und wieder. Dann ließ er ihn sinken und dachte gründlich nach. Die sagen nicht, wer dieser Kandidat ist, für den sie sich auf dem Parteitag in Letterkenny dermaßen einsetzen wollen. Um mich kann es kaum gehen, sonst wäre das in dem Brief erwähnt worden. Trotzdem gilt meine Treue der Partei, und mein Vertrauen in unsere Anführer gebietet, dass ich hingehe. Wen auch immer sie aufstellen wollen, es ist meine Pflicht, ihn zu unterstützen. Ich werde mit all meiner Kraft Wahlkampf für ihn betreiben.

Nachdem er sich Klarheit über seine Vorgehensweise verschafft hatte, legte er den Brief beiseite. Als Nächstes nahm er die Zeitung zur Hand und schlitzte die Schutzhülle auf. Er faltete die Zeitung auf und begann zu lesen. Plötzlich erbleichte er. Er las die Überschrift ein zweites Mal, um sicherzugehen, dass er sich nicht getäuscht hatte. Dann rief er laut: »Um Gottes willen, wie entsetzlich!«

»Was ist passiert?«, fragte seine Frau bang.

»Republikanischer Gefangener im Hungerstreik gestorben«, sagte er und betrachtete abermals die Schlagzeile.

Eine Weile saß er stumm da und starrte trübselig ins Feuer. Dann verließ er das Haus, ging hinunter zur Küste und wanderte stundenlang den Strand entlang. Seine Frau machte sich zunehmend Sorgen. Als schließlich das Abendessen fertig war, trat sie vor die Tür und rief nach ihm. Sie winkte ihn ins Haus, und er kam zurück.

Als er zur Tür hereinkam, sah sie, dass der wilde, wahnhafte Blick aus seinem Gesicht verschwunden war. Die schrecklichen Qualen waren durchgestanden. Er hatte eine Entscheidung gefällt.

Bevor er sich an den Esstisch setzte, nahm er die Brille ab, legte sie in ein Kistchen und räumte das Kistchen in einen Schrank.

»Wieso hast du die Brille abgenommen?«, fragte seine Frau, die sich nun doch wieder Sorgen um seine geistige Gesundheit machte.

»Mir fällt schon seit einer Weile auf, dass ich ohne sie besser sehe.«

»Wahrscheinlich stimmt sie nicht mehr. Du solltest bald mal nach Derry fahren und deine Augen testen lassen.«

»Nein, es geht mir gut. Ohne Brille sehe ich besser.«

Später meinte seine Frau zu ihm: »Das Baby ist eingeschlafen. Ich glaube, der Kleine wird ein paar Stunden durchschlafen. Hat den ganzen Tag kein Auge zugetan. Falls du nichts Dringendes zu erledigen hast, bitte ich dich, im Haus zu bleiben. Ich muss noch einkaufen.«

»Du willst jetzt noch zum Laden?«

»Würde ich gerne. Wir brauchen Tee und Zucker, und angeblich haben sie gerade sehr gute Salzmakrelen. Die hat ihnen wohl gestern Abend ein Schiff von Tory verkauft.«

»Kein Problem. Ich werde Haus und Baby hüten. Und jetzt muss ich dich bitten, mir auch etwas mitzubringen.«

»Natürlich. Was brauchst du denn?«

»Zwei Unzen Plug-Tabak. Am liebsten *Yachtsman*, falls sie den haben, ansonsten irgendeinen anderen.«

Verwundert und noch immer besorgt machte sich seine Frau auf den Weg zum Laden. Was war bloß mit ihrem Mann passiert? Natürlich war er schrecklich aufgewühlt von dem, was er in der Zeitung gelesen hatte. Das konnte sie verstehen.

Aber sein komisches Benehmen … Er nimmt die Brille ab, räumt sie weg und behauptet, er könne ohne sie besser sehen. Und jetzt will er auch noch Tabak haben. Natürlich habe ich nichts dagegen, dass er rauchen will. Ich kann nur hoffen und beten, dass es ihn entspannt und seinen aufgewühlten Geist beruhigt!

Als die Frau vom Einkaufen zurückkam, händigte sie ihm den Tabak aus. Er holte eine seiner alten Pfeifen aus dem Regal. Dann schnitt er sich einen passenden Tabakklumpen und knetete ihn mit all der Kunstfertigkeit vergangener Tage in einer Handfläche. Er steckte sich die Pfeife an und rauchte, bis nur noch ein wenig Asche ganz am Boden übrig war. Er stopfte sie ein zweites Mal und dann ein drittes Mal. Nachdem er die dritte Pfeife geraucht hatte, war das ganze Haus eine einzige Rauchwolke.

Er wurde schläfrig und nickte immer wieder kurz ein. »Leg dich doch einfach hier aufs Küchenbett«, schlug seine Frau vor. »Du bist müde. Vielleicht hast du zu viel geraucht und bist nicht mehr daran gewöhnt.«

Vollkommen angekleidet legte er sich aufs Küchenbett. Seine Frau deckte ihn mit einer Steppdecke zu und stopfte ihm ein paar Kissen unter den Kopf. Wenige Minuten später war er eingeschlafen.

Als er aufwachte, ging gerade die Sonne unter.

»Geht es dir wieder besser?«, fragte seine Frau, die sich immer noch Sorgen machte.

»Ich fühle mich prächtig«, antwortete er. »Vollkommen ausgeglichen. Mach dir keine Sorgen, Mädchen.«

Dann fügte er hinzu: »Großer Gott, es ist schon furchtbar, mitten in einer Krise zu einer Entscheidung gelangen zu müssen. Kein Wunder, dass die alten Leute nach dem Rosenkranz immer um Gottes Führung gebetet haben, wenn sie sich in einem Zwiespalt befanden.«

In dieser Nacht schlief er tief und fest. Am Morgen stand er entspannt und erfrischt auf. Nach dem Frühstück merkte seine Frau an, dass die Frühkartoffeln gegossen werden müssten.

»Ich weiß«, sagte er. »Auf dem Rückweg vom Strand habe ich nach ihnen gesehen. Ich gieße sie heute noch. Bevor ich aber überhaupt irgendetwas tue, muss ich einen Brief schreiben. Einer von uns kann ihn dann am Abend zum Laden bringen, damit ihn der Postbote morgen früh mitnimmt.«

Er holte seine Schreibutensilien hervor und setzte sich ans Kopfende des Küchentischs. Er wollte auf den Brief antworten, den er am Vortag mit der Bitte erhalten hatte, dem Treffen beizuwohnen, bei dem Delegierte für den baldigen Parteitag in Letterkenny ausgewählt werden sollten.

Er setzte seinen Briefkopf auf und begann zu schreiben. »Sehr geehrter Herr«, schrieb er. Dann betrachtete er die drei Wörter. Sehr geehrter Herr! Es sah ganz seltsam aus für jemanden, der seit vielen Jahren jeden Brief mit *»A Chara«* begonnen hatte. Dann fuhr er fort:

Sehr geehrter Herr,
ich muss Ihnen mitteilen – und dies ist mein letztes Wort in der Sache –, dass ich dem Treffen, zu dem Sie mich eingeladen haben, nicht beiwohnen werde. Es ist mir gleich, wer ausgesucht wird, am Parteitag in Letterkenny teilzunehmen. Es ist mir gleich, wer das Aushängeschild der Partei für die kommende Wahl werden soll. Ich habe mit der Politik abgeschlossen. Ich sehe für Irland keine Hoffnung, bis eine neue Generation irischer Männer und Frauen erwachsen

ist, die mit keiner der heutigen Parteien mehr etwas zu tun hat.

Somit verbleibe ich, werter Herr,
hochachtungsvoll
Ihr Edward Devanny.

# Glossar

## A

**A Chara** (irisch) – Wörtlich »Oh Freund/Freundin«: sowohl förmliche als auch informelle Anrede am Briefanfang.

**An airneál** (irisch) – Abendlicher Besuch in der Nachbarschaft, oft Anlass zu Geschichtenerzählen, Musizieren, Eheanbahnung usw.

**Anchor Line** – Schottische Reederei von 1856 bis 1986.

**Annalen der vier Meister** – Umfangreichste mittelalterliche Chronik Irlands.

## B

**Bacach** (irisch) – Bettler, Hausierer.

**Bealtaine**, auch **Beltane** (englisch) – 1. Mai, eines der vier großen irisch-keltischen Feste, zusammen mit Imbolc (1. Februar), Lughnasadh (1. August) und Samhain (1. November). Die Nacht auf den 1. Mai wird mit Feuern und allerlei Hexenbrauchtum begangen, in manchen Texten erscheint Bealtaine auch als personifizierte Göttergestalt.

**Braes of Ballochmile** – »Die Hänge von Ballochmile«: romantischer Schauplatz aus einem berühmten Liebesgedicht von Robert Burns.

**Bridget** – Im 19. Jahrhundert der üblichste irische Frauenname für Katholikinnen, wurde in den USA zum Synonym für Irinnen überhaupt; die protestantischen Haushalte an der Ostküste, die keine Katholikinnen einstellen mochten, schrieben in Stellenanzeigen: »Bewerbungen von Bridgets zwecklos«.

## C

**Carson, Edward** – Irischer Unionist, Anwalt, Richter und Abgeordneter, als dessen größter politischer Erfolg der Verbleib von Nordirland im Vereinigten Königreich gilt.

**Clann na nGael** – »Familie der Iren«: ehemals wichtige Organisation zur Förderung des irischen Republikanismus in den USA.

**Clarke, Tom** (1848–1916) – Irischer Aktivist, als Mitglied der IRB (Vorläuferorganisation der IRA) nach einem missglückten Sprengstoffattentat 1883 zu 15 Jahren Zuchthaus verurteilt, nach seiner Rückkehr war sein Tabakladen in Dublin Treffpunkt der Aktivisten, die den Aufstand 1916 vorbereiteten; einer der Unterzeichner der Unabhängigkeitserklärung von 1916.

**College Green** – Großer Platz und Hauptverkehrsstraße beim Trinity College im Zentrum von Dublin.

**Columcille** – Der heilige Columban von Iona, Mönch und Missionar. Einer der zwölf Apostel von Irland.

**Conall Cearnach** – Irischer Sagenheld aus Ulster, galt als besonders blutrünstig.

***Crainnteacha*** statt *crain, adharcacha* statt *adharca, thúrfadh sinn* statt *bhéarfaimis,* oder *a theach seisean* statt *theachsan* – Wortformen aus anderen Gaeltachta, die sich von dem in den Rosses üblichen Irisch unterscheiden. Ó Grianna, der nur das Irisch seiner Heimat gelten ließ, ärgerte sich furchtbar, wenn er sie hören musste.

**Cú Chulainn** – Berühmtester irischer Sagenheld, Hauptfigur mehrerer Epen aus dem Mittelalter.

**Cúirt** (irisch) – Hof.

**Currach** – Traditionelles irisches Boot aus einem leichten Holzgerippe, das mit Leder überzogen und geteert wird. Leicht und tragbar, mit Segel ausgestattet durchaus hochseetauglich.

## D

**Dáil** (irisch) – Versammlung, offizieller Name des Parlaments der Republik Irland.

**Der Dichter** – Hier Cathal Buí Mac Giolla Ghunna (1680–1756) aus *An Bonnán Buí* (»Die gelbe Rohrdommel«).

**Der ungekrönte König Irlands** – Beiname von Charles Stewart *Parnell,* siehe dort.

**Devoy, John** (1842–1928) – Einer der Anführer der Fenier, einer Organisation, die sich das Erreichen der irischen Unabhängigkeit zum Ziel gesetzt hatte. Noch vor dem Aufstand von 1867 verhaftet, zu 15 Jahren Zuchthaus verurteilt, 1871 freigelassen. Lebte danach in den USA im Exil und wurde zu einer der prägenden Persönlichkeiten des *Clann na nGael,* siehe dort.

**Dinneen** – Patrick S. Dineen war ein irischer Lexikograf und Historiker und eine führende Figur in der gälischen Wiederbelebung. Sein Wörterbuch ist das Standardwerk der irischen Sprache – man sagt: »Es steht im Dinneen«, wie man auf Deutsch vom Duden spricht.

**Diogenes Teufelsdröckh** – Aus *Sartor Resartus* von Thomas Carlyle.

## E

**Eine dieser Freudenstunden** – Aus dem Lied *The Kerry Dancing*: »One of those hours of gladness, gone, alas, like our youth, too soon.«

**Ein zärtlicher Kuss und dann die Trennung, ein Lebwohl, ach, auf immer!** – Berühmtes Lied von Robert Burns: »Ae fond kiss, and then we'll sever, ae fareweel and then forever …«

**Emma Rouault** – Geburtsname der Madame Bovary, Hauptfigur des gleichnamigen Romans von Gustave Flaubert.

## F

**Feis** – Eigentlich »Fest«, heute: Treffen, Versammlung, Festival. Ein Feis wie hier beschrieben folgt strengen Regeln, in verschiedenen Sparten wird die alte irische Kultur gepflegt, die Teilnehmenden müssen ein strenges Auswahlverfahren durchstehen. Es ist eine große Auszeichnung, bei einem Feis mitmachen zu dürfen.

**Fianna** – Umherziehende Kriegergruppen in der mittelalterlichen irischen Literatur. Nach ihnen benannten sich die Fenier, eine Organisation, die in der 2. Hälfte des 19. Jahrhunderts mehrere erfolglose Aufstände zur Erlangung der irischen Unabhängigkeit in die Wege leitete.

**Fliegende Kolonnen** – Kleinere Truppenabteilungen, die je nach Bedarf aus allen Waffengattungen gemischt wurden und zum »Kleinen Krieg« bestimmt waren (heute Guerillakampf). Sind in ihren Unternehmungen selbstständig und können sich mit großer Freiheit bewegen.

## G

**GAA – Gaelic Athletic Association** – Einflussreicher irischer Sportverband, der bis heute ausschließlich »gälische« Sportarten fördert.

**Gaelic League** – »Gälische Liga«: führende Institution zur Förderung und zum Erhalt der irischen Sprache.

**Gaeltacht**, Plural Gaeltachta: Regionen in Irland mit mehrheitlich Irisch sprechender Bevölkerung.

**Geas**, häufig auch Geis – Ähnlich dem Tabu, ein irrationales Verbot oder Gebot im Gegensatz zum rationalen Recht. Plural Geasa.

## H

**Home Rule** – Parlamentarische Selbstverwaltung. Mehrere Jahrzehnte lang als mögliche Alternative zur vollständigen Unabhängigkeit Irlands im Gespräch, Home Rule hätte weitgehende Autonomie in Bezug auf innerirische Belange bedeutet, Außenpolitik, Militär und Steuerangelegenheiten jedoch in London belassen.

**Hughdie O'Donnell, der Schwarze** – Bezieht sich auf die Haarfarbe, nicht etwa auf die Hautfarbe.

## K

**Kate Malone** – Zur Würdigung der Reime wollen wir hier den Originaltext des Liedes verzeichnen:

*»There's a girl called Kate Malone*
*Who I thought would be my own*
*For to see my little cabin floor adorning;*
*But my heart is sad and weary*
*How can she be Mrs Leary*
*Since she's off to Philadelphia in the morning.«*

## L

**Lammas**, auch **Lughnasadh** – Irisches Erntefest am 1. August, genau auf halber Strecke zwischen Sommersonnenwende und Herbstequinox, ursprünglich dem irischen Sonnengott Lugh gewidmet.

**Leinster House** – Ehemaliger Herzogspalast in Dublin, seit 1922 Sitz des irischen Parlaments.

**Liath** – Grau.

## M

**Máire Bhán** – Zur Würdigung der Reime wollen wir hier den Originaltext des Liedes verzeichnen:

*»My fair-haired Mary, when first you promised*
*Your love for me would be loyal and true,*

*The song-birds chanted in joyful chorus,*
*The sunset glistened on flower and dew.*
*But you have left me to pine in sorrow,*
*Bereft of reason, bereft of grace,*
*For me 'twere better to have no eyesight*
*Than that I should ever have seen your face.«*

**Mehl und Met** – Aus dem Gedicht *Úrchnoc Chéin Mhic Cáinte* von Peadar Ó Doirnín (ca. 1700–1769), einem der letzten Dichter, die noch in den klassischen gälischen Versformen dichteten.

**Mitchel, John** (1815–1875) – Irischer Journalist, Autor und Soldat. Wurde verurteilt und nach Tasmanien deportiert, entkam aber in die USA und setzte sich dort für die Sache der Südstaaten ein. Nach seiner Rückkehr nach Irland kurze Zeit britischer Abgeordneter, bis man ihn wegen seiner Vorstrafen absetzte.

## O

**Ochón** (irisch) – Ausruf des Entsetzens, ungefähr: Ach oh weh!

**O'Donovan Rossa, Jeremiah** (1831–1915) – Irischer Schriftsteller, Politiker und Fenier, wurde nach dem gescheiteren Aufstand 1867 zu 20 Jahren Zuchthaus verurteilt, während der Haft ins britische Parlament gewählt, durfte seinen Parlamentssitz nicht antreten, wurde aber 1870 unter der Auflage begnadigt, nie wieder den Boden des Britischen Empire zu betreten, und ging in die USA. Die Überführung seiner sterblichen Überreste 1915 nach Dublin gilt als Startschuss für den Aufstand 1916.

**Oisín** – Irischer Name eines Sagenhelden, der in den mittelalterlichen Epen als Dichter und Sänger gilt. International bekannt als Ossian.

## P

**Parnell, Charles Stewart** (1841–1891) – Irischer Politiker, Anführer der Home-Rule-Fraktion, vielleicht der einflussreichste irische Politiker des 19. Jahrhunderts, was ihm Beinamen wie

»The Chief« oder »der ungekrönte König Irlands« (siehe dort) einbrachte. Geriet wegen einer Ehebruchaffäre in die Schlagzeilen, die katholischen Priester warnten daraufhin ihre Schäfchen, diesen Mann zu unterstützen, die Home-Rule-Bewegung spaltete sich und konnte nie mehr ihre alte Stärke erlangen.

**Pinkín** (irisch) – Diminutiv für den kleinen Finger.

**Piseóg** (irisch) – Aberglaube.

**Poitín** – Schwarzgebrannter Whiskey.

## R

**Rosses** – Die Rosses sind eine geografische und gesellschaftliche Region in der Provinz Donegal im Nordwesten Irlands. Die Gegend ist Teil der Gaeltacht.

**Rote Zweig, Der** – Zyklus von Heldenepen aus dem Mittelalter, in dem vor allem die Heldentaten des Cú Chulainn beschrieben werden. Zugleich Bezeichnung für eine Gruppe von Helden.

## S

**Screabán** (irisch) – Steiniges Land.

**Seanchaí** (irisch) – Geschichtenerzähler, jemand, der die alten Geschichten kennt und weitergibt (zu irisch *seanchas*: alte Geschichten, ursprünglich: alte Gesetze).

**Seetang verbrennen** – Früher wurden die Pflanzen gesammelt, getrocknet und in Steingräben verbrannt. Die Asche diente als Dünge- und Heizmittel und wurde zur Schießpulverproduktion eingesetzt, ab 1812 auch für aseptische Jodtinkturen.

**Smiglum** – Zu irisch *smigealach*: Person mit sehr ausgeprägtem Kinn, wie König Drosselbart (das Wort ist verwandt mit *smeolach*: »Drossel«).

**Streachlán** (irisch) – Ausgefranstes, schleppendes Etwas.

**Sweet Afton** – Der Afton ist ein Fluss in Schottland, Schauplatz einer romantischen Ballade von Robert Burns.

## T

**Táin** – irisch: Viehraub. Name mehrerer mittelalterlicher Epen, das bekannteste ist Táin Bó Cuailnge, Hauptfigur ist wie üblich *Cú Chulainn* (siehe dort).

**Tír Chonaill,** auch **Tyrconnell** – Über 1000 Jahre lang erst Fürstentum, dann eigenes Königreich. Kerngebiet ist in etwa mit dem heutigen Donegal identisch. So genannt nach dem Clan O'Conaill, aus dem die Fürsten stammten (irisch: *Ua Chonaill*) .

## U

**Ulster Volunteers** – Die UVF (Ulster Volunteer Force) wurde 1912 als protestantisch-unionistische Miliz gegründet, um die irische Unabhängigkeit zu verhindern.

# Die große Liebe und ein Schaf als Mitgift

Nachwort von Ralf Sotscheck

Die Welt, die Séamus Ó Grianna in seinen Geschichten beschreibt, gibt es nicht mehr. Aber die Einblicke, die er in diese Welt gewährt, sind faszinierend. Seine Erzählungen handeln vom Leben der einfachen Menschen im Irisch sprechenden Nordwesten Irlands im späten 19. und frühen 20. Jahrhundert. Wegen seiner genauen Beobachtungsgabe, seiner so treffenden wie liebevollen Beschreibung der Protagonisten und des für viele Autoren seiner Generation typischen lakonischen Sprachrhythmus wurde er zu einem der bedeutendsten Autoren in irischer Sprache. Im deutschen Sprachraum gilt es ihn noch zu entdecken, und auch in seiner Heimat wird er erst seit einigen Jahren wiederentdeckt, weshalb sein Nachlass noch nicht umfassend aufgearbeitet ist.

Das Irische, oder das irische Gälisch, gehört zu den keltischen Sprachen. Schriftliche Dokumente gab es schon im 8. Jahrhundert. Bis zum 16. Jahrhundert konnte sich Irisch relativ ungehindert entwickeln. Erst Heinrich VIII. und seine Nachfolger versuchten, ihre aufsässigen irischen Untertanen zu befrieden, indem sie ihnen englische Gesetze und die englische Sprache aufzwangen. Das scheiterte freilich in den entlegenen Winkeln an der Westküste.

Erfolgreicher als die erzwungene Anglisierung war die wirtschaftliche Entwicklung. Dank des ökonomischen Aufschwungs im 18. Jahrhundert entwickelte sich nämlich eine katholische Mittelschicht, die Handel trieb. Um auf den lukrativen ausländischen Märkten bestehen zu können, musste man die englische Sprache beherrschen.

Die Londoner Regierung versuchte, der Sprache endgültig den Garaus zu machen. Nach der großen Hungersnot Mitte des 19. Jahrhunderts war es verboten, in der Schule Irisch zu sprechen. Die Kinder mussten einen Holzstock um den Hals tragen, in den für jedes irische Wort, das sie sagten, eine Kerbe eingeritzt wurde. War am Ende der Woche eine bestimmte Anzahl Kerben überschritten, wurden die Eltern des Kindes mit Lohnabzügen bestraft.

Erst im Zuge der Unabhängigkeitsbewegung und des wachsenden irischen Selbstbewusstseins Ende des 19. Jahrhunderts begannen Wiederbelebungsversuche. Nach der Gründung des irischen Freistaats 1922 nahm sich die neue Regierung der Förderung der Sprache an. Irisch wurde nun an den Schulen unterrichtet, und in den 1930er-Jahren wurden *Gaeltachta* ins Leben gerufen – jene Küstenstriche und Inseln in Donegal, Mayo, Connemara, Kerry und West Cork, die offiziell als irischsprachig deklariert und zum Zweck intensiver Sprachpflege finanziell gefördert wurden.

Das irische Alphabet hat lediglich achtzehn Buchstaben. Dass man damit lebendige, bewegende, spannende und lustige Literatur schaffen kann, zeigen Ó Griannas Geschichten. Bei der Lektüre gelangt man zu der Überzeugung, dass diejenigen recht haben, die behaupten, man könne sich im Irischen brillanter und bildhafter ausdrücken als im Englischen.

Dank der einfühlsamen Übersetzung ist das auch ins

Deutsche herübergerettet worden. Bei Unklarheiten griff die Übersetzerin Gabriele Haefs immer wieder auf das irische Original zurück, sofern sie Zugang dazu hatte, denn sie spricht Irisch. Das erleichterte dem Mitübersetzer Julian Haefs den Einstieg in Ó Griannas sehr individuellen Stil, sodass hier eine authentische Fassung im Sinne des Autors vorliegt.

Der irische Satiriker Flann O'Brien behauptete einmal, dass ein durchschnittlicher englischsprachiger Mensch sein Leben lang mit vierhundert Wörtern auskomme. Irischsprecher hingegen benutzten viertausend Wörter, und in Donegal sei der Wortschatz so gewaltig, dass die Einheimischen kein Wort zwei Mal in ihrem Leben gebrauchten.

Ein armseliger Englischsprecher unterscheide ein maritimes Fahrzeug lediglich durch die Größe, schrieb O'Brien: »Wenn es klein ist, heißt es Boot. Ist es groß, so nennt er es Schiff.« Tomás Ó Criomhthain, ein Fischer von der Großen Blasket-Insel am äußersten Westrand Irlands, verwende in seinem Buch *Die Boote fahren nicht mehr aus* hingegen »wahrscheinlich ein Dutzend Wörter, um das Konzept der verschiedensten maritimen Fortbewegungsmittel zu verdeutlichen«.

Außerdem kann man im Irischen wesentlich fantasievoller fluchen als im Englischen, wo die meisten Beleidigungen sexueller Natur sind. Während man auf English vulgär »piss off« zu jemandem sagt, wenn man möchte, dass er abhaut, so klingt es auf Irisch viel schöner: »Imeacht gan teacht ort« – Man möge ohne Rückkehr von dannen ziehen. Sehr hübsch ist auch: »Ualach sé chapall de chré na h-úire ort.« – Sechs Pferdewagen voller Friedhofserde auf dich!

Der Historiker und Schriftsteller Patrick Weston Joyce aus der Grafschaft Cork schrieb im Jahr 1910 über die Iren:

»Während sie sich beim Fluchen innerhalb sicherer Grenzen bewegen, muss dennoch zugegeben werden, dass viele Menschen eine geheime Bewunderung – die im Stillen lauert und selten in Worte gefasst wird – für einen guten, ausgewogenen Fluch hegen, solange er nicht durch Gottlosigkeit schockiert.«

In der nordwestlichsten Ecke Irlands, in der entlegenen Küstenregion der Grafschaft Donegal, hat Irisch als Umgangssprache länger überlebt als in den meisten anderen Landesteilen. Dort, in den sogenannten Rosses, einer geografischen und sozialen Region im Westen Donegals, die durch die Ortschaften Gweedore im Norden und Glenties im Süden begrenzt ist, wurde Séamus Ó Grianna am 17. November 1891 im Ort Rann na Feirste geboren. Donegal gehört zu Ulster, einer der vier Provinzen Irlands. Sechs der neun Grafschaften Ulsters blieben bei der Teilung Irlands 1922 beim Vereinigten Königreich. Es war das größtmögliche Gebiet, in dem die pro-britischen Protestanten eine deutliche Mehrheit hatten. Cavan, Monaghan und Donegal wurden dem Freistaat, der späteren Republik Irland, zugeschlagen, weil sie überwiegend katholisch sind. Donegal, zwischen Meer und Grenze, ist heutzutage abgelegener denn je, es hat eine lange Grenze mit Nordirland, ist aber nur durch einen schmalen Streifen mit der Republik verbunden.

Ó Grianna wurde in eine Familie von Dichtern und Geschichtenerzählern hineingeboren, seine Eltern waren Feidhlimidh Mac Grianna und Máire Eibhlín Néillín Ní Dhomhnaill. Séamus verließ die Schule in Rann na Feirste mit vierzehn oder fünfzehn. Wie viele Kinder seiner Generation bot er sich auf dem Arbeitsmarkt in Dungloe, dem wirtschaftlichen Zentrum der Rosses, an, um das Familieneinkommen etwas aufzubessern. Er wurde ins Lagan-Tal an der Nordostküste zwischen Belfast und Lisburn vermittelt. Ó Grianna mochte die Arbeit aber nicht und schlich sich davon. Der Junge lief die ganze Strecke barfuß und ohne Orientierungshilfe – Hinweisschilder gab es damals nicht – zurück nach Hause.

Als er älter war, arbeitete Ó Grianna drei Sommer lang in Schottland bei der Kartoffelernte. Aus dieser Erfahrung hat er Stoff für seine Geschichten bezogen. Viele seiner Figuren sind in Schottland hängen geblieben, sie sind elend und einsam, sie haben es nicht geschafft, so viel Geld zusammenzukratzen, um nach Donegal zurückkehren zu können. Die einzige Ausnahme ist der *tinker,* was heute als Schimpfwort für das fahrende Volk, die Travellers, gilt. In der Erzählung *Blagadán* rettet der gleichnamige wandernde Kesselflicker die Schnapsbrenner vor den Gesetzeshütern, verweigert aber später dem dankbaren Sohn des Brenners seine Tochter. Ó Grianna übt hier zwischen den Zeilen Kritik an der Haltung in Irland aus, wo die Travellers damals schlecht behandelt wurden. Diejenigen, die in die USA auswandern, bringen es bei Ó Grianna meist zu etwas, aber wenn sie zu einem kurzen Besuch nach Irland zurückkehren, sind sie den Leuten dort fremd und die ihnen. Die Auswanderer staunen, wie arm und primitiv alles ist, und sie protzen gerne mit ihrem Erfolg.

Ó Grianna investierte in Schottland einen Teil seines mageren Lohns in Bücher. Bei der Auswahl seiner Lektüre war er nicht sehr wählerisch, von Shakespeare bis zu mathematischen Fachbüchern war alles dabei. Später besuchte er das Coláiste Uladh in Gortahork in Donegal. Die Hochschule war 1906 gegründet worden, um die irische Sprache zu fördern. Sie war Teil einer landesweiten nationalistischen Bewegung, und sie sorgte für einen kleinen wirtschaftlichen und kulturellen Aufschwung in der Gaeltacht, dem irischsprachigen Gebiet von Donegal.

Zunächst war die Hochschule in einem Privathaus untergebracht, bis sie eigene Räume beziehen konnte. Zu den Studenten zählten Pádraic Pearse, Joseph Plunkett and Roger Casement, die späteren Anführer des Osteraufstands von 1916, der Dichter Douglas Hyde, der 1938 erster Präsident Irlands wurde, sowie der Komponist Carl Hardebeck, der einen deutschen Vater und eine walisische Mutter hatte. Aufgrund seiner Erfahrungen am Coláiste Uladh beschloss Ó Grianna später, als Schriftsteller fortan auf Irisch zu schreiben.

Sein Bücherstudium und seine am Coláiste Uladh erworbene Qualifikation verschafften ihm 1912 ein Stipendium für das St. Patrick's College in Dublin, wo er bis 1914 für das Lehramt studierte. Dort lernte er Thomas Clarke kennen, einen weiteren Anführer des Osteraufstands, und Peadar O'Donnell, den Sozialisten, Republikaner und Schriftsteller, der ebenfalls aus den Rosses stammte.

Clarke und O'Donnell hatten erheblichen Einfluss auf Ó Griannas politische Ansichten. Zunächst bekam er 1916 einen Job als Direktor der Grundschule in Leitir Catha in der Gaeltacht von Donegal. Doch als 1919 die Partei Sinn Féin, der politische Arm der Irisch-Republikanischen Armee (IRA), die Parlamentswahlen gewann und daraufhin die Republik ausrief, wurde Ó Grianna Mitarbeiter des ersten irischen Parlaments, des Dáil Éireann. Er arbeitete als Organisator für das Bildungsministerium. Das Parlament und die Republik wurden von den englischen Besatzern jedoch nicht anerkannt, sodass es zum Unabhängigkeitskrieg kam, der 1922 mit der Teilung Irlands endete.

Viele IRA-Kämpfer lehnten den Vertrag mit der britischen Regierung deshalb ab. Es entbrannte ein blutiger Bürgerkrieg. Da Ó Grianna die Vertragsgegner unterstützte, wurde er für achtzehn Monate im Gefängnis von Newbridge interniert, gemeinsam mit seinen Brüdern Seosamh, Hugh, Donal und Sean Bán. Im Gefängnis unterrichteten die Brüder die anderen Gefangenen in der irischen Sprache.

Nach seiner Entlassung 1924 war Ó Grianna von irischer Politik ziemlich desillusioniert und ging nach Frankreich, wo er verschiedene Jobs annahm – unter anderem als Briefträger in Paris. Er sprach fließend Französisch und las in seiner Freizeit die französischen Klassiker im Original. Ende der Zwanzigerjahre kehrte er nach Irland zurück und arbeitete erneut als Lehrer in Donegal. Als Fianna Fáil, die Partei der ursprünglichen Vertragsgegner, 1932 an die Macht kam, wurde Ó Grianna wieder in den Staatsdienst übernommen. Er erstellte im Auftrag des Bildungsministeriums irische Wörterbücher.

Aufgrund einer schweren Erkrankung wurde er 1932 ins Mater-Hospital in Dublin eingeliefert, wo er seine spätere Frau Constance McDonnell, die dort als Krankenschwester arbeitete, kennenlernte. Die beiden heirateten und hatten einen gemeinsamen Sohn, Felimy. Über Ó Griannas Ehe oder seine Beziehung zu seinem Sohn ist wenig bekannt, denn er gehörte einer Generation an, die ihr Privatleben für sich behielt – anders als die vorangegangene Generation. So ließ zum Beispiel William Butler Yeats, der 1923 als erster Ire den Literaturnobelpreis erhielt, das ganze Land an seinen dramatischen Liebschaften teilhaben.

Dafür geht es in Ó Griannas Erzählungen zwischenmenschlich durchaus zur Sache, die Irrungen und Wirrungen zwischen Mann und Frau sind immer wieder Thema. So versucht Denis der Träumer in der gleichnamigen Geschichte, in seinem Dorf die Liebesheirat zu propagieren – bis er selbst sich, von seiner großen Liebe enttäuscht, am Ende mit einer so unattraktiven Frau wiederfindet, dass er froh ist, zur Hochzeit wenigstens ein Schaf als Mitgift heraushandeln zu können. In *Die Rache der See* flieht Murty, nachdem er einen Ertrinkenden gerettet hat, eben vor der vermeintlich drohenden Rache der eigentlich geliebten See weit weg in die Berge und wird dort mit einer zänkischen Ehefrau so unglücklich, dass die See sich nicht besser hätte rächen können.

Über Ó Griannas Arbeit als Schriftsteller ist immerhin etwas mehr bekannt als über sein Privatleben. Seine Karriere hatte bereits Anfang der Zwanzigerjahre begonnen. 1922 hatte er gemeinsam mit seinem Bruder Seosamh Mac Grianna – er bevorzugte diese Schreibweise des Nachnamens – ein Theaterstück geschrieben, das sich gegen den Teilungsvertrag richtete: *Saoirse nó suaimhneas?* (»Freiheit oder Frieden?«). Seosamh Mac Grianna verfasste binnen elf Jahren Essays, Kurzgeschichten, Reiseberichte, Romane, seine Autobiografie und zwei Theaterstücke. 1935 entwickelte er eine manisch-depressive Psychose und hörte auf zu schreiben. »Die Quelle ist im Sommer 1935 versiegt«, notierte er. »Ich werde nie mehr schreiben. Ich habe mein Bestes gegeben, und nun ist es mir egal.«

Séamus Ó Grianna hat ebenfalls Romane verfasst. *Mo Dhá Róisín* (»Meine zwei Rosen«) und *Caisleán Óir* (»Die goldene Burg«) waren 1921 und 1924 unter dem Pseudonym Máire erschienen. Es war damals Mode bei irischsprachigen Autoren, sich ein Pseudonym zuzulegen, und manche waren durchaus fantasievoll. James D. Doyle nannte sich zum Beispiel

Beirt Fhear (»Zwei Männer«), Douglas Hyde wählte Craoibh Aoibhin (»Lieblicher Zweig«) als Pseudonym.

In *Caisleán Óir* geht es um die Liebe, die wegen wirtschaftlicher Widrigkeiten unerfüllt bleibt: Séimí Phádraig Dubh und seine geliebte Babaí Mháirtí kommen nicht zusammen, weil er wie viele seiner Generation auswandern muss, um zu überleben. Die »goldene Burg« bleibt ein unerreichbarer Traum. Das Buch war die Grundlage für ein Musical von Leslie Long, Kathleen Ruddy und Phil Dalton, es wurde im Jahr 2000 am Theater Amharclann an Ghrianáin in Letterkenny uraufgeführt.

Auch in Ó Griannas Kurzgeschichten kommen immer wieder die Themen Liebe, Heirat, Auswanderung und das Meer vor. Die erste Geschichtensammlung, *Cith is Dealán* (»Regen und Sonnenschein«), erschien 1926. Danach folgten weitere Bände. Seine Autobiografie *Saol Corrach* (»Unstetes Leben«) wurde 1945 veröffentlicht. Er schrieb in seinem heimatlichen Dialekt und wollte keine Konzessionen an die Sprachgewohnheiten anderer irischsprachiger Gebiete machen, wobei das Irisch von Donegal eine Besonderheit aufweist: Es hat viele Einflüsse des schottischen Gälisch aufgenommen, einerseits wegen der planmäßigen Besiedlung durch schottische Siedler im 18. Jahrhundert, andererseits durch die irischen Wanderarbeiter in Schottland.

Ab Mitte der Fünfzigerjahre fing Ó Grianna an, auf Englisch zu schreiben, weil er mit der offiziellen Sprachpolitik nicht einverstanden war, denn sie blieb immer Stückwerk und wurde nie konsequent durchgeführt. Allerdings kann man auch Ó Grianna Inkonsequenz vorwerfen: So war er dagegen, dass für Verwaltungszwecke im Irischen neue Begriffe geprägt wurden, aber wie eine Sprache überleben soll, wenn keine offiziellen Verlautbarungen möglich sind, sagte er nicht. Das war kurzsichtig, denn in anderen Sprachen waren solche Begriffe ja auch nicht immer schon vorhanden, sondern wurden bei Bedarf erfunden.

Ó Grianna hat damals einen Großteil seiner eigenen Geschichten ins Englische übersetzt, meist mit starken Veränderungen, selbst die Figuren bekamen mitunter andere Namen. Oft änderte sich auch die Handlung. Was im irischen Original manchmal nur einen Satz ausmachte, wurde in der englischen Fassung auf einen ganzen Absatz ausgedehnt – und umgekehrt. Viele seiner Geschichten hat er über Jahrzehnte hinweg immer wieder umgeschrieben, in beiden Sprachen.

Als Schriftsteller stand er in der Tradition der Filí, der Eliteklasse der Dichter. Die kamen mit den Kelten, die seit 200 vor Christus nach Irland einwanderten. Sie hatten eine hohe soziale Stellung, die Besten von ihnen waren dem König fast gleichgestellt. Bis dahin war es jedoch ein langer Weg. Neben der Dichtkunst umfasste das Studium eines Filí Geschichte, Musik, Rechtsprechung und Medizin. Es dauerte oft zwanzig Jahre, bis er ausgebildet war.

In den alten Geschichten hatte die Satire einen hohen Stellenwert. Sie war eine Mischung aus Spott und Fluch. So wurde den Filí die Fähigkeit nachgesagt, jemandem durch die Kraft des Wortes Schaden zuzufügen. Zwar war der Missbrauch dieser Macht verboten, aber wenn man den überlieferten Erzählungen glauben darf, sind Unvorsichtige des Öfteren den Dichtern zum Opfer gefallen. Der englische Gouverneur John Stanley zum Beispiel soll 1414 leichtsinnigerweise den Befehl gegeben haben, das Land und die Kühe von Niall O'Higgins zu beschlagnahmen. Da O'Higgins aus einer berühmten Dichterfamilie stammte, sprach er einen Fluch über Stanley. Fünf Wochen später war der Gouverneur tot.

Nach dem Zusammenbruch der keltischen Gesellschaft Anfang des 17. Jahrhunderts verschwanden auch die Filí. Die Tradition der Erzählkunst wurde von den Barden weitergeführt – den reisenden Sängern, die volkstümlicher waren als die Filí, aber genauso viel Spaß am Ausspinnen eines Themas hatten wie Ó Grianna. Dabei geht es öfter um Piseógs, was mit »Aberglaube« nur unzureichend übersetzt ist. Sie haben auch eine dunklere Seite, viele Piseógs reflektieren das Leben im ländlichen Irland, wo Bauern, Vieh und Ernte manchmal mit Flüchen belegt werden. Bei Ó Grianna kommen Piseógs etwa in *Die Rache der See* vor:

> »Gott schütze uns vor allem Übel«, sagte Michael Roe eines Tages zu mir, als wir über alten Aberglauben sprachen. »Aber ich kann mich noch erinnern, dass viele Menschen an Piseóg glaubten. Sicher war Unwissenheit der Grund. Unwissenheit und fehlendes Gottvertrauen. Ich erinnere mich an eine Menge alten Piseóg. Dinge, die heutzutage einen jungen Mann wie dich überraschen würden. Vieles war verboten. Du durftest nicht vor einem Sarg in ein Boot steigen, du musstest ihn vor dir herschieben. Es war gefährlich, in der Walpurgisnacht nach der Dämmerung noch aus dem Haus zu gehen. Wenn dir auf einer Reise als Erstes eine rothaarige Frau begegnete, dann galt das als böses Omen, und du musstest umkehren.«

Das Element des Fluches hat sich bis in die christliche Zeit hinübergerettet. Will man zum Beispiel erreichen, dass die Hennen des Nachbarn keine Eier mehr legen, muss man das

Ei eines eigenen Huhns in ihrem Stall verstecken, so heißt es. Sollen gar die Kühe auf dem Nachbarhof eingehen, muss man ein Haar von seinem Kopf im Kuhstall verstecken. Am besten funktionieren diese Flüche in der Walpurgisnacht. Der Kirche waren diese Legenden ein Gräuel, und schon seit dem 15. Jahrhundert versuchten irische Mönche, sie in einen kirchengeschichtlichen Rahmen zu pressen. Da sie die Piseógs nicht ausrotten konnten, machten sie aus der Not eine Tugend: Wer sich vor einem Fluch schützen wollte, musste eine geweihte Medaille von Sankt Benedikt im Feld vergraben.

Ó Griannas Geschichten erzählen von einer Agrargesellschaft, in der jeder bestrebt ist, mit der Natur im Einklang zu leben. Diese Vorstellung hat sich lange erhalten und ist zum Teil auch heute noch verbreitet. Vor allem in ländlichen Gegenden sind viele Menschen davon überzeugt, dass sie das Land mit anderen Wesen teilen – nicht nur mit den Tieren, sondern auch mit Unsichtbarem, wie den Seelen der Verstorbenen.

The Rosses, die Heimat Ó Griannas, ist seit der Steinzeit besiedelt, jedenfalls die Inseln und die Küstenregion wegen der Nähe des Meeres, das Muscheln, Austern, Hummer und Seetang lieferte. Nach der Schlacht von Kinsale 1601 war das gälische Irland vollständig von Großbritannien unterworfen. 1610 verpachtete die britische Regierung die Rosses an den englischen Landlord Sir Robert Mclelland. Mit ihm kamen Siedler, und Englisch wurde die Sprache des Handels und des Geschäftslebens. Auch bei der Polizei und bei Gericht wurde nur Englisch gesprochen. So blieb es zwei Jahrhunderte lang, bis die irische Unabhängigkeitsbewegung erstarkte.

In Ó Griannas Geburtsjahr 1891 gründete die britische Regierung das Congested Districts Board, das die Lebensbedingungen in den überbevölkerten westlichen Gegenden verbessern sollte. Die Inspektoren sollten Untersuchungen anstellen und Vorschläge ausarbeiten. Der Ausschuss wurde nach der irischen Teilunabhängigkeit aufgelöst, die Belegschaft in die Irish Land Commission übernommen.

Das Congested Districts Board war ein wichtiger Teil der Strategie der Konservativen Partei, der Unabhängigkeitsbewegung den Wind aus den Segeln zu nehmen. Man linderte die Armut, indem man für öffentliche Bauarbeiten bezahlte. So wurden in den kleinen Häfen an der Westküste Landungsstege gebaut, lokale Fabriken gesponsert, landwirtschaftliche Anbaumethoden modernisiert.

Der Schriftsteller und Politiker Frank Hugh O'Donnell prangerte die Regierungstaktik 1908 an. Er bemängelte, dass das Congested Districts Board vor Ort von katholischen Priestern geleitet wurde, die von der britischen Regierung nicht überwacht wurden. So leiteten die Pfarrer die Gelder um und finanzierten damit zum Teil den Bau von Kirchen sowie von sogenannten Industrial Schools, in denen vernachlässigte, verwaiste und verlassene Kinder zu geringem Lohn arbeiten mussten. Die Kinder wurden oft physisch, psychisch und sexuell missbraucht.

Obwohl das Congested Districts Board versteckten politischen Zielen diente, sind seine Untersuchungsergebnisse dennoch interessant. Einer der Inspektoren, William Lawson Micks, lieferte eine anschauliche Beschreibung des Lebens in den Rosses. Es gebe dort zwei Klassen, schrieb er: die Armen und die Elenden. Die Arbeitshäuser, in denen die Ärmsten der Armen unter entsetzlichen Bedingungen für Almosen schuften mussten, und die Spitäler seien wegen der

Armut der Menschen in einem schlechteren Zustand als anderswo in Irland.

Krankheiten waren weit verbreitet: Masern, Diphtherie, Typhus, Scharlach, Keuchhusten, Tuberkulose. Wer eine ansteckende Krankheit hatte, musste umgehend ins nächste Fieberkrankenhaus gebracht werden. Das Haus des Patienten wurde desinfiziert, die Kleidung verbrannt.

In den Rosses, wie in den meisten ländlichen Gegenden Irlands, gab es zu Ó Griannas Zeiten kein fließendes Wasser, kein Abwassersystem, kein Gas und keinen Strom. Gekocht wurde in einem eisernen Topf, der an einem schweren Haken im Kamin über einem offenen Torffeuer hing. Der Torf wurde im Frühling gestochen. In dunklen Winternächten zündete man Torfsoden auf einer Eisenstange an, um Licht zu haben, wenn man draußen unterwegs war.

Gegen Ende des 19. Jahrhunderts lebten in den Rosses 2226 Familien. Vierundneunzig dieser Familien seien bitterarm gewesen, schreibt Micks: »Wenn es im Haus nur zwei Räume gab, so schliefen Vater und Mutter neben dem Kamin in der Küche, während der Rest der Familie im anderen Zimmer schlief«, schrieb er. »Die männlichen Familienmitglieder schliefen in einem Bett, die weiblichen Familienmitglieder in einem anderen. In den Rosses holte man das Vieh in vielen Fällen nachts in die Küche, und das Geflügel ließ sich im Gebälk nieder. Erst als man separate Ställe für Vieh und Geflügel baute, verbesserten sich die Lebensbedingungen.«

Die Ernährung in den Rosses war vegetarisch, es gab vor allem Kartoffeln mit Haferschrot oder Brot, manchmal auch Maismehl. Das Meer spielte eine große Rolle, wie auch Ó Grianna in seinen Geschichten immer wieder hervorhebt, denn es lieferte Fisch, forderte aber manchmal auch Opfer. Es gab in den Rosses sechzehn Boote, mit denen achtundvierzig Männer im Gweebarra River bis hin zum Gweedore River nach Hummern und anderem Wassergetier fischten.

Ab und zu wurden Eier aufgetischt, selten mal ein Huhn, Kohl oder Schinken. »Trotz der Eintönigkeit der Ernährung scheint die Gesundheit der Menschen exzellent zu sein«, notierte Micks. »Die physische Stärke der Männer jungen und mittleren Alters sowie der Frauen ist bemerkenswert.« Milch war ein wichtiger Bestandteil der Ernährung, ein Teil wurde zu Butter verarbeitet. Die Menschen waren mehr oder weniger Selbstversorger, lediglich Zucker, Mehl, Tabak und vor allem Tee mussten gekauft werden. Bei aller Armut aber stellte Micks fest: »Die Menschen helfen einander. Die Armen unterstützen die Elenden.«

Den ausgeprägten Gemeinschaftsgeist in den Rosses beschreibt auch Ó Grianna immer wieder. Seine Romane sind für den heutigen Geschmack sentimental und heimattümelnd, sie beschreiben, wie stolz und tapfer die Menschen in Donegal der Armut trotzen und edler seien als diejenigen, die sich in die Stadt absetzen. Literaturkritiker haben später darauf hingewiesen, dass sich Flann O'Brien in seinem Buch *An Béal Bocht* (1941, in deutscher Übersetzung: *Das Barmen*) auf Ó Griannas Romane bezieht und sich darüber lustig macht. O'Briens Buch spielt ebenfalls in den Rosses.

Viele von Ó Griannas Kurzgeschichten hingegen ähneln sehr O'Briens satirischen Texten, vor allem die erste Geschichte im vorliegenden Band, die mit dem Satz beginnt: »In den Rosses hatte die Heiratszeit begonnen.« Der heiratswillige Conall Ferry benötigt eine anständige Hose, um heiraten zu können. Mit einer geliehenen Hose will er nicht vor den Altar treten.

Anders als in anderen Landesteilen gab es in den Rosses keine Heiratsvermittler. Männer, die heiraten wollten, schickten einen Freund als Brautwerber zur Angebeteten. So auch Conall Ferry, der seinen Freund Mickey bittet, bei Sawa für ihn zu werben. Doch weil Mickey selbst scharf auf Sawa ist, macht er Conall bei ihr schlecht und verleumdet ihn als Trinker, Faulpelz und Nichtsnutz. In den Rosses spricht sich das schnell herum:

> »Wirklich eine unglaubliche Neuigkeit! Conall Ferry hatte einen Brautwerber zu einem Mädchen geschickt. Und der Brautwerber hatte die Braut für sich selbst geworben!«

Sawa und Mickey heiraten, doch fünf Jahre später ist Mickey tot. Nun ist der Weg frei für Conall Ferry. Er fragt die Witwe, ob sie ihn heiraten würde, und sie willigt ein.

> »Welchen Tag sollen wir nehmen?«, fragte Conall.
> »Ich weiß nicht«, sagte Sawa.
> »Dann sagen wir doch, den nächsten Samstag«, sagte Conall. »Früher wäre es kaum möglich. Ich muss mir eine Hose besorgen, woher auch immer. Wenn ich sie jetzt schon hätte, würde ich morgen früh als Erstes zum Pfarrer gehen.«
> »Ich frage mich«, sagte Sawa, »ob dir wohl Mickeys Hose passen würde – Gott hab ihn selig.«

Eine Hose als Hauptgegenstand einer Geschichte – diese mit trockenem Humor erzählten Verwicklungen sind typisch für Ó Grianna. Höchste Zeit, dass dieser Schriftsteller einer versunkenen Welt nun (wieder)entdeckt wird!